中国区域金融稳定报告

（2012）

China Regional Financial Stability Report

（2012）

中国人民银行上海总部金融稳定分析小组

中国金融出版社

责任编辑：张智慧　王雪珂
责任校对：李俊英
责任印制：程　颖

图书在版编目（CIP）数据

中国区域金融稳定报告.2012（Zhongguo Quyu Jinrong Wending Baogao.2012）/中国人民银行上海总部金融稳定分析小组.—北京：中国金融出版社，2012.7
ISBN 978－7－5049－6457－1

Ⅰ.①中…　Ⅱ.①中…　Ⅲ.①区域金融—研究报告—中国—2012　Ⅳ.①F832.7

中国版本图书馆CIP数据核字（2012）第134240号

出版发行　中国金融出版社
社址　北京市丰台区益泽路2号
市场开发部　(010)63266347，63805472，63439533（传真）
网上书店　http://www.chinafph.com
　　　　　(010)63286832，63365686（传真）
读者服务部　(010)66070833，62568380
邮编　100071
经销　新华书店
印刷　北京松源印刷有限公司
尺寸　210毫米×285毫米
印张　11.5
字数　266千
版次　2012年7月第1版
印次　2012年7月第1次印刷
定价　88.00元
ISBN 978－7－5049－6457－1/F.6017

本书编写组

负　责　人： 凌　涛

总　　　纂： 杜要忠

统　　　稿： 储幼阳　陈　静　张　瑾　郭　芳

执　　　笔： 储幼阳　陈　静　张　瑾　郭　芳　于明星　王　敏
刘　健　季　军

英文翻译（按姓氏拼音排序）：

陈　静　储幼阳　郭　芳　陆　屹　瞿士杰
邵勉也　王凡平　张　瑾　章　曦

审校人员（按姓氏拼音排序）：

陈　松　李玉青　刘孜群　卢蕾蕾　邵勉也

目　录

图

Contents

第一部分 概 述

2011年，面对复杂多变的国内外经济金融环境，全国各地区[①]认真贯彻落实国家宏观政策，加速推进经济结构调整与发展方式转变，取得了明显成效。各地区经济朝着宏观调控的预期方向发展，区域金融在创新中保持平稳健康发展，金融体系稳健性不断增强。

一、区域金融总体保持稳定

（一）各地区经济保持平稳发展

2011年，各地加快转变发展方式，培育内生增长动力，坚持新型工业化道路，加大科技研发投入力度，发展战略性新兴产业。区域间相对差距不断缩小，区域协调性进一步增强。2011年，大部分省区经济增长保持在10%～15%，中西部地区继续保持较快增长势头。分区域来看，东部地区加快结构调整步伐，着力推进以现代服务业和先进制造业为主的产业结构形成，注重经济发展质量；中部地区继续加快“三个基地、一个枢纽”建设，承接产业转移的成效逐步显现；西部地区经济增长保持在较高水平，进出口贸易增长明显，民生领域投资受到更大程度的重视，消费结构升级加快；东北地区加大振兴东北老工业基地各项政策和规划的实施力度，固定资产投资保持领先增长。

（二）各地区金融业总体实力稳步增强[②]

各地区银行业认真贯彻落实国家宏观调控政策，不断提升服务质量和水平。2011年，全国绝大部分地区银行业金融机构的资产增速超过16%，各地区银行业金融机构共实现税后净利润1.25万亿元，同比增长38.8%。各地区银行业金融机构存款增长放缓，贷款增长向常态回归。截至2011年底，银行业金融机构本外币各项存款余额82.7万亿元，同比增长13.5%，较上年下降6.3个百分点；本外币各项贷款余额58.19万亿元，同比增长15.7%，较上年下降3.95个百分点。商业银行资产质量继续提升，不良贷款余额4 279亿元，比年初减少57亿元；不良贷款率0.96%，比年初下降0.17个百分点。

---

① 东部地区10个省市，包括北京、天津、河北、上海、江苏、浙江、福建、山东、广东和海南；中部地区6个省，包括山西、安徽、江西、河南、湖北和湖南；西部地区12个省区，包括广西、重庆、四川、贵州、云南、西藏、陕西、甘肃、青海、宁夏、新疆和内蒙古；东北地区3个省，包括黑龙江、吉林、辽宁。本报告不含港、澳、台地区。

② 本段数据均来自中国人民银行总行、中国银行业监督管理委员会、中国证券监督管理委员会和中国保险监督管理委员会。

各地区证券期货经营机构整体规模减小，盈利水平下降，但证券业总体经营仍保持稳健。截至2011年底，证券公司净资产6 303亿元，净资本4 634亿元，连续3年稳步增加，全年实现净利润393.77亿元，同比下滑49.23%；期货公司净资产359亿元，净资本329亿元，全年实现净利润22亿元；基金管理公司管理915只基金，基金总份额达2.65万亿份，较上年末增长8.61%。

保险市场平稳发展，区域结构进一步优化。截至2011年底，全国各地区保险法人机构达152家，较上年末新增10家。各地区保险业总资产6.01万亿元，同比增长18.99%；资金运用余额5.5万亿元，同比增长20.47%。全年共实现保险业保费收入1.43万亿元，同比增长10.4%[①]。中西部地区保费收入增速高于东部地区，保费收入占比继续上升。2011年，中西部地区保费收入占全国总保费的比例为39.85%，较上年提高1.64个百分点。

（三）各地区金融机构改革深入推进

大型商业银行深化改革，积极推动经营结构调整和业务创新，公司治理进一步完善。中国农业银行“三农金融事业部”改革试点范围扩大，新增黑龙江、河南、河北、安徽4省371个县的县支行。

政策性银行和其他金融机构改革继续推进。全国社保基金理事会出资100亿元入股国家开发银行，充实了国家开发银行资本；中国农业发展银行改革工作小组成立，建立了相关工作协调机制，明确了推进改革的重点工作和任务分工；中国邮政储蓄银行股改方案进一步细化，与中国邮政集团的关系初步理顺；中国出口信用保险公司改革实施总体方案经国务院批准，注资200亿元到位；中国人保集团引入战略投资者；新华人寿保险股份有限公司以A+H股方式成功上市；华融资产管理公司商业化改革稳步推进；中信集团整体改制取得重大进展，成立了中信集团有限公司和中信股份有限公司。

农村信用社改革取得明显成效。截至2011年底，全国各地区共组建以县（市）为单位的统一法人农村信用社1 882家，农村商业银行212家，农村合作银行190家。各地区农村信用社资产质量和财务状况显著改善，资金实力和支农信贷投放大幅增长。全国已组建新型农村金融机构786家，有473家设在中西部省份，占比60%，进一步改善了中西部地区的农村金融服务。在2010年全国所有省（区、市）均已实现金融服务空白乡镇全覆盖的基础上，2011年17个省份实现机构和服务两个全覆盖。

（四）各地区金融市场平稳运行

货币市场交易活跃，成交量总体增加。2011年，银行间市场债券回购累计成交99.5万亿元，日均成交3 978亿元（同比增长13.5%）；同业拆借累计成交33.4万亿元，日均成交1 338亿元（同比增长20%）。

债券市场发行规模稳步增加，2011年累计发行各类债券[②]6.41万亿元，同比增长23.4%。

---

① 自2011年起，保险业根据财政部《企业会计准则解释第2号》调整了保险收入确认原则，本处同比数是将2010年保费收入按照新口径调整后算出的数值。

② 不包括中央银行票据。

上海、广东、浙江和深圳四省（市）政府进行地方政府自行发债试点，在银行间市场共发行债券229亿元。债券融资在配置资金中的作用明显增强，2011年企业债券净融资占同期社会融资规模的10.6%，为历史最高水平，同比上升2.7个百分点。

受国际国内多重因素影响，股票市场指数震荡下行，成交量有所减少。2011年底，上证综合指数、深圳成分指数和创业板指数分别比上年末回落21.7%、28.4%和35.9%。沪、深股市累计成交42.2万亿元，同比下降22.7%；创业板累计成交1.89万亿元，比上年末增长20.1%。

商品期货成交量有所下降，金融期货成交量小幅上升。2011年，上海期货交易所、郑州商品交易所和大连商品交易所分别累计成交3.08亿手、4.06亿手和2.89亿手，同比分别下降50.44%、18.04%和28.31%；中国金融期货交易所累计成交5 041.19万手，较上年增长9.89%。

外汇市场交易活跃，掉期交易快速增长。2011年，人民币外汇掉期交易累计成交金额折合17 710亿美元，同比增长38.0%。银行间人民币外汇市场推出人民币外汇期权交易，我国外汇市场初步形成完整的基础类汇率衍生产品体系。

（五）各地区金融创新步伐加快

债务融资工具、非公开定向发行等创新产品有效拓宽了企业融资渠道。中国五矿集团公司、中国国电集团公司、中国航空工业集团公司在银行间市场首次成功发行130亿元定向债务融资工具；广东佛山、山东潍坊、江苏常州三地成功首批发行区域集优中小企业集合票据，累计为25家中小微型企业提供直接融资13.89亿元。证券公司业务创新取得积极进展，《证券公司业务（产品）创新指引（试行）》发布，8家证券公司分别开展报价回购、约定购回式交易和现金管理产品3项创新试点。以理财产品为主的交叉性金融产品快速发展，银信、银证、银保、证保等不同行业金融机构间的业务合作不断加强。

（六）各地区金融生态环境持续改善

各地区高度重视金融生态环境建设工作，积极开展多种形式的创建活动，取得了显著成效。按照国务院的统一部署，各地区采取积极措施清理整顿各类交易场所，市场交易环境得到改善。各地区加大对非法金融活动的打击力度，切实防范金融风险。各省市积极探索社会信用体系建设，持续推进信用乡镇、村、信用社区创建和农村信用体系建设，塑造良好的社会信用环境。中小企业信用担保机构发展较快，金融服务市场专业化程度不断提高。部分地区对中介服务机构进行诚信等级评价，建立中介行业不良记录信息共享机制，提升中介机构专业化水平和诚信水平。金融机构运行的信用、司法、行政等外部环境不断改善，区域金融风险得到有效防范和化解。

二、区域金融稳定需关注的方面

当前，我国经济与社会发展处于重要战略机遇期，经济保持平稳较快发展具备不少有利条件。但国际国内经济形势较为复杂，各地区经济金融领域仍存在一些潜在风险。各地区在贯彻落实国家宏观政策的同时，需要强化系统性、区域性风险防范，守住不发生系统性、区域性风险的底线。

（一）各地区经济增速小幅下降，经济下行压力有所增加

在外需相对疲弱、各地区经济增长方式逐步转变的情况下，2011 年，东部、中部、西部和东北地区生产总值分别比上年增长 10.49%、12.76%、14.03% 和 12.50%，增速分别比上年下降 1.82 个、1.05 个、0.13 个和 1.09 个百分点。今后一段时间各地区经济下行的压力仍然存在，并将有所增加，主要包括三个方面：一是需求存在放缓压力，各地区消费持续增长缺乏内生动力；外需不振，出口订单减少日呈短期化，平均出口利润率有所下降；资本流动不稳定、不确定因素较多。二是宏观调控政策的后续效应将进一步显现，房地产及其相关行业将受到影响。三是经济转型升级的压力加大；部分行业、企业成本压力增加，利润空间压缩，经营难度加大；节能减排对经济增长的刚性约束仍然较强。

（二）物价快速上涨势头得到初步遏制，仍需防范物价出现反弹

2011 年初以来，在要素成本上升、通货膨胀预期较强、国内需求较快增长等多种因素共同作用下，物价上涨压力继续增大。下半年，前期国家采取的一系列宏观经济政策效果逐步显现，物价涨幅总体保持回稳态势，主要价格指标出现回落。但当前各地区通胀预期还不稳定，存在劳动力等要素供给趋紧的结构性因素，可能会固化通胀预期。加之经济内在扩张的压力依然存在，全球流动性宽松格局仍将延续，原油等大宗商品价格可能进一步上涨，仍有必要采取措施防范未来物价出现反弹。

（三）区域经济总体协调发展，但地区金融发展面临不同难点

近年来，国家出台和实施了一系列区域经济发展规划，支持推动区域经济发展，取得了良好成效。各地区间经济发展差距逐步缩小，区域发展日趋协调，但各地区处于经济发展的不同阶段，经济金融发展中面临的问题还有所差别。东部地区外向型经济特征明显，外资金融机构集聚，经济金融发展受国际因素影响较多，金融产品创新较快，民间融资活跃，需及时掌握相关领域风险的动态变化；中部地区承接产业转移步伐加快，产业结构呈现积极变化，但部分新兴产业开始出现产能过剩，传统优势产业面临的节能减排和成本上升压力较大；西部地区保持经济高速增长态势，银行业资产规模快速扩大，但部分企业资金状况趋紧，中小金融机构风险防控能力有待提高；东北地区农业生产势头良好，进口大幅增长，但产业结构亟需调整，房地产信贷和融资平台潜在风险需要得到更多的关注。

（四）各地区金融业稳健发展，但各行业发展仍存在薄弱环节

近年来，我国各地区金融业改革取得明显成效，金融市场融资功能持续增强，社会融资结构优化，金融行业尤其是银行业发展较快，但仍需要关注行业发展中的薄弱环节和潜在风险。银行业资本补充压力加大，近年来的盈利高增长局面可能难以持续；一些中小商业银行规模快速扩张，跨区域设立分支机构步伐较快；证券期货机构综合实力仍较弱，尤其是期货公司行业

集中度不高，平均净资本水平较低；证券公司手续费及佣金净收入占营业收入的70%，业务结构单一、产品同质化经营问题仍然突出；受制于资本市场的表现，保险资金投资收益欠佳，保险公司偿付能力有所下降；各地区寿险业发展面临产品竞争力下降、销售渠道受限等多重困难，而由于机构和业务发展较快，资本补充压力加大。

（五）金融体系总体保持稳健，仍需关注系统性、区域性风险

2012 年，各地区金融业稳健发展，金融市场平稳运行，金融机构改革稳步推进，金融基础设施建设进一步完善，宏观审慎管理不断加强。但当前国内外经济环境复杂多变，防范金融风险仍是各地区金融工作的重点，需要继续加强宏观审慎管理，密切关注潜在的系统性、区域性风险隐患。一是关注地区系统重要性法人金融机构经营稳健性和发展的可持续性；二是及时掌握民间借贷、房地产、政府融资平台等的风险状况；三是关注跨行业、跨市场风险，防范非正规金融及其他相关领域风险向金融体系传导。

第二部分　区域经济运行状况

2011年，各地区经济增长由政策刺激向自主增长转变，区域经济继续朝着宏观调控预期的方向发展，运行态势良好，区域协调性进一步增强。三次产业继续全面协调发展，物价涨幅企稳回落，消费和投资平稳增长，对外贸易更趋平衡，经济运行总体较为平稳。

一、区域经济运行基本情况

（一）各地区经济增长平稳，区域协调性进一步增强

2011年，各地区经济平稳增长，经济增速小幅下降。东部、中部、西部和东北地区生产总值分别达到26.92万亿元、10.43万亿元、9.97万亿元和4.51万亿元，分别增长10.49%、12.76%、14.03%和12.50%（见表1），较上年分别回落了1.82个、1.05个、0.13个和1.09个百分点。东部地区的天津市和西部地区的重庆市经济增速均达16.40%，并列全国首位；中部、西部和东北地区经济发展速度继续赶超东部地区。除天津外，全国各地区生产总值增速超过13%的12个省区全部来自中部、西部和东北地区，其中中部地区占3席，西部地区占7席，东北地区占1席（见图1）。区域间相对差距不断缩小，区域协调性进一步增强。

表1　全国各地区生产总值及其增长情况

项目	东部地区		中部地区		西部地区		东北地区	
	2011年	2010年	2011年	2010年	2011年	2010年	2011年	2010年
地区生产总值（亿元）	269 247.98	229 257.82	104 255.70	85 437.40	99 737.47	80 824.63	45 060.41	37 090.36
占全国GDP比例（%）	51.95	52.99	20.11	19.75	19.24	18.68	8.69	8.57
增长率（%）	10.49	12.31	12.76	13.81	14.03	14.16	12.50	13.59

数据来源：全国各省、自治区、直辖市统计局。

（二）各地区三次产业继续全面协调发展，工业生产增长较快

2011年，全国各地区三次产业继续全面协调发展。农业生产稳定增长，全年全国粮食总产量达到57 121万吨，比上年增产2 473万吨，增长4.5%，连续八年增产，其中东北地区增速显著，粮食总产量较上年大幅提高12%。东部、中部、西部和东北地区第一产业分别实现增加值1.69万亿元、1.29万亿元、1.28万亿元和0.49万亿元，同比分别增长4.04%、4.15%、5.08%和6.03%。工业生产平稳较快增长，产销衔接良好。东部、中部、西部和东北地区第二

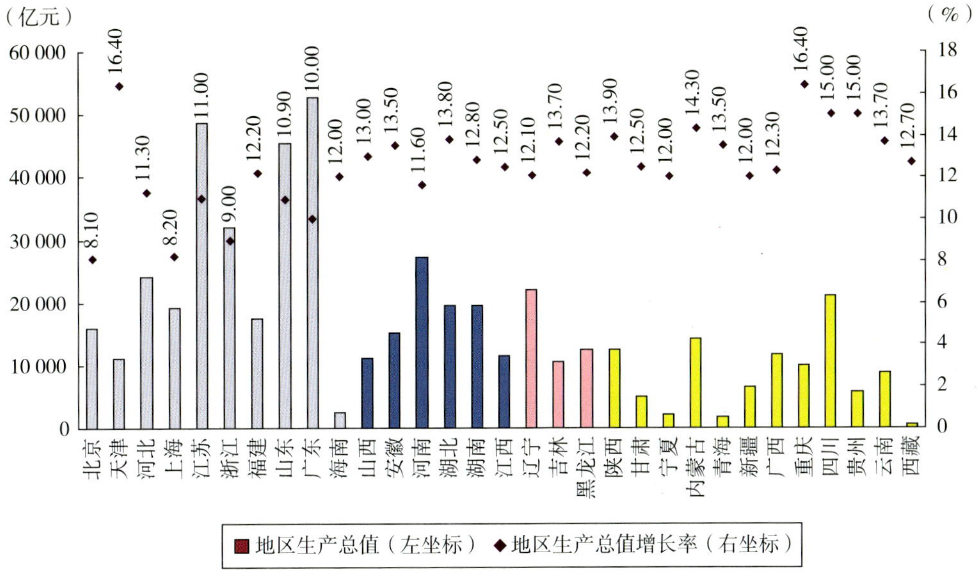

数据来源：全国各省、自治区、直辖市统计局。

图1　2011年各省（自治区、直辖市）生产总值增长情况

产业分别实现增加值13.22万亿元、5.64万亿元、5.16万亿元和2.41万亿元，同比分别增长11.58%、16.51%、18.23%和14.58%。中部、西部和东北地区第二产业占比分别较上年提高了1.43个、1.64个和1.14个百分点，对GDP增长贡献增大。全国各地区第三产业在三次产业中比重已提高到43.1%，其中，东部地区第三产业占三次产业的比重为44.62%，继续领先于全国水平。东部、中部、西部和东北地区第三产业分别实现增加值12.0万亿元、3.50万亿元、3.54万亿元和1.61万亿元，同比分别增长10.11%、10.24%、11.34%和11.30%（产业结构见图2）。

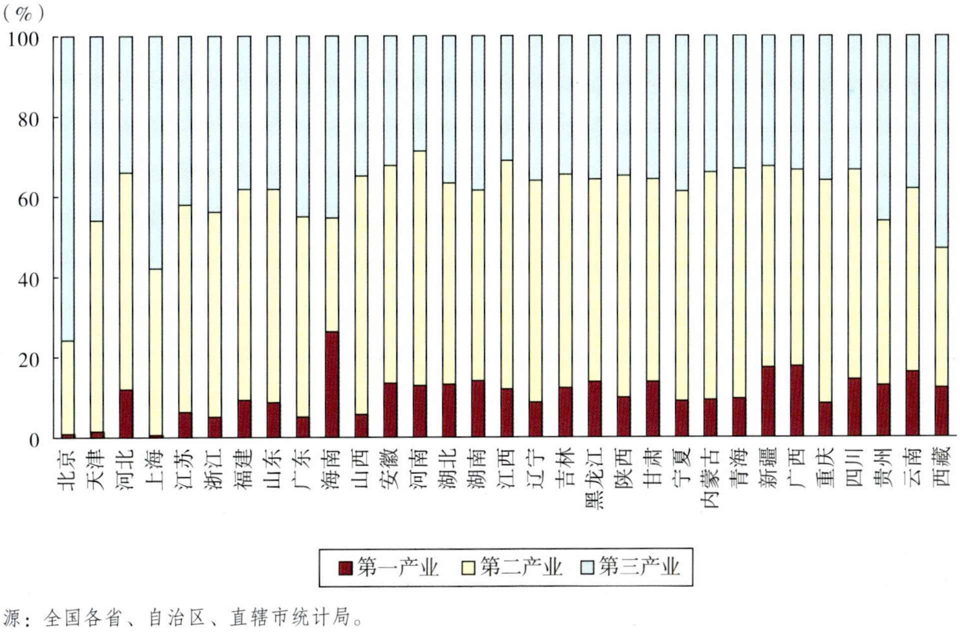

数据来源：全国各省、自治区、直辖市统计局。

图2　2011年各省（自治区、直辖市）产业结构图

专栏1　基于DEA方法的经济发展效率评价

数据包络分析，简称DEA（Date Envelopment Analysis），是应用数学规划原理评价具有多指标输入和多指标输出系统的有效方法，可对评价单元进行效率评价和排序。本专栏利用DEA方法对各地区经济发展效率进行测度，分析了12个样本省（市、区）经济发展中存在的问题。模型选取的投入变量为从业人员和固定资产投资，产出变量为产业增加值，分析时段为1999—2011年。模型输出的综合效率值用于评价投入与产出的整体有效性，纯技术效率值①用于评价资源配置的有效性，规模效率值②用于评价投入扩张与产出增加的匹配性。运用Matlab软件对样本省（市、区）的数据分析，得到经济发展效率排名情况（见表2）。

表2　2011年各样本省市经济发展效率测算

区域	省份	综合效率值	排名	纯技术效率值	排名
东部地区	上海	1.5690686	1	1.6021282	1
	广东	0.8019127	2	1.4636829	2
	江苏	0.4942356	3	1.069113	3
中部地区	河南	0.4086185	7	0.5169961	6
	湖北	0.4072623	8	0.5624377	5
	山西	0.4124662	6	0.4559587	10
西部地区	四川	0.3897915	10	0.4755203	9
	甘肃	0.3299080	12	0.3372368	12
	贵州	0.3879549	11	0.3980802	11
东北地区	辽宁	0.4690592	4	0.7506802	4
	吉林	0.4053895	9	0.4853271	8
	黑龙江	0.4408367	5	0.5015341	7

从综合效率排名来看，东部地区的上海、广东、江苏位列前3位，其中上海市经济发展的综合效率值远高于其他省份，投入与产出的匹配程度最好；东北地区的辽宁、黑龙江和中部地区的山西、河南、湖北分别列第4~8位；吉林和西部地区3个省份的综合效率值相对较低，说明其经济发展过程中存在投入冗余或产出不足等问题。

将综合效率分解为纯技术效率和规模效率两部分，东部地区的上海、广东和江苏3省市的纯技术效率值均大于1，且自2009年以来呈逐步上升趋势，资源配置效率和规模效益优势明显。辽宁、湖北、河南3省纯技术效率排名位列4~6位，且近年来表现相对稳定，说明上述省份受益于东北老工业基地振兴和中部崛起战略，区域经济发展效率和资源配置合理性逐步提升。在中部地区3个样本省份中，山西综合效率排名略高于其他两省，但纯技术效率分别低于湖北、河南0.106和0.061，在样本省份中排名第10，说明其经济结构的合理性和资源配置效率有待提升。西部地区3个样本省份的规模效率和纯技术效率均表现不佳，综合效率排名为各地区最低，表明其发展中仍然存在资源配置不合理、发展模式相对粗放、规模效益不明显等问题，应继续加大产业结构调整力度、促进高新技术应用，提高资源配置效率。

资料来源：中国人民银行济南分行金融稳定处。

① 纯技术效率用于度量评价单元资源配置的合理性。
② 规模效率用于度量评价单元已有规模的有效性。

全年全国规模以上工业增加值按可比价格计算比上年增长13.9%。分登记注册类型看，国有及国有控股企业增加值比上年增长9.9%，集体企业增长9.3%，股份制企业增长15.8%，外商及中国港澳台商投资企业增长10.4%；分轻重工业看，重工业增加值比上年增长14.3%，轻工业增长13.0%；分行业看，39个大类行业增加值全部实现比上年有所增长；分产品看，全年468种产品中有417种产品比上年有所增长，其中，发电量增长12.0%，钢材增长12.3%，水泥增长16.1%，十种有色金属增长10.6%，乙烯增长7.4%，汽车增长3.0%。全年规模以上工业企业产销率达到98.0%，比上年下降0.1个百分点。规模以上工业企业实现出口交货值101 946亿元，比上年增长16.6%。

（三）各地区固定资产投资较快增长，利用外资规模扩大

2011年，东部、中部、西部和东北地区全社会固定资产投资总额分别为12.95万亿元、7.26万亿元、7.85万亿元和3.27万亿元，同比分别增长21.39%、27.06%、28.10%和30.48%（见表3、图3），东北地区、中西部地区投资增速明显快于东部。分产业来看，第一产业投资0.68万亿元，比上年增长25.0%；第二产业投资13.23万亿元，增长27.3%；第三产业投资16.29万亿元，增长21.1%。

表3　　全国各地区全社会固定资产投资情况

项目	东部地区		中部地区		西部地区		东北地区	
	2011年	2010年	2011年	2010年	2011年	2010年	2011年	2010年
全社会固定资产投资（亿元）	129 465.40	117 077.01	72 649.31	64 183.85	78 493.88	64 538.73	32 691.81	32 477.40
占全国比例（%）	41.32	42.07	23.19	23.06	25.05	23.19	10.43	11.67
占GDP比重（%）	48.08	51.07	69.68	75.12	78.70	79.85	72.55	87.56
固定资产投资增长速度（%）	21.39	20.89	27.06	27.97	28.10	24.80	30.48	32.11

数据来源：全国各省、自治区、直辖市统计局。

利用外资规模进一步扩大。2011年，东部、中部、西部和东北地区全年外商实际直接投资分别达1 267.71亿美元、358.03亿美元、306.02亿美元和264.88亿美元，同比分别增长12.26%、32.18%、47.62%和15.40%。

（四）各地区物价涨幅企稳回落，消费需求稳步增长

2011年上半年，在能源资源以及劳动力等要素成本上升、通货膨胀预期较强、国内需求较快增长等多种因素共同作用下，价格上涨压力逐渐显现。下半年，价格上涨压力有所减轻，主要价格指标开始趋稳回落。各地区居民消费价格同比涨幅前期不断扩大，7月后连续回落。全年CPI同比上涨5.4%，比上年高2.1个百分点，各季度同比涨幅分别为5.1%、5.7%、6.3%和4.6%。生产价格涨幅前三个季度高位运行，第四季度明显回落。全年工业生产者出厂价格同比上涨6.0%，比上年高0.5个百分点。全年工业生产者购进价格同比上涨9.1%，比上年低0.5个百分点。企业商品价格指数上涨7.6%，比上年高1.1个百分点。进口价格涨幅高于出口价格

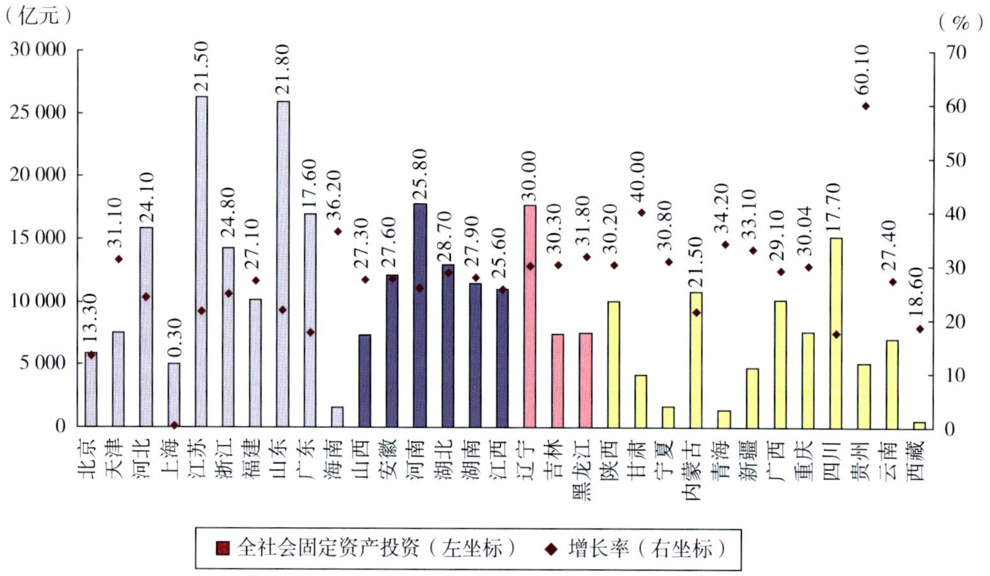

数据来源：全国各省、自治区、直辖市统计局。

图3　2011年各省（自治区、直辖市）全社会固定资产投资及增长率

涨幅，2011年，进口价格同比上涨14.0%，比上年高0.3个百分点；出口价格同比上涨10.0%，比上年高7.6个百分点。

专栏2　西北五省CPI涨幅高于全国的原因分析

近年来，西北各省CPI涨幅均高于全国平均水平，且高于全国的幅度有扩大趋势。截至2011年底，陕西、甘肃、宁夏、青海、新疆CPI分别达到5.7%、6.0%、6.3%、6.1%、5.9%，均高于全国平均水平。从构成看，西北五省的食品、衣着、医疗保健及个人用品和居住四类价格涨幅显著高于全国；烟酒及用品、家庭设备用品及服务、交通通讯及服务和娱乐教育文化用品及服务四类价格涨幅与全国基本一致，分析原因如下。

一是经济结构因素。西北五省消费品生产不足，流通环节多，且物流运输能力较低，造成其物价涨幅高。西北五省轻工业在规模以上工业增加值中的比重基本保持在15%以下，大部分居民生活消费品都依靠外地输入，而西北五省与东部沿海消费品产地的空间距离和时间距离决定了消费品从生产到消费所经历的环节更多，多个环节价格同时出现上涨产生的叠加效应是最终引起西北五省CPI涨幅高于全国的深层次原因。

二是市场结构因素。西北五省市场规模小且竞争力弱，大件商品与品牌衣物折扣低，竞争降价的效益难以发挥。西北五省人口仅占全国的7.3%，由于市场规模小无法实现“薄利多销”，往往只能实行更高的销售价格。

三是统计基数因素。西北五省部分价格基数较全国平均水平较低。近年来，随着劳动力成本和商品房价格快速增长，这些价格增长因素共同带动了CPI的大幅增长。

四是CPI编制方法因素。西北五省CPI构成中食品所占权重高，翘尾因素高于全国。目前我国采用固定加权算术平均指数方法编制CPI，各省CPI中八大类的权重是在全国的基础上结合本省居民消费支出中八大类的占比特点适度微调。西北五省城镇居民恩格尔系数高于全国平均水平近1个百分点，因此西北CPI构成中食品所占的权重相对较高。另外，由于西北五省食品价格涨幅持续高于全国，其翘尾因素也高于全国，助推了当年CPI的涨幅。

资料来源：《宁夏回族自治区金融稳定报告（2012）》。

城乡居民收入继续稳步增长，农村居民收入增长较快，国内消费需求平稳增长。2011年，城镇居民家庭人均可支配收入为21 810元，同比增长14.1%，扣除价格因素，实际增长8.4%；农村居民人均纯收入6 977元，增长17.9%，扣除价格因素，实际增长11.4%。全年社会消费品零售总额18.12万亿元，比上年名义增长17.1%，扣除价格因素，实际增长11.6%。分城乡看，城镇消费增速略快于乡村。全年城镇消费品零售额15.69万亿元，比上年增长17.2%；乡村消费品零售额2.43万亿元，增长16.7%。分地区看，西部地区消费增速超越中部地区，居全国首位。东部、中部、西部和东北地区社会消费品零售总额分别为9.67万亿元、3.62万亿元、3.06万亿元和1.68万亿元，同比分别增长16.44%、17.96%、18.28%和17.53%（见图4）。

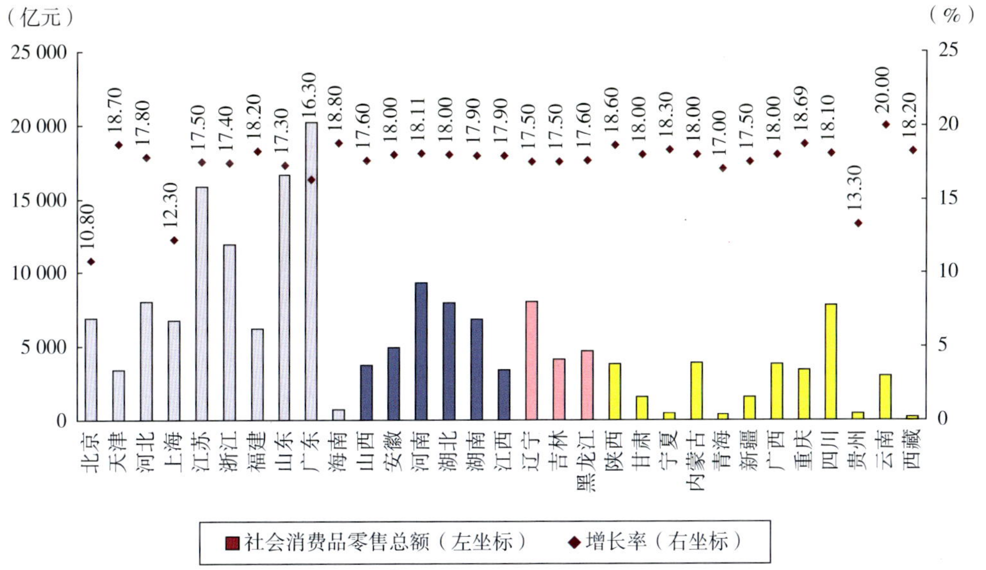

数据来源：全国各省、自治区、直辖市统计局。

图4 2011年各省（自治区、直辖市）社会消费品零售总额及增长率

（五）各地区进出口贸易持续增长，贸易顺差总体继续收窄

2011年，全国各地区全年进出口总额3.64万亿美元，同比增长22.5%；出口1.90万亿美元，增长20.3%；进口1.74万亿美元，增长24.9%，进出口相抵，顺差1 551亿美元，比上年减少264亿美元，顺差已经连续三年下降。对欧、美、日贸易增长平稳，对新兴市场贸易增长迅

速。分地区看，东部、中部、西部和东北地区全年进出口贸易总额分别为31 391.27亿美元、1 628.17亿美元、1 839.76亿美元和1 565.14亿美元，同比分别增长20.39%、39.28%、43.52%和27.25%。中西部地区外贸总额增长显著，其中，重庆、河南、西藏和贵州全年进出口总值分别同比增长1.35%、83.1%、62.5%和55.20%（见图5）。

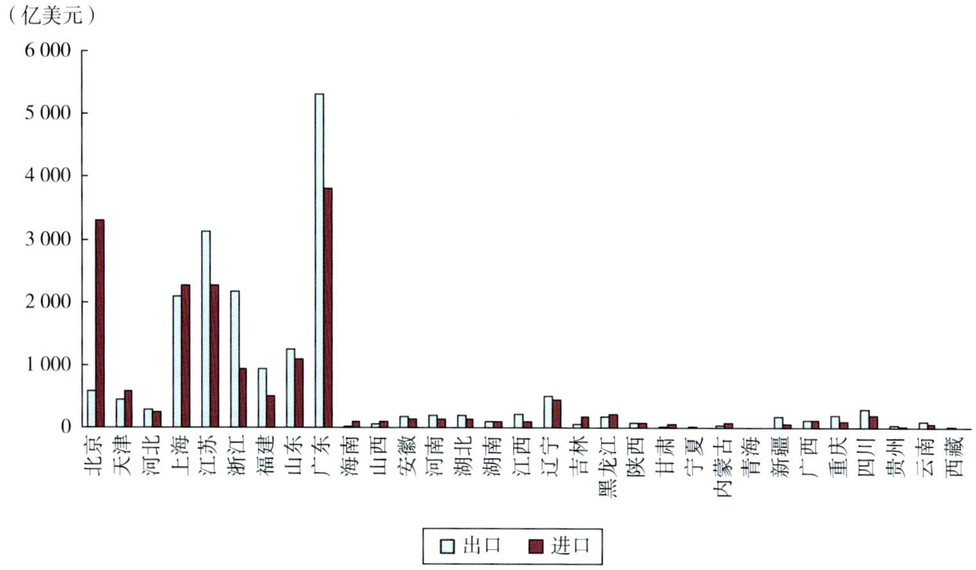

数据来源：全国各省、自治区、直辖市统计局。

图5 2011年各省（自治区、直辖市）进出口情况

（六）各地区房地产开发呈回落态势，商品房销售增速下降

2011年，各地区房地产开发投资高位缓慢回落。全年全国房地产开发投资6.17万亿元，同比增长27.9%（扣除价格因素实际增长20.0%），比上年回落5.3个百分点；其中住宅投资4.4万亿元，占房地产开发投资额的71.8%。房屋新开工面积19.01亿平方米，同比增长16.2%，比上年回落24.4个百分点。房地产贷款增速整体回落，房地产贷款余额同比增速在2010年4月达到最高值46.4%，此后持续回落，2011年12月略有回升。截至2011年底，主要金融机构（含外资）房地产贷款余额为10.73万亿元，同比增长13.9%，比上年末回落13.5个百分点，占各项贷款余额的20.1%。其中，保障性住房开发贷款余额占全部房地产开发贷款余额的12.5%，保障型安居工程信贷支持力度不断加强。从贷款新增量来看，2011年新增房地产贷款1.26万亿元，同比少增7 704亿元。其中，新增保障性住房开发贷款占比为50.1%，比年初提高31.7个百分点。

商品房销售增速有所下降。2011年，全国商品房销售面积10.99亿平方米，同比增长4.9%，比上年回落5.7个百分点。全国商品房销售额5.9万亿元，增长12.1%，比上年回落6.8个百分点。其中，商品住宅的销售面积和销售额分别占商品房销售面积和销售额的88.3%和82.2%，办公楼和商业营业用房销售增幅大幅超过商品住宅销售增幅。全国商品房待售面积27 194万平方米，同比增长26.1%，比上年提高18.0个百分点。

二、区域经济运行中值得关注的方面

（一）各地区房地产调控初见成效，但潜在风险增加

2011 年，随着各项调控政策措施的贯彻落实，房地产市场走势回稳，房价环比下降的城市增多。12 月，全国 70 个大中城市中，新建商品住宅价格环比下降的城市有 52 个，比 1 月增加了 49 个，价格环比持平的城市有 16 个，环比价格上涨的城市有 2 个，且涨幅均为 0.1%。二手住宅价格下降的城市有 51 个，比 1 月增加了 48 个，环比价格持平的城市有 16 个，环比价格上涨的城市有 3 个，且涨幅均未超过 0.2%。

房地产调控初见成效，但潜在风险增加。一方面，随着房地产调控的不断深入，市场销售显著下降，商品房成交萎缩使房地产开发企业资金回笼减少，资金压力加大；另一方面，银行信贷资金进一步向大中型房地产企业集中，部分小型房地产开发商不得不通过私募、民间借贷等渠道融入资金，一旦这些债务集中到期，对其资金链的影响和冲击不容忽视。同时，银行对房地产开发贷款利率的上浮，直接增加了相关企业的经营成本，可能加剧其经营困难。如果房地产企业难以获得外源融资，可能出现资金链绷紧或断裂的风险，影响银行已投入的信贷资金安全，从而影响银行资产质量。此外，由于地方政府融资平台的贷款大部分基于土地抵押，房地产市场环境变化导致的地价大幅波动，将直接影响到抵押物的价值和流动性，从而加大银行体系风险。

（二）各地区财政收入增长较快，但财政收支平衡面临较大压力

2011 年，各地区地方财政收入大幅提高。东部、中部、西部和东北地区全年实现地方一般预算收入 2.87 亿元、8 494.47 亿元、12 240.59 亿元和 5 110.94 亿元，同比分别增长 24.93%、33.32%、37.34% 和 33.43%（见图 6）。

值得关注的是，受国内经济增速放缓影响，东部、中部、西部和东北地区规模以上工业企业 2011 年实现利润增速分别较上年下降了 21.81 个、23.99 个、18.47 个和 17.46 个百分点。企业利润下滑，导致与经济指标密切相关的增值税、企业所得税等税种收入的增速逐季放缓。此外，由于结构性减税等因素影响，2011 年各季度税收收入同比增速分别为 32.4%、27.2%、22.6% 和 6.8%，呈逐季下降趋势。2012 年，结构性减税力度将进一步加大，延长并扩大小型微利企业所得税优惠政策适用范围，提高增值税和营业税起征点等，都将减少税收收入，财政收入大幅增长的可持续性面临考验。由于之前年度财政收入快速增长，财政支出扩张也十分迅速，东部、中部、西部和东北地区 2011 年地方一般预算支出同比分别增长 21.99%、26.97%、28.23% 和 23.83%。财政支出的刚性较大，未来几年各地区在教育、社保、保障房建设等民生领域都需要进一步加大财政投入，政府财政收支平衡面临较大压力。

（三）各地区企业利润继续增加，但中小企业资金压力增大

2011 年，东部、中部、西部和东北地区规模以上工业企业全年实现利润 34 599.38 亿元、

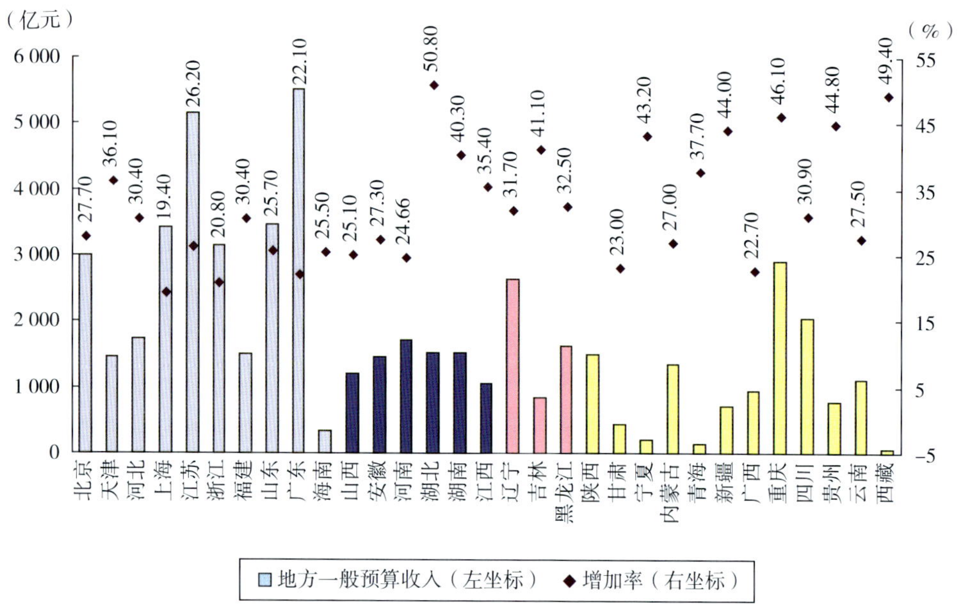

数据来源：全国各省、自治区、直辖市统计局。

图6　2011 年各省（自治区、直辖市）地方财政收入情况

9 811.44亿元、9 256.47 亿元和 4 253.75 亿元，同比分别增长 21.57%、30.12%、35.79% 和 30.75%。在 39 个大类行业中，36 个行业利润同比增长，3 个行业利润同比下降。

值得关注的是，在多重因素的共同作用下，部分中小企业经营压力增大，资金紧张局面亟待缓解。其一，由于国内外消费增长乏力，部分企业销售市场萎缩，有效订单不足，加上原材料、工人工资等成本上升明显，人民币汇率波动等影响，导致企业营业收入规模下降，利润空间缩小。其二，稳健的货币政策下市场资金流动性偏紧，许多过快扩张的中小企业资金周转出现困难，部分中小企业可能转向高成本的民间借贷市场，加大了资金链的脆弱性。其三，一些民营企业主为获得短期内的高收益，参与房地产投资、民间借贷等高风险活动，一旦出现大额亏损，企业资金链紧张或断裂将影响担保或关联企业的生产经营。

（四）国内外宏观经济金融环境可能给各地区经济发展带来压力

2012 年国内外经济金融形势依然比较复杂。国际上，金融危机深层次影响继续显现。发达国家主权债务等问题持续恶化，财政风险和金融风险交替上升，金融市场波动大，资本流动方向多变，加之美国、德国、法国、俄罗斯等大国面临政府选举，影响全球经济复苏的不稳定、不确定性因素增大，并可能通过贸易、资本流动以及预期等渠道影响各地区经济发展。从国内看，各地区经济发展中不平衡、不协调、不可持续的矛盾和问题仍很突出，主要是经济增长下行压力、物价上涨压力仍然存在，部分行业产能过剩问题凸显，部分企业经营困难。此外，在外需相对疲弱、国内经济增长方式和要素结构逐步转变的情况下，国内需求也存在放缓压力，重点领域的潜在风险增大。

第三部分　分行业的区域金融稳定状况

2011年，各地区银行业认真贯彻落实国家宏观调控政策，保持合理信贷投放，稳步推进各项改革，金融支持和服务实体经济力度加大；证券期货业总体经营稳健，各项业务稳步发展；保险业资产规模持续扩大，机构改革不断深化，服务社会能力提升。

一、各地区银行业

各地区银行业改革发展取得重要进展，银行业金融机构在公司治理、风险管理、经营理念等各方面取得长足进步，银行业整体风险抵御能力和经营效率不断提升，服务经济社会发展的能力和作用突出。

（一）区域银行业发展概况

1. 各地区银行业资产规模继续扩大

2011年，各地区银行业经营规模继续扩大。东部地区银行业总资产为59.34万亿元，同比增长17.44%，全国占比58.58%，总负债为57.40万亿元，同比增长17.10%，全国占比58.50%；中部地区银行业总资产为15.50万亿元，同比增长16.69%，全国占比15.30%，总负债为15.06万亿元，同比增长15.99%，全国占比15.35%；西部地区银行业总资产为18.97万亿元，同比增长21.76%，全国占比18.72%，总负债为18.39万亿元，同比增长21.23%，全国占比18.74%；东北地区银行业总资产为7.49万亿元，同比增长16.07%，全国占比7.39%，总负债为7.27万亿元，同比增长15.68%，全国占比7.41%（见图7）。

2011年，东部地区银行业资产在全国所占比重持续下降，但仍集中了全国50%以上的银行业资产，其中包括大型商业银行和股份制商业银行的总部以及大部分外资银行。西部地区依然是银行业资产增速最高的地区，其资产总额在全国所占的比重上升了0.58个百分点。全国14个省（市、区）的银行业金融机构资产增速超过20%，其中10个省（市、区）位于西部，前三位是西藏、重庆和新疆，资产增速分别达到29.27%、26.25%和26.03%（见图8）。

2. 各地区银行业风险抵御能力持续增强

各地区银行业资产质量持续改善，不良贷款继续下降。截至2011年底，东部、中部、西部和东北地区银行业不良贷款余额分别为3 769.44亿元、2 482.34亿元、1 989.68亿元和1 679.61亿元，不良贷款率分别为1.2%、3.03%、1.89%和4.22%。其中，中部地区不良贷款余额降幅最大，减少687.88亿元，不良贷款率下降1.41个百分点（见表4）。2011年底，商业银行资本

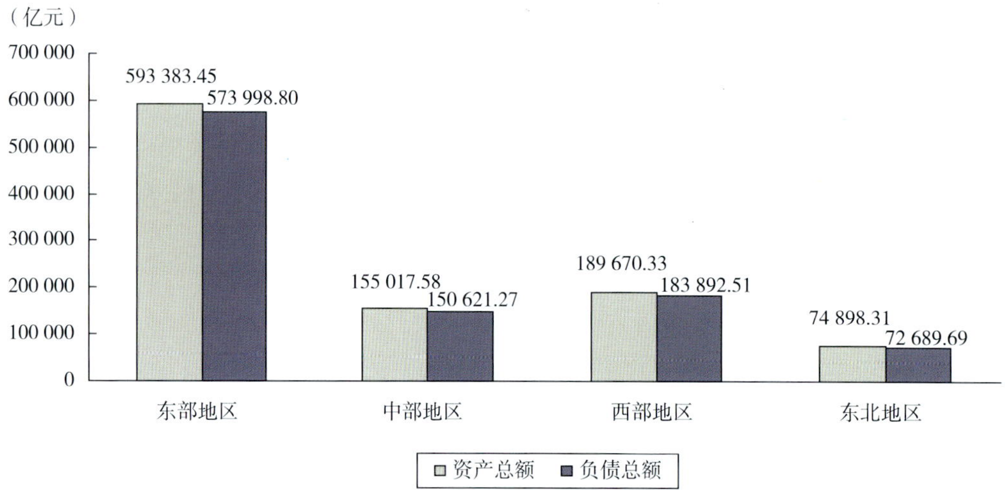

数据来源：中国人民银行各地分支机构。

图7　2011年各地区银行业金融机构资产负债情况

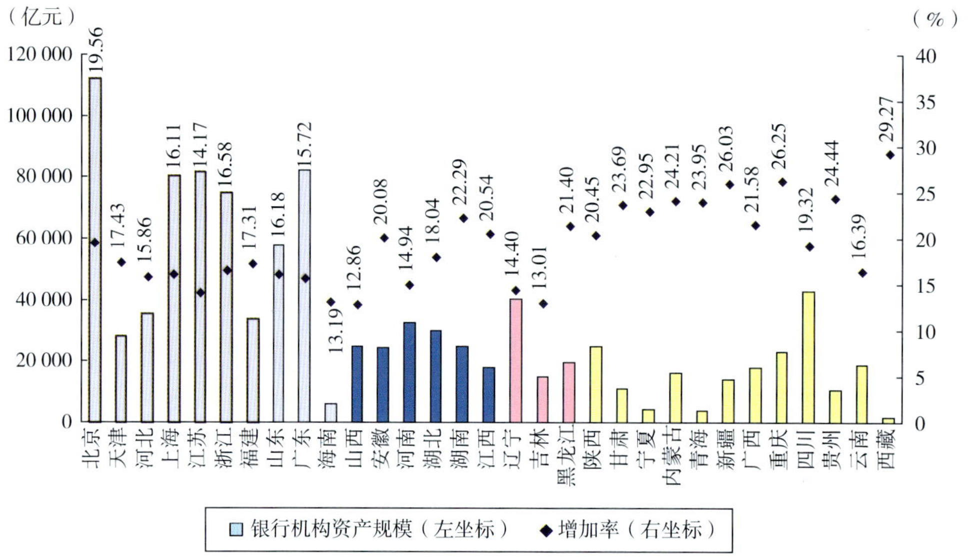

数据来源：中国人民银行各地分支机构。

图8　2011年各省（自治区、直辖市）银行业金融机构资产规模及其增长率

充足率为12.7%，比上年末提高0.5个百分点；拨备覆盖率达到278.1%，比上年末提高60.4个百分点。

表4　全国各地区银行业金融机构不良贷款情况

项目	东部地区		中部地区		西部地区		东北地区	
	2011年	2010年	2011年	2010年	2011年	2010年	2011年	2010年
不良贷款余额（亿元）	3 769.44	4 236.19	2 482.34	3 170.22	1 989.68	2 354.87	1 679.61	2 099.88
不良贷款率（%）	1.20	1.53	3.03	4.44	1.89	2.66	4.22	6.12

数据来源：中国人民银行各地分支机构。

3. 各地区银行业经营效益不断提高

2011 年，各地区银行业金融机构利润保持较快增长，盈利能力持续提升。东部、中部、西部和东北地区银行业金融机构分别实现账面利润 8 099.05 亿元、1 929.81 亿元、2 697.59 亿元和 820.59 亿元（见图 9），分别增长 16.84%、30.64%、31.62% 和 57.58%。2011 年底，银行业金融机构资本利润率和资产利润率分别为 20.4% 和 1.3%，分别较上年末提高 1.2 个和 0.2 个百分点。近年来，银行业金融机构中间业务快速发展，2011 年商业银行非利息收入占比达 19.3%，比上年提高 1.8 个百分点。

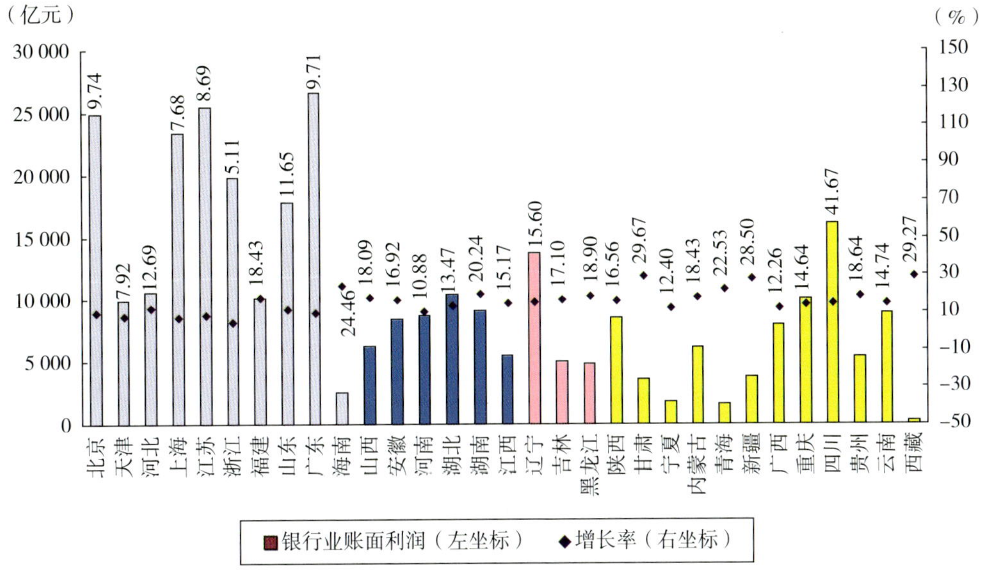

数据来源：中国人民银行各地分支机构。

图 9　2011 年各省（自治区、直辖市）银行账面利润总额及其增长率

4. 各地区银行业存款增长放缓，贷款增长向常态回归

存款增速有所放缓。截至 2011 年底，东部、中部、西部和东北地区金融机构本外币各项存款余额分别为 44.42 万亿元、12.42 万亿元、14.67 万亿元和 5.56 万亿元，同比分别增长 11.22%、14.97%、16.95% 和 9.67%（见图 10），分别比上年下降 7.58 个、7.44 个、6.10 个和 8.55 个百分点。从人民币存款的部门分布看，住户存款增速相对平稳，非金融性企业存款增速放缓。

贷款增速总体回落。截至 2011 年底，东部、中部、西部和东北地区金融机构本外币各项贷款余额分别为 31.33 万亿元、8.20 万亿元、10.54 万亿元和 3.98 万亿元，同比分别增长 12.93%、14.74%、19.09% 和 16.04%（见图 10），分别比上年下降 6.05 个、6.49 个、4.16 个和 3.85 个百分点。分机构看，中资全国性大型银行①贷款同比少增较多，区域性中小型银行②贷款同比多增较多，大型银行和中小型银行的贷款格局有所改善。

① 中资全国性大型银行是指以 2008 年末各金融机构本外币资产余额为标准，本外币资产总量超过 2 万亿元的银行。

② 中资区域性中小银行是指以 2008 年末各金融机构本外币资产余额为标准，本外币资产总量小于 2 万亿元且不跨省经营的银行。

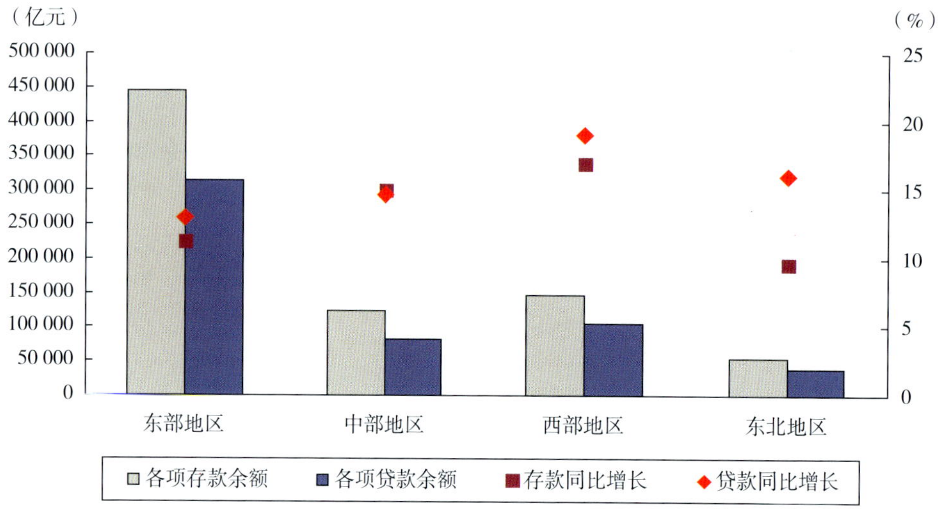

数据来源：中国人民银行各地分支机构。

图 10　2011 年各地区存贷款水平及增长情况

中长期贷款增速下降。截至 2011 年底，东部、中部、西部和东北地区中长期贷款余额分别为 17.11 万亿元、4.83 万亿元、7.41 万亿元和 2.37 万亿元，同比分别增长 7.42%、15.15%、26.78% 和 16.65%（见表 5）。除西部地区较上年小幅增加 0.41 个百分点外，东部、中部和东北地区分别较上年下降了 19.08 个、17.84 个和 17.74 个百分点。新增中长期贷款占全年新增本外币贷款的比例分别为 37.31%、55.56%、57.93% 和 58.12%。

表 5　全国各地区银行业金融机构中长期贷款情况

项目	东部地区		中部地区		西部地区		东北地区	
	2011 年	2010 年	2011 年	2010 年	2011 年	2010 年	2011 年	2010 年
中长期贷款余额(亿元)	171 086.22	159 268.35	48 308.77	41 953.43	74 053.50	58 412.38	23 690.88	20 310.24
增长率（%）	7.42	26.50	15.15	32.99	26.78	26.37	16.65	34.38
中长期贷款比率(%)	54.62	57.42	58.94	58.73	70.26	66.00	59.54	59.23

数据来源：中国人民银行各地分支机构。

专栏 3　银行业存款波动加剧、增速放缓——以宁波为例

一、基本情况

2011 年，随着银行业金融机构存款竞争愈加激烈，宁波地区存款的月际波动增大，增速明显放缓，多项数据创历史记录。如 3 月各项存款环比净增 426.6 亿元，创历史新高；而 7 月环比减少 193.2 亿元，创 2006 年以来最大单月流失规模。存款冲时点、搬家及“过山车”式的变化增多，与此同时，存款增量大幅下降，同比增速一路走低，全年有 4 个月出现存款环比负增长。截至年末，宁波银行业各项存款余额 10 659.27 亿元，同比增长 9.12%，仅为上年增速的一半；全年存款净增 902.11 亿元，仅为上年的 59.6%，存款增长明显乏力。

二、主要原因

总体来看，造成存款大幅波动和增速放缓的原因主要有两个。一是在市场流动性趋紧和存贷比考核加强的背景下，银行业信贷投放受约束，企业闲置资金减少，加上监管部门“实贷实付”政策的推行，银行体系的派生存款大幅少增。全年宁波辖区单位存款净增441.8亿元，仅为上年增量的47.2%，其中单位保证金存款占增量的79%。二是CPI高企导致存款的实际负利率，加剧了储蓄存款分流速度，尤其是下半年，全辖储蓄存款仅增加74.5亿元，同比下降了49.2%。银行理财产品、黄金市场和民间借贷等保值投资途径受到热捧，如黄金交易额全年增加62.5%，而理财产品累计筹资额达新增存款的2倍。

三、不利影响

存款增长压力直接影响了银行业的稳健运行。一是各种形式的高息揽存屡见不鲜，尤其在季末考核时点前，各银行纷纷推出高收益率的超短期理财产品、存款送礼等，引发资金大规模搬家，不仅影响统计数据的真实性和机构存款的稳定性，也加大了银行业机构的流动性压力，破坏了行业公平竞争环境。二是部分银行从业人员与资金掮客合作，让授信企业“认领”高息存款，将揽存和营销成本转嫁到贷款客户身上，增大了企业的实际融资成本。三是存款压力还通过存贷比杠杆扭曲信贷行为，部分银行业机构利用票据“双买断”、贷款转承兑票据、违规同业代付等手段，竭力隐藏信贷规模，抑制存贷比上升，这些做法存在较大的合规问题，不仅弱化了机构内控管理效力，也恶化了市场稳健发展的秩序。

资料来源：中国人民银行宁波中心支行货币信贷处。

5. 各地区银行业改革持续深化

大型商业银行和政策性金融机构改革稳步推进。2011年，中国农业银行“三农金融事业部”改革试点范围进一步扩大，黑龙江、河南、河北、安徽四个省371个县的县支行被纳入试点范围。中国农业发展银行改革工作小组成立，建立相关工作协调机制，明确了推进改革的重点和任务分工。

农村信用社改革取得明显成效，资产质量和财务状况显著改善。按照贷款五级分类口径统计，2011年底，全国农村信用社不良贷款率5.5%，比上年末下降1.9个百分点；资本充足率为10.7%，比上年末提高2个百分点；资产利润率为1%，比上年末提高0.28个百分点。农村信用社产权制度改革稳步推进，截至2011年底，全国各地区共组建以县（市）为单位的统一法人农村信用社1 882家，农村商业银行212家，农村合作银行190家。

6. 金融支持和服务实体经济力度继续加大

信贷支持“三农”和中小企业的力度较强。截至2011年底，金融机构本外币涉农贷款余额14.6万亿元，占各项贷款比重为25.1%，当年新增2.7万亿元，占各项贷款新增额比重为34.1%。金融机构小企业贷款余额（含票据贴现）10.8万亿元，同比增长25.8%，增速分别高于大型和中型企业贷款14.2个和12.5个百分点。

各地区农村金融服务继续改善。截至2011年底，全国已组建新型农村金融机构786家，其中村镇银行726家，贷款公司10家，农村资金互助社50家。在已组建机构中，有473家设在中西部省份，占比60%。已开业机构各项贷款余额1 316亿元，80%以上用于“三农”和小企业，其中农户贷款余额435.5亿元，小企业贷款余额631.5亿元。在2010年全国所有省（区、市）均实现金融服务空白乡镇全覆盖的基础上，2011年17个省份实现了机构和服务两个全覆盖。

（二）区域银行业发展中需关注的方面

1. 地方法人金融机构流动性管理难度加大

2011年前三个季度，中国人民银行先后6次上调存款准备金率共3个百分点，实施差别准备金动态调整。受资金成本上升、融资手段有限等因素影响，各地区中小法人金融机构流动性管理难度加大，部分机构流动性趋紧，流动性比例和存贷比季节波动特征明显。2011年底，东部、中部、西部和东北地区银行机构的存贷比分别为70.51%、66.01%、71.87%和71.59%，除中部地区较上年下降0.13个百分点外，东部、西部和东北地区分别较上年提高了1.07个、1.29个和3.93个百分点。金融创新不断增多等因素加快了传统存款分流，存款市场竞争日趋激烈，各银行机构间存款变动频繁，存款稳定性下降，进一步加大了地方法人金融机构的流动性管理难度。

2. 各地区银行业不良贷款反弹压力上升

近年来，我国银行业金融机构信贷投放力度较大。2011年，各地区经济增长下行压力逐步显现，在此背景下，部分行业、部分领域潜藏的信贷风险可能显现。一是地方政府融资平台贷款风险。目前，地方政府融资平台债务逐步进入集中偿付期，随着经济增速放缓及土地出让金收入下降，可能会影响地方政府的短期偿债能力。

二是房地产行业调整对银行资产质量的影响。2011年，在国家一系列调控政策影响下，房价环比下降的城市增多，商品房销售增速有所下降。房地产市场关联性较强，市场大幅波动将直接影响房地产行业及上下游相关行业贷款质量，以及造成按揭贷款违约风险增加，同时还应该关注抵押物价值评估的合理性和处置的流动性。

三是经营困难企业增多影响银行资产质量。受生产成本提高、需求减缓、产能相对过剩因素影响，2011年钢铁等部分基础行业亏损面扩大。而在外部需求不振、要素价格普遍上涨的情况下，中小企业经营压力明显上升，企业关停、倒闭现象增多，投向这些行业和企业的贷款面临质量下降风险。

3. 各地区银行业机构表外业务风险有所显现

2010年以来，各地区银行业机构表外业务快速发展，部分地区增速超过40%。2011年，委托贷款、同业代付等表外业务增长尤为明显，但对这类业务的风险管理相对滞后。部分银行对同业代付等表外业务的会计核算和风险敞口计量方式违反了审慎性原则；部分委托贷款投向了受限制领域，个别银行的委托贷款业务还涉及民间融资纠纷。2011年9月以来，部分银行委托业务开始出现到期违约情况。表外业务的过快发展容易引发流动性风险、信用风险，并可能通过与表内资产或负债的转换造成风险传染。

4. 关注部分中小商业银行的可持续经营问题

近年来，各地区中小商业银行发展较快，业务规模、盈利能力、资产质量和风险抵御能力等方面指标持续提升，对支持地方经济发展作出了贡献，但需要引起关注的是部分中小商业银行的可持续经营问题。部分中小商业银行与大型商业银行存在业务上的同质化趋势，信用风险和贷款集中度风险隐患开始显现，内控管理薄弱，操作风险加大。部分城市商业银行跨区域发展步伐过快，管理半径拉大，资本消耗较多，异地分支机构资产负债结构较为单一，运营费用较高，给总行的风险管理、成本控制以及信息支持带来挑战。

专栏 4　城市商业银行异地分支机构发展情况调查

近年来，城市商业银行（以下简称城商行）从规范管理、稳健经营、加快发展，到增资扩股、跨区域经营，成为支持国民经济平稳快速发展的新动力。本专栏以在北京、上海、天津、深圳和杭州（以下简称五市）设立的，但总部不以在当地的城商行分支机构为调查对象。

一、规模总体偏小，发展仍处较低水平。一是经营网点少。截至 2011 年底，异地城商行在五市先后设立分行 57 家，经营网点仅 273 家，且 95% 以上的营业网点都设在中心市区，网点少、缺乏便利性，一定程度上制约了城商行业务的开展。二是资产规模小。五市的异地城商行总资产仅占其银行业金融机构总资产的 3.3%，存款余额和贷款余额分别占其银行业金融机构存、贷款余额的 3.8% 和 3.9%。

二、资产结构不合理，资金来源稳定性不足。一是资产结构单一，对贷款的依赖性过大。如驻津异地城商行贷款余额占天津市城市商业银行总资产的比重达 70% 以上，有价证券及投资和买入返售资产仅占总资产的 4%。二是资金来源缺乏稳定性。2011 年，五市异地城商行的存款中单位存款占其存款余额的 82.4%，其中，单位存款又以保证金存款和活期存款为主，资金来源稳定性较差。

三、原有市场定位发生变化，支持中小型企业功能弱化。2011 年，五市异地城商行大型企业人民币贷款余额占全部贷款余额的比重达 50% 以上，与城商行成立之初对大企业贷款余额占比低、对中小企业贷款余额占比高形成了明显反差。异地城商行对中小型企业普遍执行利率上浮政策，导致中小企业资金使用成本提高，支持中小型企业功能弱化。

四、盈利来源结构单一，收入调整压力较大。2011 年，五市异地城商行利息净收入占营业收入的比重为 76.7%，比五市银行业金融机构利息净收入占比高 21 个百分点；中间业务收入占营业收入的比重为 9%，比五市银行业金融机构中间业务收入占比低 1 个百分点。在规模扩张受限、利润快速增长难度增大的情况下，中间业务收入占比较低，加大了异地城商行收入结构调整压力。

资料来源：中国人民银行天津分行金融稳定处。

5. 各地区银行业不规范经营问题较为突出

近年来，各地区银行业发展较快，为地区经济持续健康发展提供了有力的金融支持。但 2011 年以来，部分银行以附加不合理贷款条件和不合理收费为主要形式的不规范经营问题较为突出。银行业不规范经营主要存在于存贷款和服务收费两大领域，具体表现为以贷转存，强制设定条款或协商约定将部分贷款转为存款；以贷收费，要求客户接受不合理中间业务或其他金融服务而收取费用；将利息分解为费用收取，变相提高利率等形式。这些不规范经营问题直接损害了银行声誉，降低了银行服务实体经济的效率，扰乱了金融市场秩序。

二、各地区证券业

2011 年，我国主要资本市场呈现不同程度的下跌态势，市场融资规模减少，各地区证券期货经营机构虽然整体规模和盈利水平有所下降，但市场主体仍保持平稳运行，抗风险能力进一步增强。证券公司直投业务政策出台，多元化经营得到发展。各地合规化措施相继推出，市场化改革进程逐步推进。

（一）区域证券业发展概况

1. 股票和期货市场震荡下行，债券发行规模减少

2011 年，受欧美债务危机影响，全球股市出现大幅波动。沪、深两市呈现较为明显的震荡下行走势，上证综合指数年底收盘于2 199 点，同比下跌21.68%，深证成分指数年底收盘于8 918点，同比下跌28.41%（见图11）。在股票估值水平方面，沪、深两市 A 股平均市盈率分别达到 13.4 倍和 23.11 倍，同比分别下降 37.99% 和 48.29%；从成交金额来看，沪、深两市股票总共成交 42.16 万亿元，较上年下降 22.72%，日均成交 1 727.87 亿元，较上年下降 23.37%，其中沪市成交 23.76 万亿元，深市成交 18.4 万亿元，同比分别下降 21.94% 和 23.72%。

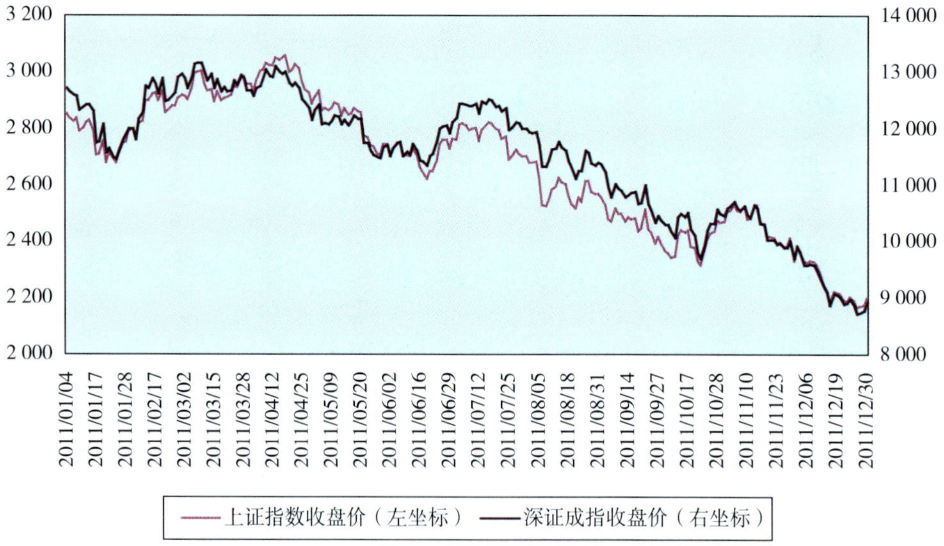

数据来源：Wind 资讯。

图 11　2011 年沪深 A 股指数走势

债券市场和期货市场规模也呈现出不同程度的萎缩。债券发行规模有所缩小，全年累计发行各类债券 7.68 万亿元（含中央银行票据和交易所发行债券），较上年减少 11.84%。期货成交量和交易金额均呈现下降趋势，全年共成交 10.54 亿手，成交金额 137.51 万亿元，较上年分别

下降 32.72% 和 11.03%。主要商品期货价格震荡下挫，商品期货全年成交 10.03 亿手，成交金额 93.75 万亿元，较上年分别下降 34.01% 和 17.39%。

2. 各地区证券公司经营规模总体下降，但抗风险能力仍保持稳定

我国证券公司主要分布在东部地区，其余地区机构数量少，整体规模较小，地域发展不平衡。截至 2011 年底，东部、中部、西部和东北地区法人证券公司分别为 58 家、12 家、18 家和 6 家；期货经纪公司分别为 99 家、17 家、17 家和 14 家；基金管理公司中，除西部地区有 2 家机构外，其余 48 家均处于东部地区（见表 6）。

表 6　全国各地区证券公司、基金公司和期货经纪公司机构数　单位：家

项目	东部地区		中部地区		西部地区		东北地区	
	2011 年	2010 年	2011 年	2010 年	2011 年	2010 年	2011 年	2010 年
法人证券机构数	58	55	12	12	18	18	6	6
基金管理公司	48	43	0	0	2	3	0	0
期货经纪公司	99	100	17	19	17	18	14	14

数据来源：全国各省、自治区、直辖市证监会派出机构。

2011 年，受证券市场行情震荡下行影响，各地区证券机构资产规模和经营状况均有显著下降。截至 2011 年底，东部、中部、西部和东北地区法人证券公司资产总额分别达到 9 096.75 亿元、1 412.50 亿元、1 035.31 亿元和 309.80 亿元，同比分别下降 20.50%、15.56%、31.43% 和 31.46%；全年累计实现营业收入分别为 750.26 亿元、91.20 亿元、106.88 亿元和 15.64 亿元，较上年分别下降 28.40%、38.54%、12.92% 和 50.86%（见图 12）。东北地区证券公司资产规模和营业收入减少幅度最大。

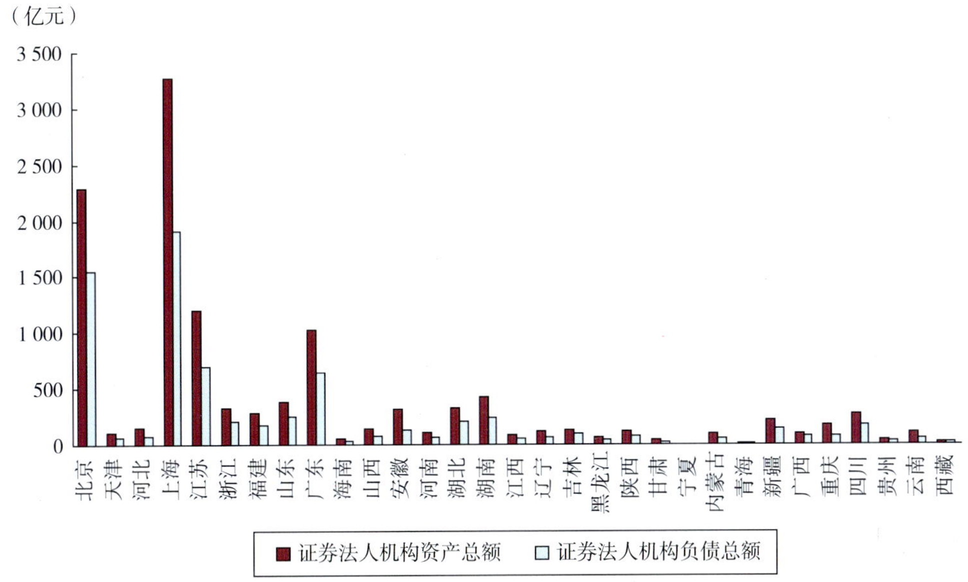

数据来源：全国各省、自治区、直辖市证监会派出机构。

图 12　2011 年各省（自治区、直辖市）证券法人机构资产负债情况

虽然规模和盈利均有不同程度的下降，但大部分地区证券公司净资产总额均保持了稳步增长，证券公司抵御风险冲击能力进一步增强。截至2011年底，东部、中部、西部和东北地区证券公司净资产分别达到3 433.08亿元、629.17亿元、400.01亿元和106.23亿元。其中，东部、中部和西部地区同比分别增长12.72%、12.16%和35.91%，只有东北地区同比减少7.8%。从净资产负债比率来看，东部、中部、西部和东北地区分别达到61.09%、80.32%、62.96%和52.18%，远高于20%的监管要求。

3. 市场融资规模减少，企业境内外上市阻力增加

2011年，各地证券市场融资规模均有所降低，A股一级市场全年累计融资7 019.22亿元，较上年减少27.43%。其中，A股首次公开发行（IPO）的融资额为2 720.02亿元，较上年大幅减少44.29%；增发募集资金3 877.24亿元，较上年显著提高52.06%；配股募集资金421.96亿元，较上年减少70.66%。市场融资结构变动较为明显，IPO和配股募集资金占融资总额的38.75%和6.01%，分别较上年减少11.73个和8.86个百分点，增发募集资金大幅提升，占融资总量的55.24%，较上年提高28.88个百分点。

2011年境内IPO审核收紧，各地区企业上市难度增加。2011年，东部、中部、西部和东北地区全年新上市公司分别为215家、42家、18家和7家，首发募集资金分别达到2 148.97亿元、356.29亿元、159.51亿元和55.25亿元，较上年分别下降43.52%、6.71%、65.37%和79.02%。其中，江苏、北京、浙江、广东和上海首发募集资金分别达到484.81亿元、461.96亿元、341.09亿元、305.92亿元和156.67亿元，位于全国各省市的前五位（见图13）。与此同时，各地企业海外上市也出现大幅缩水，全年仅有75家企业在海外上市，融资共计178.13亿美元，数量与金额同比分别下降41.9%和46.5%。以赴美IPO企业为例，继土豆网2011年8月在纳斯达克上市后，中国企业赴美上市几近停滞。

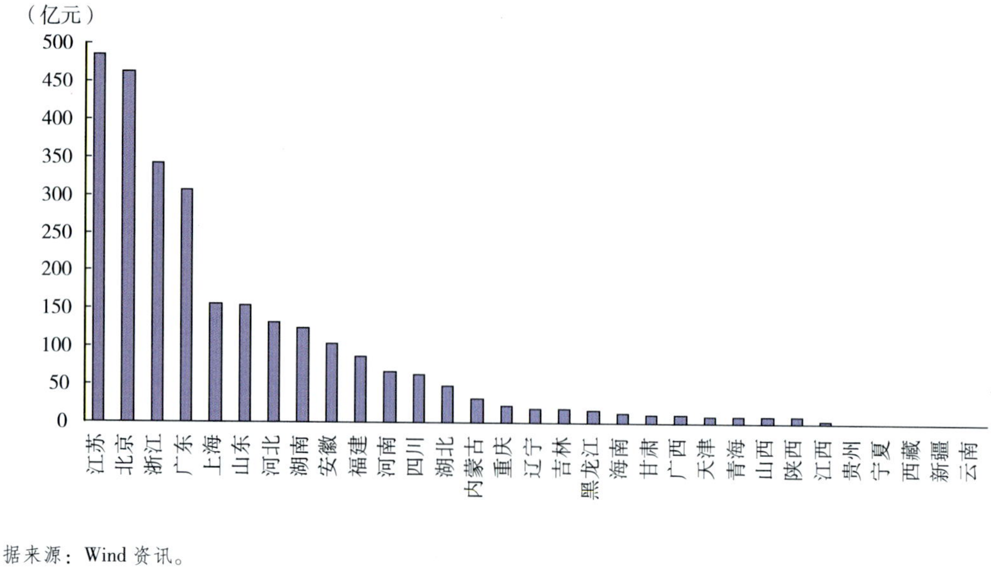

数据来源：Wind资讯。

图13 2011年各省（自治区、直辖市）首发融资募集资金金额

专栏5　近五年来西部地区直接融资发展情况

西部十二省（市、区）在西部大开发的政策支持下，大力发展直接融资，取得了明显的成效，特别是2005年短期融资券的推出，促使西部地区直接融资多渠道快速发展，直接融资总额不断攀升。

一、西部地区直接融资发展现状

2011年，西部十二个省（市、区）中有八个省区A股市场直接融资总金额超过2010年，直接融资呈现出多元化的趋势。与此同时，债券发行总额也超过去年，除云南和贵州外，其他十个省（市、区）均比上年有较大幅度的增长。

2007—2011年，西部十二省（市、区）直接融资总金额为10 627.61亿元，特别是2010年和2011年直接融资规模单年突破3 000亿元，2011年的直接融资规模为2007年的2.93倍，直接融资占融资结构的比重略有上升，2011年比2007提高了1.32个百分点。

二、西部地区直接融资特点

（一）西部地区直接融资发展呈现出不均衡的态势

分地区来看，四川、陕西、重庆、云南、新疆为西部地区5年累计直接融资总额的前五名。五个地区累计直接融资金额为7 151.65亿元，占西部地区5年直接融资总额的67.3%。西藏、宁夏和青海直接融资总额的规模偏小，历年直接融资占比不足6%。2011年的发展情况显示，四川直接融资总额居西部第一，达到612.91亿元。

（二）债券融资发展迅猛

从近五年直接融资具体形式看，西部地区主要以债券融资（包括公司债、企业债、短期融资券、中期票据以及集合票据）为主，2007—2011年西部地区债券融资占历年直接融资总额的57.1%。其中，2011年西部地区的债券融资总额达到了2 394.5亿元，占历年债券融资总额的39.5%，比2010年增加了557.7亿元，增幅为30.36%。

（三）西部地区企业在香港证券市场融资有长足发展

2007—2011年，西部地区总共有17家企业登陆香港主板与创业板首发融资，累计融资额为584.48亿港元，按发行当年年末汇率中间价折算为人民币514.3亿元。2011年西藏冰川矿泉成为该地区首家在香港联交所上市的企业。

总体而言，西部地区近五年虽然直接融资上取得了较为明显的增长，但总体融资规模与东部地区比还存在明显的差距，直接融资市场仍处于落后地区，同时，西部地区各省、市、区之间差异也极其明显。

资料来源：中国人民银行成都分行金融稳定处。

4. 证券公司直投业务政策出台，多元化经营得到发展

2011年7月8日，证监会发布《证券公司直接投资业务监管指引》。新规明确了证券公司可以开展直投业务，同时，对既有试点券商直接投资的内部控制、风险控制以及信息披露制度提出了更为明确、严格的要求。该指引允许证券公司成立直投基金，募集并管理客户资金进行股

权投资。截至2011年底，全国已有35家券商机构获得开展直接投资业务资格，其中6家券商直投机构已经参与设立9只直投基金，多数券商直投公司已启动设立直投基金的筹备工作。

证券公司作为普通合伙人，利用自有资本开展私募股权投资业务，有效改变了券商盈利模式单一的现状，提高其资金利用率。2011年，22家券商直投企业成功上市A股市场，较上年增长96%，账面回报金额总计39.75亿元，同比增长183%，平均账面回报率达到4.21倍①。通过设立有限合伙制基金开展直投业务，给证券公司带来市场化的运营模式，进一步提升了其投资收益和风险控制能力。

5. 市场化改革进程进一步推进，合规化措施相继推出

2011年，多项证券市场化改革措施相继推出。证监会推出分红新政，要求上市公司逐步明确各自分红规划；深交所出台《关于完善创业板退市制度的方案（征求意见稿）》，创业板退市制度初步拟定。改革新股发行制度、执行严格的退市制度，有利于维护投资者利益。同时，针对证券中介机构基础业务，特别是在扩大证券公司自营业务投资范围、完善保荐机构内控与持续督导责任、理财产品规范、分级基金审核等方面的规范性文件出台明显提速（见表7）。市场各类违法违规活动得到一定遏制，投资者利益得到进一步保障。

表7　2011年证券中介机构业务规范性政策

日期	证券中介机构业务规范政策
2月18日	中国证券业协会下发《关于规范证券公司客户资金第三方存管单客户多银行服务的通知》，投资者证券交易资金银证转账模式将可由现行的“一对一”转向“一对多”
5月7日	中国证监会发布《关于证券公司证券自营业务投资范围及有关事项的规定》，自2011年6月1日起施行，证券公司证券自营业务投资范围将扩大
6月21日	中国证监会发布《保荐业务内部控制指引》（征求意见稿），明确了行业标准，引导保荐机构进一步完善内控制度，为保荐业务现场检查和采取监管措施提供依据和标准
8月13日	中国证监会12日发布《证券投资基金管理公司公平交易制度指导意见》，自发布之日起实施。这标志着禁止基金行业同日反向交易的制度化约束正式建立，基金公司不同组合同向交易“无价差原则”也将正式实施
9月17日	中国证监会向12家证监局派出机构下放审核部分证券机构行政许可权
9月27日	中国证监会就分级基金产品审核指引征求意见，目前仅发展融资模式分级基金，并限定分级份额初始杠杆率
10月18日	中国证监会起草《保荐机构持续督导责任业务规则》
11月23日	券商“直投+保荐”股份新增6个月锁定期，中国证券业协会对券商直投提出严格隔离、延长锁定期、增加信息披露、加强检查四项自律要求
12月2日	中国证监会对券商上市的审慎性监管要求予以细化，对优质券商有一定程度的放宽。对于市场竞争力达到一定标准的券商可不要求其具有良好的成长性，对于成长性达到一定标准的券商可不要求其具有较强的市场竞争力

资料来源：中国证监会，中国证券业协会。

（二）区域证券业发展中需关注的问题

1. 关注和防范金融市场交叉性风险的传递

随着金融市场规模稳步扩大、金融创新层出不穷，金融市场的交叉性逐年增加，市场风险

① 本段数据来自清科研究中心。

的传导性逐步加强。一方面，金融机构服务领域相互渗透，跨市场的金融产品不断推出，风险在不同市场间的传递增加；另一方面，在现有分业经营和监管体制下，各监管主体在监管目标、手段和标准上不完全一致，对交叉性产品监管有限。为此，有必要加强金融监管部门之间的信息共享和协调配合，建立跨市场风险监控系统，对跨市场风险点、传递渠道及造成风险的可能性等进行监测和预警，共同防范和化解跨市场金融风险。

2. 证券机构违规操作仍然存在

随着证券业监管的加强和行业自律水平的提高，证券公司、基金公司、期货公司的规范化经营程度逐步提升，但部分证券机构内控机制不完善，经营管理粗放，违规操作仍然存在。证券公司投行业务风险责任意识不强，尽职调查工作不深入，道德风险难以根除。2011 年，国信证券等多家券商在保荐上市过程中被曝光存在利益输送、关联交易等问题，券商投资合规性管理亟待加强。基金公司投资管理模式需要改善，部分基金公司缺乏有效的风险防范和纠正机制，日常经营中利益冲突、内部交易和员工管控等问题较为突出。期货公司在账户管理、委托代理等业务方面仍然不完善。证券机构内部管控能力薄弱已经成为影响证券业长期健康发展的掣肘因素，需要进一步加强机构合规管理，逐步形成有效的风险约束机制。

专栏 6　期货配资业务兴起　蕴涵风险不容忽视

近年来，随着期货市场迅速发展和繁荣，一些追求高利润的投资者不惜承担高风险，利用民间借贷等方式筹集更多的资金参与期货交易，期货配资业务也因此兴起。近期，社会上出现了一批以投资公司或投资管理公司名义设立、实质上从事期货配资业务的公司，从目前了解的情况看，期货配资公司大都涉嫌超范围经营，大幅度放大客户期货交易杠杆，增大客户交易财务风险，扰乱期货市场秩序，存在较大风险隐患。

一、基本情况

期货配资是指配资公司在客户原有资金基础上按照一定比例垫付资金给客户进行期货交易的民间融资方式，主要为客户从事期货交易进行融资、垫资，并赚取高额资金使用费。配资公司首先以公司控制的个人名义在期货公司开立期货交易账户，并将账户提供给客户使用，要求客户存入自有资金，配资公司以此为基数向客户进行配资。配资公司在交易过程中对账户实行全程控制，当亏损达到一定比例时对账户进行强制平仓或者要求客户追加保证金，以保证配资公司自身的资金不受损失。

期货配资公司主要依靠收取手续费盈利。手续费收取方式主要分为两种，一是按日息结算，即每天不论交易次数都只收取一定费用，费用根据配资的多少制定；二是按交易次数结算，手续费根据客户的资金量和期货交易品种制定。

二、可能产生的风险

扰乱期货市场交易秩序。期货配资既从事期货业务又有配资功能，具有双重杠杆效应，部分配资比例较高的公司能将资金杠杆放大到几十倍甚至近百倍，客户面临的财务风险明显偏大。并且，配资公司要求客户必须做日内交易，客户操作账户又由其控制，不排除配资公司通过控制价格、利用其他账户与客户进行对赌，导致客户迅速爆仓，最终使亏损资金进入配资公司账户的可能。此外，在配资交易中，因缺乏托管机制，资金流转均由提供资金的配资公司控制，一旦配资公司卷款逃跑，投资者权益将难以得到有效保障。

期货配资业务与民间借贷相互交织，可能形成系统性风险。期货配资公司与客户双方实质上是一种借贷关系，名义上配资公司给客户提供低息或无息资金，只收取手续费，但实际上，客户受限于日内短线交易，会形成大规模交易量，而配资公司的高额手续费，将极大推高客户资金使用成本。据调查，浙江省内有部分担保公司和典当行也利用民间借贷资金开展配资业务，期货配资与民间借贷相互交织，极易导致风险传染，形成系统性风险隐患。

不法分子可能利用期货配资账户洗钱。期货配资业务监管目前尚属空白，不法分子可能利用期货配资业务监管漏洞，将非法所得用于期货配资，最终转换成合法投资收益，从而达到洗钱的目的。

资料来源：《浙江金融稳定报告（2012）》。

3. 基金期货公司发展模式有待优化

证券市场行情低迷对各地证券机构经营发展造成影响，而作为证券市场重要中介机构的基金公司和期货公司则面临较大的经营发展困境。2011 年，各地基金公司基金规模增加，但净值出现下降。截至 2011 年底，各地基金公司管理公募基金（含股票型、债券型、混合型等）达到 2.65 万亿份，同比增长 9.42%；净值总额 2.17 万亿元，同比下降 13.20%；单位基金平均净值从上年底的 1.03 元下降至 0.83 元，同比下降 19.42%；基金行业总体面临较大的赎回压力。个别基金公司由于首发规模缩小，持续营销日益困难而导致经营状况不佳。此外，基金销售渠道过于依赖商业银行而导致的基金销售费用较高、高端基金管理人才流动性较大、激励约束机制尚不完善等问题仍然存在。

受证券市场低迷、规范整顿期货市场交易行为等因素影响，各地期货公司代理交易额有所下降。虽然境外期货业务、特定客户资产管理业务（CTA）陆续推出，但各地期货公司业务和收入结构单一、同质化竞争明显等问题依然影响行业健康发展。

4. 上市公司内部合规管理亟待加强

随着上市公司数量和市值规模的逐步扩大，各地区上市公司在合规经营和内部管理方面暴露出一些问题。部分上市公司规范运作基础不牢固，在信息披露、财务管理等方面存在缺陷；部分高管合规意识较为淡薄，违规减持股份、内幕交易等现象仍然存在。2011 年，国内企业赴海外上市阻力增加，开盘破发、量价齐跌、财务造假、诚信缺失等一系列事件反映了部分公司内部控制薄弱、运作不规范的现状。

5. 私募股权快速发展中风险暴露增多

在股市楼市相继低迷的投资环境下，民间资本纷纷进入私募股权投资领域。但在私募股权规模快速膨胀的同时，行业风险也在逐步积聚。部分机构短期牟利目的明显，项目运作不规范、风险控制不足，导致投资者和行业风险加剧。不法分子借风险投资、私募股权之名，进行非法集资活动，部分地区案件有所抬头。2011 年，广东、浙江、天津等股权投资发展较快的地区出现非法集资案件，仅天津一地，上半年就有7家以私募股权投资为名涉嫌非法集资的机构接受调查。一些机构还涉及投资项目虚假、单个投资者出资低于法规要求等问题，严重损害投资者利益。

三、各地区保险业

2011年，整个保险行业在经历了前几年的快速发展后，开始进入转型的关键时点。截至2011年末，我国保险业资产总额为6.01万亿元，同比增长19.13%。全国各地区共实现原保险保费收入1.43万亿元，保险市场保持平稳发展的态势。

（一）区域保险业发展概况

1. 各地区保险业总资产持续增长

2011年，东部、中部、西部和东北地区分公司以上保险机构总资产分别达到19 019.54亿元、5 944.91亿元、5 372.61亿元和3 304.13亿元，同比分别增长10.04%、33.24%、21.39%和20.85%（见表8），占全国保险机构总资产的比重分别为56.54%、17.67%、15.97%和9.82%。除东部地区较上年下降3.26个百分点外，中部、西部和东北地区分别较上年上升2.24个、0.66个和0.36个百分点。各地区保险公司机构规模稳步增长，保险业在区域经济发展中的作用稳步提升。

表8　全国各地区保险资产情况

项目	东部地区		中部地区		西部地区		东北地区	
	2011年	2010年	2011年	2010年	2011年	2010年	2011年	2010年
保险业分公司以上资产总额（亿元）	19 019.54	17 284.57	5 944.91	4 461.81	5 372.61	4 425.97	3 304.13	2 733.97
增长率（%）	10.04	24.63	33.24	28.56	21.39	43.27	20.85	26.27

数据来源：全国各省、自治区、直辖市保监会派出机构。

从区域保费收入状况来看，中部和西部地区保险业全年分别实现保费收入2 882.32亿元和2 684.94亿元，同比分别增长3.35%和3.02%，在全国原保险保费收入中的占比分别为20.63%和19.22%，较上年上升0.88个和0.76个百分点。东部和东北地区保险业全年分别实现保费收入7 339.18亿元和1 066.28亿元，同比分别下降2.68%和10.19%。由于经济发展水平的差距，西部地区的保费规模与东部地区相比仍存在较大距离，但是西部地区增长速度较快。

2. 各地区财产险业务快速增长，业务结构和企业效益改善

2011年，东部、中部、西部和东北地区财产险分别实现保费收入2 415.63亿元、751.23亿元、871.92亿元和341.82亿元，同比分别增长17.32%、21.20%、10.87%和13.97%，占本地区保险业总保费收入的比重分别为32.91%、26.06%、32.47%和32.06%，分别较上年提高5.61个、3.84个、2.30个和6.80个百分点（见表9）。

表 9　全国各地区保险业分险种保费收入情况

项目	东部地区		中部地区		西部地区		东北地区	
	2011 年	2010 年	2011 年	2010 年	2011 年	2010 年	2011 年	2010 年
人身险收入（亿元）	4 923.55	5 418.18	2 131.06	2 169.04	1 676.55	1 819.82	724.46	887.39
同比增长（%）	-9.13	26.67	-1.75	29.45	-7.87	27.28	-18.36	36.94
占保险收入比例（%）	67.09	71.85	73.94	77.77	62.44	69.83	67.94	74.74
财产险收入（亿元）	2 415.63	2 058.99	751.23	619.84	871.92	786.41	341.82	299.93
同比增长（%）	17.32	35.00	21.20	39.50	10.87	35.57	13.97	29.59
占保险收入比例（%）	32.91	27.30	26.06	22.22	32.47	30.17	32.06	25.26

数据来源：全国各省、自治区、直辖市保监会派出机构。

分险种看，受汽车销售增速下滑影响，2011 年各地区车险业务均呈现增速放缓的态势。东部、中部、西部和东北地区车险分别实现保费收入 1 689.69 亿元、591.74 亿元、733.79 亿元和 252.21 亿元，同比分别增长 7.02%、18.40%、18.96% 和 12.86%，占本地区财产险保费收入的比重分别为 69.95%、78.77%、84.16% 和 73.78%。除西部地区外，其余地区车险保费收入比重均较上年有所下降，财产险业务结构优化。同时，由于各地区产险公司的综合成本率继续下降，产险公司的承保盈利不断提升。以浙江为例，财产险公司实现利润总额 34.16 亿元，居全国首位，同比增长 44.07%；综合成本率、综合赔付率和综合费用率分别为 89.9%、60.5% 和 29.5%，较上年分别回落 2.5 个、1.5 个和 0.9 个百分点。

3. 各地区人身险业务增速放缓，业务结构不断改善

2011 年，受新会计准则调整、寿险普遍收益率偏低导致销售不畅和银保新政①的影响，各地区寿险保费收入同比增速大幅下滑，退保率有所上升，尤其是三年期、五年期趸缴产品退保较多。东部、中部、西部和东北地区人身险分别实现保费收入 4 923.55 亿元、2 131.06 亿元、1 676.55亿元和 724.46 亿元，同比分别下降 9.13%、1.75%、7.87% 和 18.36%。

专栏 7　2011 年部分省区人身保险公司保费收入增速明显放缓

2011 年，部分省区人身保险公司保费收入增速明显放缓，其中，人身保险公司银保渠道业务出现较大幅度的负增长，是制约人身保险公司业务整体增长的主要原因。以河北省为例，该省人身保险公司 2011 年银保渠道业务同比下降 9.11%，从而导致该省人身保险公司业务增速低于全国平均增速。

2011 年，人身保险市场受多重因素影响较为低迷，人身保险公司原有的增长模式受到较大冲击。一是外部经济金融环境变化，通胀压力增加，存款准备金率和基准利率上调，居民消费水平变化以及家庭理财结构转变等经济因素，对人身保险公司分红型相关产品的销售增加了较大的压力；二是受新会计准则统计口径变化的影响，对人身保险公司保费收入总额的统计范围进行调整，导致统计数据表面出现下降；三是渠道影响较大，长期以来

① 2010 年 11 月银监会下发《关于进一步加强商业银行代理保险业务合规销售与风险管理的通知》。

人身保险公司所过度依赖的银保渠道驻点销售模式被取消，对银保业务发展影响较大，加之保险营销员人力问题影响了个人代理业务增长；四是业务结构不合理，新单业务发展压力加大，续期业务发展不够，盲目追求高件均保费，缺乏适应较低消费群体的保险产品；五是长期以来在错误的销售理念下出现的销售误导问题，影响了公众对人身保险公司和人身保险产品的客观认知程度和信任程度。

资料来源：中国人民银行石家庄中心支行金融稳定处。

人身险业务结构继续优化。各地区继续推动保障功能较强的分红险、普通寿险等业务，保险公司分红险业务平稳增长，该业务收入占寿险保费收入的比例继续提高。2011 年，东部、中部、西部和东北地区分红险分别实现保费收入 3 203.11 亿元、1 733.32 亿元、1 329.51亿元和563.27 亿元，同比分别增长1.91%、4.07%、5.76%和6.75%，占人身险保费收入的比例分别为 65.06%、81.34%、79.30% 和 77.75%，较上年分别上升 7.05 个、4.55 个、10.22 个和 18.29 个百分点。2011 年，银行理财产品和银行存款的收益都有所攀升，万能险的吸引力减弱。同时，受到证券市场的影响，万能险和投连险在投资收益上未有改善，销售持续萎缩。东部、中部、西部和东北地区万能险分别实现保费收入 30.51 亿元、47.77 亿元、15.61 亿元和 78.69 亿元，同比分别下降 94.25%、66.38%、91.10% 和 39.15%，占人身险保费收入的比例分别为0.62%、2.24%、0.93%和10.86%，较上年分别下降9.17 个、4.31 个、8.71 个和3.71 个百分点。

4. 各地区保险业赔款给付支出大幅增长，保险业保障功能凸显

2011 年，东部、中部、西部和东北地区保险业各项赔款和给付支出分别为 2 047.67 亿元、693.15 亿元、723.02 亿元和299.76 亿元，同比分别增长23.58%、21.56%、22.82%和6.69%。除东北地区外，各地区保险赔付支出均大幅增长，保险业补偿功能得到进一步发挥，为地区经济发展提供了风险保障。

财产险赔款和给付支出平稳增长，但结构出现分化。东部、中部、西部和东北地区全年财产险赔款和给付支出分别为 1 148.05 亿元、361.94 亿元、424.36 亿元和 158.45 亿元，同比分别增长 24.26%、23.98%、23.50% 和 14.03%。其中，车险赔款和给付支出分别为 934.19 亿元、293.20 亿元、349.67 亿元和 93.55 亿元，除东北地区小幅下降 4.95% 外，东部、中部和西部地区同比分别增长 26.69%、27.61% 和 28.95%。东部、中部、西部和东北地区责任险赔款和给付支出分别为 24.30 亿元、9.56 亿元、11.55 亿元和 3.56 亿元，同比分别增长 27.43%、30.96%、27.26% 和 18.27%；农业险赔款和给付支出分别达到 15.28 亿元、22.74 亿元、31.52 亿元和 9.98 亿元，得益于 2011 年农业生产形势较好，除东部地区农业险赔付支出较上年略有增长外，中部、西部和东北地区同比分别下降 20.27%、6.1% 和 43.96%。

人身险赔款和给付支出大幅增长，东部、中部、西部和东北地区人身险赔款和给付支出分别为 899.62 亿元、333.74 亿元、298.66 亿元和 185.56 亿元，同比分别增长 29.00%、19.92%、21.87% 和 30.42%（见表 10）。

表 10　　全国各地区保险业赔款和给付支出情况

项目	东部地区		中部地区		西部地区		东北地区	
	2011 年	2010 年	2011 年	2010 年	2011 年	2010 年	2011 年	2010 年
赔款给付支出（亿元）	2 047.67	1 656.93	693.15	570.23	723.02	588.68	299.76	280.97
增长率（%）	23.58	1.41	21.56	4.91	22.82	8.29	6.69	7.12
占全国比例（%）	54.41	53.50	18.42	18.41	19.21	19.01	7.96	9.07
其中：人身险（亿元）	899.62	697.36	333.74	278.30	298.66	245.07	185.56	142.28
增长率（%）	29.00	-14.62	19.92	-5.99	21.87	0.85	30.42	5.85
占总赔款给付支出比例（%）	43.93	42.09	48.15	48.80	41.31	41.63	61.90	50.64
财产险（亿元）	1 148.05	923.89	361.94	291.93	424.36	343.61	158.45	138.95
同比增长（%）	24.26	13.06	23.98	17.96	23.50	14.45	14.03	9.07
占总赔款和给付支出比例（%）	56.07	55.76	52.22	51.20	58.69	58.37	52.86	49.45

数据来源：全国各省、自治区、直辖市保监会派出机构。

5. 各地区保险资金运用余额稳步增长，固定收益类投资比例较为稳定

截至 2011 年底，保险资金运用余额达到 5.5 万亿元，同比增长 20.47%。2011 年，全球经济增长势头放缓，国内资本市场震荡走低，保险资金在股票投资和证券投资基金上的投入继续下降，债券投资和银行存款的占比略有上升。虽然随着《保险资金投资不动产暂行办法》《保险资金投资股权暂行办法》等一系列法规的实施，保险资金投资渠道逐步放开，但是保险资金在基础设施、不动产和股权上的投资比例仍然很低。

2011 年，我国保险业资金运用情况可以概括为以下几点。第一，在投资策略上，保险公司多次调整在权益类资产上的投资，固定收益类产品则维持较为稳定的比例；第二，在投资收益上，由于股票市场的投资收益明显下滑，从而影响到保险公司的盈利水平，保险公司对股票和证券投资基金的投资比例基本维持在 11% ~13%；第三，在投资渠道上，2011 年保险公司有了新的突破，开始尝试不动产等投资，部分保险公司开始尝试对保障房的投资。

（二）区域保险业发展中需关注的方面

1. 行业发展方式急需转型

近年来，保险业的发展基础和外部环境已经发生了深刻变化，但保费规模和市场份额仍被保险公司视为发展追求的主要目标。一些保险公司不重视加强内部管理和产品服务创新，导致行业竞争能力较弱，发展后劲不足。财产险业务主要依赖车险，人身险业务主要依赖同质化理财产品，保险产品和服务创新不足，不能满足消费者多样化的保险需求。随着经济社会的发展，保险业一直采用的营销员管理体制的弊端也逐步显现，行业总体上仍停留在争抢业务规模和市场份额的低层次竞争水平，保险业发展方式迫切需要加以转变。

2. 保险业发展的外部环境需要进一步改善

近年来，党中央、国务院高度重视保险业发展。特别是2006年国务院23号文件《国务院关于保险业改革发展的若干意见》发布以来，全社会对保险的认识不断加深，各级政府也越来越重视发挥保险业的作用，但随着保险业的快速发展，外部环境不适应的问题也越来越突出。在法律环境方面，部分业务领域的法律制度不健全。比如，农业保险缺乏专门的管理制度，巨灾风险准备金制度还没有建立；交强险亏损的问题较为突出，制度设计需要调整。在政策环境方面，商业健康保险、养老保险等与国计民生密切相关的业务领域需要相应的财税政策支持；巨灾保险体系还没有建立，自然灾害风险分散转移和补偿救助机制缺失。在社会环境方面，社会公众的保险意识和风险意识有待加强，保险知识普及和风险教育的任务比较重。

3. 各地区保险公司偿付能力有待提高

2011年，保险资金运用收益下降，投资年化收益率仅为3.6%，较上年下降了1.2个百分点。保险资金投资收益不佳以及保险业务发展增速放缓导致了保险公司偿付能力普遍下降，在已上市的保险公司中，中国人寿、中国平安和太平洋保险偿付能力充足率分别较上年下降了41.9个、31.2个和72.8个百分点，行业承受内外部冲击的能力有所削弱。保险公司可以通过发行次级债、可转债、股东注资、定向增发和公开市场再融资等途径提高偿付能力。2011年共有66家公司增资900亿元，共有15家公司发行次级债600.5亿元，通过次级债券增资的金额同比增加4倍以上。2011年10月，保监会发布实施《保险公司次级定期债务管理办法》，提高保险公司发行次级债的门槛。从长远来看，保险公司还面临较大的融资压力。

4. 关注保险业发展面临的新挑战

2011年，在银保渠道受到一定限制的情况下，各地区保险业积极拓展个人营销、电话营销等多样化的销售手段。保险业务结构得到优化，普通寿险、意外险、健康险在寿险中的占比不断提高，航运保险快速发展提升了产险市场非车险业务的发展速度，变额年金等新型产品的推出丰富了保险产品的种类。但是，新会计准则和银保新政的实施，短期内对寿险保费收入的影响较大，中小保险公司的盈利能力有待提高；人身险公司退保率存在进一步上升的风险。2012年，这些影响因素仍将存在，保险业发展可能面临挑战，应当引起重点关注。

第四部分 分地区的区域金融稳定状况

近年来，我国区域经济发展格局发生积极变化，区域经济相对差距有所缩小，区域经济发展战略取得一定成效，金融发展更加协调。但由于自然禀赋的差异以及各种历史因素的影响，各地区在经济发展水平、产业结构、金融机构资产质量、金融基础设施以及金融生态环境等方面都呈现出不同的特点。

一、东部地区

2011年以来，东部地区稳步实施区域发展战略，深入推进经济发展方式转变和结构调整，区域经济发展的协调性进一步提升。银行业服务体系进一步拓展，风险管控和业务创新不断深入，经营效益和风险抵御能力显著提升；证券业经营总体稳健，改革创新有序推进，受国内证券市场持续低迷影响，证券业机构部分经营指标出现下滑；保险业机构经营管理水平有所提高，行业秩序进一步改善。定量评估①结果显示，东部地区2011年金融稳定状况综合得分为87.7分，较2010年下降1.8分，属于稳定区间。

（一）经济结构调整有序推进

2011年，东部地区较好地处理了保持经济平稳较快发展和调整经济结构的关系，地区经济转型升级与经济结构调整步伐加快。全年东部地区实现生产总值26.92万亿元，同比增长10.49%，增幅同比下降1.82个百分点，低于全国平均经济增速1.28个百分点。三次产业结构由上年的6.38:49.76:43.86变为6.27:49.11:44.62。工业经济发展总体稳定，但增速同比均呈减缓态势，2011年，东部地区第二产业增加值增长11.58%，较上年放缓3.44个百分点。固定资产投资12.94万亿元，同比增长21.39%，增速较上年下降0.49个百分点，低于全国平均增速3.92个百分点。地区社会消费品零售总额9.67万亿元，增速比上年回落1.79个百分点，汽车、家电等销售增长放缓，对社会消费品零售总额的贡献率下滑。外贸进出口增长面临的不确定因素较多，进出口总额增幅同比回落7.35个百分点，其中出口增速下降12.05个百分点。

2011年，受国际市场大宗商品价格上涨，企业劳动力成本、社会融资成本大幅上升等因素影响，企业利润空间压缩，经营难度加大。全年东部地区规模以上工业企业利润增幅21.57%，低于全国平均水平4.62个百分点。中小企业承受的经营压力尤为明显，部分地区出现企业倒闭、

① 具体评估方法详见《中国区域金融稳定报告（2008）》。

企业主逃逸等现象。东部某省监测，全年该省各地共报告与银行信贷有直接关系的倒闭企业、法人代表逃逸企业400多家，尤其9月以后，部分中小企业资金链断裂，破产倒闭现象明显增多，仅第四季度就报告130多家。

专栏8　2011年浙江省关停企业情况分析

一、基本情况

2011年，在各种因素综合作用下，浙江省中小企业经营压力趋升，部分企业关停，给经济和社会稳定带来一定影响。

从企业规模看，关停企业主要集中于中小企业，其中总资产2 000万元及以下的企业占比47.16%，2 000万（含）~5 000万元的占比为17.78%，5 000万元（含）以上的占比35.06%；涉及银行贷款3 000万元以下的企业占比75.36%，3 000万元（含）以上的占比24.64%。

从所涉行业情况看，关停企业主要集中于简单加工制造业和劳动密集型企业，其中五金机电、塑料模具、金属制品、家具业、玩具等简单加工制造业关停企业占比41%；纺织、服装、鞋帽、皮革毛皮羽毛（绒）等劳动密集型制造业关停企业占比25.12%；蓄电池、印刷纸制品、塑料、水泥玻璃、化工等限制淘汰类行业关停企业占比9.48%；未监测到高新技术类行业企业关停倒闭现象。

从企业融资杠杆情况看，全省关停企业平均杠杆率4.6倍，最高达9.7倍。关停企业普遍负债过多、现金管理能力偏弱，在社会整体流动性趋紧时，资金链风险逐渐显现，最终断裂。

从企业关停原因看，66.11%的关停企业已查明原因，其中因涉及民间借贷引发关停倒闭或法人代表躲债逃逸的企业占查明原因企业总数的39.78%，这也是企业关停的首要原因；另有31.32%的企业因经营不善和盲目扩张导致关停，14.7%的企业因资金周转问题关停，6.81%的企业因企业主赌博等不端行为关停，5.73%的企业因担保连带责任关停，2.15%的企业因环保污染等其他原因关停。

二、企业关停、倒闭深层次原因分析

核心竞争力不足。浙江中小企业总体以传统制造业为主，产业层次偏低，创新能力不足，在当前要素成本持续上升背景下，低成本竞争优势逐渐丧失，主营业务利润率持续下降。从要素情况看，土地供应矛盾问题日益突出，成为制约企业规模扩张的瓶颈；人才和科技历史积淀不足，高层次创新人才缺乏，软要素支撑力度偏弱，难以适应现代产业发展需要。

小微企业融资支持力度偏弱。资金紧张一直是困扰浙江中小企业尤其是小微企业发展的瓶颈，长期以来小微企业发展资金来源主要依靠自身积累和民间借贷。大中型银行因为企业财务制度不健全、抵押担保品不足等原因对小微企业融资支持力度不足，尽管小型金融机构和其他金融组织数量逐渐增加，但总体资金实力偏弱，无法有效满足小微企业旺盛的融资需求。直接融资比例仍然较低，门槛偏高，能够挂牌上市的基本还是大型企业，中小企业集合票据也有较高要求，涉及小微企业的直接融资产品较少，融资渠道较窄。

资料来源：中国人民银行杭州中心支行金融稳定处。

（二）外部环境不确定性增多，需关注外资金融机构经营状况

2011 年，全球经济复苏放缓，主要发达经济体财政和金融风险交替上升，主权债危机升级蔓延，经济下行风险凸显。同时，国际金融市场持续大幅震荡，美欧债务问题恶化加剧了市场的恐慌情绪，加之全球经济复苏趋缓，全球主要股市宽幅震荡，大宗商品价格从峰值回落。上半年，国际评级公司相继下调欧元区国家的信用评级，希腊、爱尔兰、意大利等国国债收益率大幅飙升，国际资本避险需求上升。9 月中旬以来，评级机构进一步对有关国家主权债务及银行等金融机构作出评级调整，除渣打银行等少数机构的评级上调以外，绝大多数银行机构评级被下调至少一个等级，有的甚至被下调多个等级。金融机构信用评级下调将一定程度上导致融资成本增加，加大全球金融体系面临的压力。

东部地区作为外资金融机构的聚集地，受外部环境不确定性的冲击较为直接。从传导途径看，外资金融机构信用评级下调对其在华子行和分行造成的不良影响主要包括商誉受损、调资回救和裁撤重组，其传导的严重性依次加重。从已有案例来看，商誉影响最为普遍，裁撤重组也曾在金融危机期间发生，而在华子行或分行调资回救母行则未有先例。由于本轮信用评级下调尚未对境外母行经营状况造成直接影响，外资银行在华机构短期内未受明显波及，无论外资法人机构还是外资分行，调整前后流动性状况均保持良好、资产质量和效益状况稳定。但长期看，外资银行的母行信用恶化势必会对在华机构融资和交易产生不利影响，尤需关注东部地区外资金融机构潜在的流动性风险。

（三）非金融机构融资快速发展，与银行体系风险关联度上升

近年来，东部地区民间借贷发展较快，对实体经济发展的融资需求提供了有益的补充。随着融资规模的快速增长，非金融机构参与借贷活动的性质已由最初的自发性互助模式发展为以追求高利润为目的的运营模式，参与主体扩展到包括担保公司、典当行、寄售商、投资公司、上市公司、民营企业及普通民众等在内的各类经济主体，呈现组织化、规模化的发展趋势。由于参与主体众多，其资金来源与传统银行体系有较大关联，资金运用大量投向资本市场、投机性的交易活动及实体经济部门，大大提高了整个金融体系的关联度，潜在系统性风险值得关注。

2011 年，在市场流动性趋紧的大背景下，东部地区非金融机构融资风险暴露事件增多，特别是第四季度以来，借贷市场出现萎缩，个别企业因难以筹集到续贷资金引发关停、倒闭，并通过资金链、担保链迅速传递到其他企业，受此影响，银行不良资产有所反弹，风险传染性逐步显现。如据东部某省统计，2011 年银行业金融机构累计发生的不良贷款中，由非金融机构借贷活动所引发的占 30% 左右。

专栏9　民间融资活动新特征

2011 年以来，受宏观政策变动、房地产市场调控及股市调整等综合因素影响，我国多个地区民间融资活跃，民间融资呈现面更广、量更大、价更高的特点。民间融资中介机构扩张势头强劲、机构数量及业务量大幅增加，但部分民间融资参与者出现资金链断裂等风险，一定程度上影响了区域金融的稳健发展。

一、民间融资日益活跃，逐步成为正规金融的有益补充

2011年以来，我国经济增长保持较快的发展势头，社会资金需求旺盛，而随着信贷资金收紧，正规金融仍然无法满足企业的资金需求，民间融资活动趋向活跃，并从江浙沪等沿海发达地区开始延伸到内陆地区，呈现逐步增长的态势，成为正规金融的有益补充。同时，民间融资简便、灵活的属性，相对于银行贷款手续繁琐、等待时间长等缺点，更能满足资金需求者紧迫的资金需求。

二、民间融资利率持续攀升，利率定价市场化明显

2011年以来，民间融资利率呈现持续上升的态势，已超出了实业企业正常的承受范围，走向高利贷化、投机化。民间融资利率的标准因借款人情况不同而异，对实力强、信用好或是借款时间半年以上的，其月利率一般较低，为10‰~15‰；对实力较差或借款用于周转银行贷款和临时性需要的，月利率一般为20‰~30‰，甚至更高。利率的定价除参考信誉、期限等因素，基本根据行情而定，比较灵活，具有明显的市场化特征。

三、民间融资中介机构扩张，违规经营现象时有发生

2011年以来，专门从事资金融通中介服务的机构大量涌现，主要包括小额贷款公司、典当行、寄售行、担保公司、投资公司、私募股权投资基金以及网络借贷平台（如“人人贷公司”）等，这些机构通过直接或间接、公开或隐蔽的方式参与民间融资，为个人资金进入民间融资市场提供了更加便捷的渠道。其中，部分融资性担保公司难抵民间融资高额收益的诱惑，逐渐脱离担保主业，违反规定从事民间高息揽储和高利放贷等经营活动，从中获取高额利润。

四、民间融资主体多样化，融资方式品种多

2011年以来，民间融资主体涉及各个阶层、各行各业，呈现多样化，不仅有普通居民、农民、工人、个体工商户和中小企业主，也有公职人员、企事业单位工作人员和金融从业者，担保公司、典当行、投资公司等也加入了民间融资，还出现了中间人、证明人等以前未曾出现过的融资主体。民间融资方式也呈多样性，出现了信用借款、保证借款和质押借款等多种借款方式，借款用途有用于生产经营、临时资金周转、归还银行贷款（用于还旧借新）、个人消费和急需等，甚至还有些用于炒地、炒金、炒股、炒房等投资投机行为和赌博等非法金融行为。

五、民间融资债务纠纷增加，融资资金面趋紧

2011年以来，民间融资纠纷和非法集资案增多，浙江、江苏、福建等地相继发生多起民间融资因资金链断裂、相关责任人逃逸或被刑拘事件。受此影响，民间放款人已开始加大对到期借款的催讨力度，并开始对新放款趋于谨慎，企业民间融资难度加大，主要表现为价高但量小，对于经营情况较一般、没有抵押物的企业，基本借不到钱，民间资金面呈趋紧态势。

六、民间融资资金来源丰富，风险诱因日趋多样

当前，民间融资资金来源越发多样化，不再局限于私营业主经营积累和普通家庭的闲置资金，自然人、企业法人、上市公司、商业银行、公益基金、风险投资基金等都参与其中，民间融资风险的诱因也不再局限于企业为维持生产经营、融入民间资金后难以归还而引发的纠纷风险，而是扩展到企业法定代表人或实际控制人为获取高额收益，偏离企业正常经营范围，以借入民间资金、套取信贷资金和使用自有资金等方式，对外直接或间接介入民间放款，因资金难以收回造成资金链断裂，引发民间融资风险。

资料来源：中国人民银行福州中心支行金融稳定处。

（四）地方政府自行发债试点启动，资本市场发展仍面临制约因素

2011年，为推动建立规范的地方举债融资机制、有效化解地方债务风险，经国务院批准，上海、浙江、广东、深圳开展地方政府自行发债试点，四省（市）举债规模合计229亿元。与财政部代理发行模式不同，此次试点由四省（市）自行组建债券承销团，采取统一代理的方式分期打包发行。地方政府自行发债试点对于进一步完善地方政府发债制度、提高地方政府融资的透明度和规范性、促进资本市场发展等具有重要意义。此外，针对中小企业债务融资工具加快发展，2011年11月，广东佛山、山东潍坊、江苏常州三地成功首批发行区域集优中小企业集合票据，累计为25家中小微型企业提供直接融资13.89亿元。

但资本市场发展的制约因素依然突出。证券业机构业务结构不平衡，收入结构不合理，融资融券交易主体范围和对手有限，投行领域存在较多的道德风险。部分证券业务领域发展和监管不规范，股指期货难以有效发挥价格发现功能，证券市场难以充分发挥投融资功能。期货公司业务和收入结构单一，制约了行业发展空间，期货业价格发现和对冲功能亟待提升。在证券市场调整态势下，基金公司的资产管理能力欠缺逐步暴露，基金公司吸收社会资金服务实体经济的机制有待理顺。

（五）跨境人民币结算试点持续推进，业务管理需进一步加强

2011年，东部地区跨境人民币业务大幅发展，人民币跨境结算产品更加丰富，人民币跨境运作的市场空间扩大。随着跨境人民币结算的积极效应不断显现，跨境人民币结算与微观经济行为的融合更紧密。全年东部地区跨境贸易人民币结算1.89万亿元，占全国的90.6%。其中，出口货物贸易结算2 751.4亿元，进口货物贸易结算11 138.5亿元，服务贸易及其他经常项目结算4 963.2亿元，分别占全国的80.9%、91.3%和95.4%。跨境人民币业务的境外区域进一步扩展，银行、企业等参与主体大幅增加。如与山东发生跨境人民币业务的境外国家或地区扩展至77个，较上年增加39个；新增280家银行分支机构和1 192家企业等收付主体办理跨境人民币结算，分别为上年的1.9倍和3.4倍。

跨境人民币业务开展中仍然存在一些结构性问题，贸易、资本项下的各类跨境人民币业务发展不平衡，人民币业务在企业“走出去”过程中的作用尚未得到充分发挥。同时，随着人民币跨境交易规模的不断扩大以及交易范围的不断拓宽，一些违规问题和风险可能增加，跨境人民币业务的相关管理制度有待进一步完善。

（六）定量评估

运用区域金融稳定定量评估模型，对东部地区的区域金融稳定状况进行评估。从定量评估结果来看，东部地区2011年金融稳定状况综合得分为87.7分，较上年下降1.8分，仍处于稳定区间①，略低于全国平均水平0.2分。数据表明，2011年东部地区受国内外宏观因素影响较大，各项优势不再明显，宏观经济、银行业、证券业、保险业和金融生态环境得分基本与全国平均

① 将定量评估结果进行五大区间的等级评估：非常稳定（95分及以上）、稳定（85～95分）、较稳定（75～85分）、较不稳定（60～75分）和不稳定（60分以下）。

水平持平（见图14）。

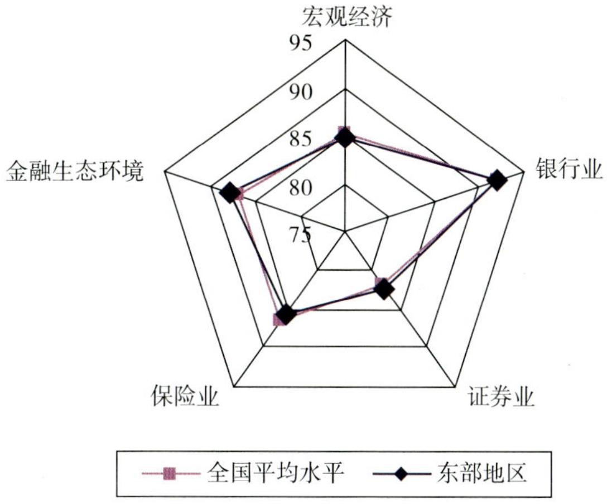

图14　2011年东部地区金融稳定状况和全国平均水平比较

从具体指标变动情况来看（见表11），东部地区共有5项指标较上年有所改善，8项指标较上年有所下降，12项指标基本与上年持平。在宏观经济方面，固定资产投资增长更趋合理，进出口和利用外资情况出现好转，城镇居民收入适度增长，房价水平有所回落，但受地区生产总值增速放缓、物价水平高企等因素影响，宏观经济得分较上年大幅回落；受流动比率下降等因素影响，银行业得分略有下降；证券业由于市场波动盈利水平下降，稳健运营基础有所削弱，得分小幅下降；保险业得分在应收保费率大幅提高和保费收入增长率显著下降的共同作用下有所降低；金融生态环境在法治环境调查得分下降的影响下，得分较上年也有一定回落。

表11　2011年东部地区评价指标及其变动情况

指标分类	变动方向	评价指标	变动情况		
			改善	稳定	下降
宏观经济	↓	地区生产总值增长率			√
		第三产业增加值增长率			√
		全社会固定资产投资增长率	√		
		社会消费品零售总额增长率		√	
		实际利用外资增长率	√		
		进出口总额增长率	√		
		城镇居民可支配收入增长率	√		
		农村人均纯收入增长率		√	
		居民消费价格指数			√
		城镇登记失业率		√	
		典型城市房地产销售价格指数	√		

续表

指标分类		变动方向	评价指标	变动情况		
				改善	稳定	下降
金融机构	银行业	↓	核心资本充足率		√	
			不良贷款率		√	
			资产利润率		√	
			流动比率			√
	证券业	↓	净资本充足率		√	
			净资本负债率		√	
			资产利润率			√
	保险业	↓	寿险公司退保率		√	
			应收保费率			√
			保费收入增长率			√
金融生态环境		↓	法治环境调查综合得分			√
			地方财政收入占 GDP 比重		√	
			银行服务密度		√	
			征信数据库覆盖率		√	

注：表中“↑”代表改善，“↓”代表下降，“→”表示稳定。

结合前五年的历史数据考察区域金融稳定变动趋势（见图 15），东部地区总体金融稳定水平基本维持在稳定区间并随宏观环境影响小幅波动。具体来看，东部地区金融稳定综合得分在 2007 年达到高点，2008—2009 年受次贷危机影响跌至谷底，2010 年基本克服危机影响有所回升，2011 年受债务危机和国内调控因素影响出现下降。可以说，东部地区对国内外宏观形势最为敏感，金融稳定得分整体呈现出“M”形走势。分项来看（见图 16），宏观经济得分受金融危机直接影响，从 2007 年开始逐年下降直至 2009 年触底，2010 年回升后 2011 年又出现下降；银行业从 2007 年开始基本维持在较高水平并小幅波动，在三大行业中稳定性表现最好；证券业稳

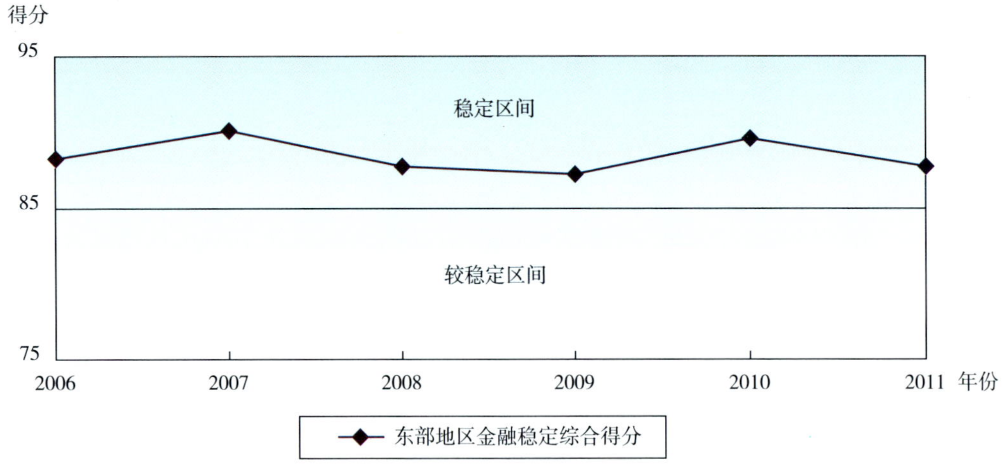

图 15　2006—2011 年东部地区金融稳定综合得分趋势图

定状况受市场波动影响较大，总体呈“M”形走势，波动幅度较大；保险业稳定状况在2010年前呈现逐年上升的趋势，但2011年开始出现下降；金融生态环境得分在连续上升之后基本维持在稳定区间。

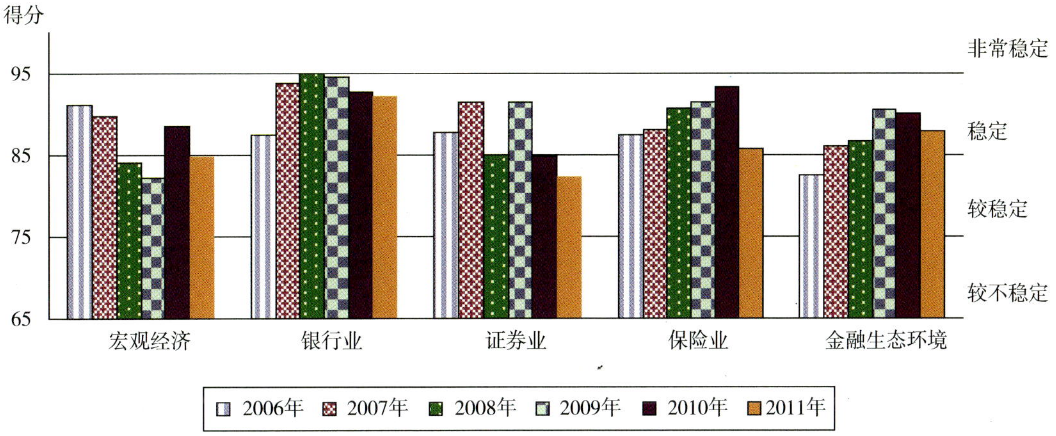

图16　2006—2011年东部地区金融稳定状况比较

二、中部地区

2011年，中部地区认真贯彻落实国家宏观调控政策和中部崛起战略，地区经济继续保持平稳较快发展，经济结构逐步优化，承接产业转移机制建设步伐加快，战略性新兴产业拉动效应提升。消费和投资需求维持较快增长态势，外向经济快速发展，经济发展协调性增强。金融业继续深化改革，金融组织体系不断完善，融资方式渐趋多元化；银行业机构资产规模稳步扩张，盈利水平显著提高，资产质量和风险抵补能力改善；证券期货业机构平稳发展，风险管理能力有所增强；外资保险机构进驻步伐加快，保险市场秩序渐趋好转，保险业服务经济社会能力增强。定量评估结果显示，中部地区2011年金融稳定状况综合得分为90.0分，较2010年大幅提高6.2分，属于稳定区间。

（一）地区经济继续保持平稳较快发展，后续结构调整任务繁重

2011年，中部地区稳步推进经济圈建设，夯实承接长三角、珠三角产业转移的基础，促进经济结构调整与发展方式转变，经济形势总体好于全国，呈现速度较快、结构优化、质量提升的良好发展态势。2011年，中部地区实现生产总值10.43万亿元，同比增长12.76%，连续多年保持高增长态势，其中，江西和山西的生产总值首次突破万亿元。武汉城市圈、环鄱阳湖经济圈、长株潭经济圈、皖江城市带承接产业转移示范区的基础设施建设进一步夯实，河南中原经济区上升为国家战略，湖南湘南承接产业转移示范区和湖北荆州市承接产业转移示范区正式获批。中部地区承接产业转移步伐加快，为经济继续保持平稳较快发展奠定了坚实基础。

中部地区工业主导作用进一步加强，但产业结构性矛盾依然存在。一是第一产业增加值和从业人数的结构占比较高，农业产业化程度和经济效益相对较低。二是战略性新兴产业产值增速较快，但在工业企业中的规模占比仍较小，部分行业存在产能过剩现象，战略性新兴产业和

现代服务业崛起将是长期过程。如光伏等新兴产业受国际市场多晶硅和组件价格大幅下降的影响，国内光伏市场全产业链产品价格均呈下滑态势，出现不同程度的减产、限产和停产现象。三是传统“两高一资”型行业经济规模比重大、增速放缓状况在短期内难以改变，原有优势产业转型升级难度较大。经济规模较大的部分行业如煤炭、电力、造纸、化工、纺织等相关企业面临着节能减排及生产要素成本上升的压力。2011 年，河南化工行业整体形势较差，甲醇企业开工不足，电解铝企业重新陷入亏损，钢铁企业停产限产现象突出；湖北支柱行业中钢铁、石化、电力、纺织增速均低于该省工业平均水平，钢铁行业经营困难，石油加工和火电行业亏损占该省工业亏损额的40%左右，纺织行业60%的企业出现限产和停产现象。

专栏10 中部地区承接产业转移有序推进

2008 年国际金融危机之后，国际国内产业分工深刻调整，东部沿海地区产业向中西部地区转移步伐加快。中央高度重视推动东部沿海产业向中西部的梯度转移，出台了一系列支持产业转移的政策措施。五年来，中部地区承接产业转移的步伐明显加快，基础设施建设稳步推进，生产总值、投资、消费、出口、利用外资等主要经济指标增速高于全国平均水平，为促进中部崛起奠定了基础。

一、主要制度安排与政策措施

一是制定较为完善的发展规划，引导产业有序转移。2010 年 4 月，商务部与中部 6 个省共同制订了中部地区外商投资促进规划；2010 年 9 月，国务院出台了《关于中西部地区承接产业转移的指导意见》，引导和支持中西部地区发挥自身资源、劳动力等优势，提高自我发展能力，加快承接产业转移步伐；2011 年 3 月公布的《国民经济和社会发展第十二个五年规划纲要》提出中部地区要加强与周边城市群的对接和联系。二是构建区域性制度安排，建立承接产业转移示范区。2010 年 1 月，国务院批准安徽实施《皖江城市承接产业转移示范区规划》，提出立足安徽、依托皖江、融入长三角、联结中西部，积极承接产业转移，努力构建区域分工合作、互动发展新格局。2011 年 10 月和 12 月，国家分别批复设立湖南湘南承接转移示范区和湖北荆州市承接产业转移示范区。三是承接产业转移政策措施逐步落实，基础设施渐次完善。湖南 2008 年出台《关于积极承接产业转移促进加工贸易发展的意见》，河南 2009 年出台《关于积极承接产业转移加快开放型经济发展的指导意见》，安徽 2011 年出台地方法规《安徽省促进皖江城市带承接产业转移示范区条例》，规定了一系列土地、金融、出口、税费等方面的扶植与优惠政策。

二、承接产业转移主要成效

一是区域经济发展速度加快，经济总量占全国比重显著提高。2011 年，中部地区生产总值占全国比例由上年 21.5% 上升至 22.1%。二是实际利用外商直接投资成效突出。2011 年，中部地区实际利用外商直接投资额占全国的 30.8%，较上年提高 5.9 个百分点。三是引进利用省外资金显著增长。2011 年，河南实际利用省外资金 4 016.3 亿元，增长 46.4%；湖北实际利用省外资金超过 2 000 亿元，对接央企共签订 78 个重点项目投资协议、投资总额5 200 亿元；山西共签约重大招商引资项目 1 269 个，境内省外资金到位 3 381.9 亿元；

湖南承接产业转移项目2 912个，承接转移项目新增税收28.4亿元，新增就业人数29万人；江西实际利用省外5 000万元以上项目1 374个、资金2 579.15亿元，同比分别增长6.3%和33.81%；安徽亿元以上结转和新建省外投资项目4 517个，实际到位资金4 181.2亿元，同比增长56.5%。其中，制造业项目引资比重占近六成，现代服务业比重上升1.16个百分点，长三角地区比重达55.3%，皖江城市带承接产业转移示范区实际到位资金占68.8%。

三、存在主要问题

一是产业配套能力滞后。中部地区普遍存在工业化整体水平不高、产业配套能力不足，产业结构同质化、基础设施建设相对薄弱等问题。二是节能减排压力大。经济发达地区转移行业以劳动和资源密集型为主，中部地区"两高一资"行业在经济中占比较高，节能减排压力进一步加大。三是投资环境有待改善。中部地区生产性服务业和现代物流业发展相对滞后，信息流通不畅，劳动者整体技能素质不高，公共服务效率较低。四是无序竞争压力大。各地区招商引资存在无序竞争现象，一些领域重复建设、产业结构趋同问题严重，难以形成合理的地域分工和产业特色。五是建设资金供给不足。随着基础设施建设的加速推进，各地对建设资金的需求也将大大增加，由于财政资金有限，示范区建设金融创建的要求高、压力大。

资料来源：中国人民银行合肥中心支行金融稳定处。

（二）外向经济快速发展，外资金融机构进驻布局

2011年，面对发达经济体经济疲软、复苏乏力的不利影响以及国内原材料和用工成本上升带来的经营压力，中部地区通过不断转变外贸发展方式，加大市场开拓力度，外贸进出口继续保持较快增长态势。中部地区全年实现进出口总额1 628.17亿美元，同比增长39.28%，高于全国16.78个百分点，占全国进出口总额的4.5%。其中，河南全年进出口额、出口额、进口额同比分别增长83.1%、82.7%和83.5%。出口结构进一步优化，附加值较高的机电产品、高新技术产品等出口增长较快，对外贸易质量稳步提升。其中，安徽附加值较高的机电产品、高新技术产品出口额同比分别增长54.4%和43.4%，同比分别提高11.3个和9.1个百分点。外商实际直接投资额增速较快，全年实际利用外商直接投资358.03亿美元，同比增长32.18%。外商直接投资来源地相对集中于亚太地区，投资地域相对集中于中部地区各经济圈，投资行业主要集中在制造业。

在经济保持较快增长的有利环境下，中部地区金融集聚效应开始显现，外资进驻步伐加快。华泰人寿江西分公司开业，江西外资保险机构实现零突破；2家外资银行和1家外资保险公司在安徽设立分支机构；渣打银行武汉分行正式开业，三菱东京日联银行武汉分行获批筹建，2011年末湖北共有6家外资银行分支机构；湖南新增外资银行4家，2011年末该省外资银行分支机构总资产已达24.3亿元。外资金融机构的入驻布局对改善地区金融服务水平、促进金融市场适

度竞争起到积极作用。

（三）直接融资稳步发展，上市公司后续经营能力面临挑战

企业上市步伐加快，直接融资稳步发展，资本市场功能充发发挥。截至2011年底，中部地区共有境内上市公司358家，同比增长14.38%；通过资本市场累计募集资金4 167.01亿元，同比增长19.53%。其中，安徽全年直接融资规模达754.9亿元，同比增长50.9%。从融资结构看，融资工具逐渐丰富，债务性融资工具增长较快，融资结构有所改善。此外，私募股权投资基金持续较快发展。2011年，山西发起设立了规模达20亿元的蓝天私募股权投资基金，实现私募股权投资零突破；安徽私募股权投资基金达22只、总规模136.03亿元。

上市公司质量有所提升，但持续经营压力较大。前三个季度，湖北73家上市公司营业总收入和净利润同比分别增长28.54%和20.66%；湖南上市公司总资产、净资产、营业收入、净利润同比分别增长17.7%、37.8%、14.0%和61.5%。但上市公司后续经营能力面临挑战。一是上市公司经营业绩增速放缓，流动性风险值得关注。湖北上市公司盈利增速呈现逐季下滑的态势，整体库存水平偏高，经营性现金流大幅减少，资金压力加大。二是少数上市公司风险较高，缺乏核心竞争力，持续经营能力不足。2011年末，中部地区共有29家ST类公司，部分公司不同程度地存在暂停上市或退市风险，如中部地区某省7家ST类公司中有3家停牌公司长达5年未能完成重组。三是部分企业IPO融资和再融资受土地、税收、环保、关联交易、同业竞争等问题制约，而部分企业虽具备再融资条件，但缺乏配套项目，上市公司再融资功能弱化。

（四）中小企业金融支持力度加大，融资性担保公司快速发展

2011年，中部地区创新金融服务，通过搭建银企对接平台、成立小企业专营机构等方式，探索推广中小企业金融服务新模式，加大对中小企业的金融支持力度，中小企业融资状况不断改善。截至2011年底，湖北省小企业贷款余额2 695亿元，同比增长37.7%，增速高于全国平均水平11.8个百分点；湖南省中小企业贷款新增额占比达64.6%，比大型企业高29.1个百分点；江西省小微企业贷款余额增速高出全部贷款余额增速5.92个百分点。

同时，为解决中小企业抵押物不足、信用等级偏低的问题，中部地区通过清理整顿并重新颁发经营许可证等措施，大力促进融资性担保机构规范、有序发展。截至2011年底，江西省融资性担保机构总数达303家，全年新设融资性担保机构30家；河南省首批已发放融资性担保经营许可证的担保机构共221家、注册资金240亿元；安徽省融资性担保机构数和实收资本分别达404家和391.91亿元，同比分别增长49.6%和50.35%。清理规范后，融资性担保公司担保能力进一步提高，但由于法律、法规不健全，监管缺位，人才匮乏，风险识别和防控能力不足等方面的原因，部分担保机构在发展中仍存在超业务范围违规经营、虚假注资、抽逃资本等问题，对社会稳定和金融稳定造成一定影响。

专栏11 融资性担保行业有待规范发展

近年来，融资性担保行业快速发展，机构数量增长较快，资本实力逐步提高，但部分担保机构偏离行业定位，擅自扩大业务经营范围，违规经营金融业务的现象比较突出。2011年，个别省份多家担保机构风险爆发，干扰了地方金融市场秩序，对地方金融稳定和社会稳定造成了不良影响。

一、融资性担保机构存在的风险及问题

一是非法集资行为。部分担保机构通过高息吸收资金，金额巨大、涉及面广、资金链条脆弱，一旦资金链断裂，必然给客户造成损失，并可能使风险向金融机构传导，引发群体事件。

二是变相发放高息贷款。一些担保机构直接或经过银行向企业、个人发放贷款，贷款期限短则几天，长则3~6个月，年息为24%~36%，有的甚至达到40%以上。据调查，担保机构所融资金大部分投向了房地产和煤炭等行业，房地产行业资金运转需3~5年，一旦房地产开发商资金链断裂，将给担保机构带来代偿风险，若其代偿能力不足，则会引发流动性风险。

三是抽逃注册资本金。部分担保机构虚假注资，以拆借资金进行工商注册，完成注册手续后，将资金抽逃，注册资本不实带来的直接后果是担保机构缺乏足够的风险抵御能力。

二、政策建议

一是切实发挥融资性担保行业部际联席会议制度的作用，进一步明确监管机构的职责分工，加强组织领导，强化属地责任，加强对担保行业的规范管理，采取有效措施加强风险防控。

二是尽快完善规范民间借贷行为的法律法规，为担保机构充分发挥融资担保作用、促进民间资金融通提供法律保障。健全融资性担保行业监管制度，增强制度规则的效力和执行力，提高监管效率。

三是建立对担保行业的监测统计制度和信息系统，加强各管理部门间的信息共享和披露，实现对担保行业发展、运行情况的动态跟踪了解。

资料来源：中国人民银行郑州中心支行金融稳定处。

（五）保险业务实现平稳增长，偿付压力有所增加

2011年，中部地区保险业务平稳发展，市场体系进一步完善，保险保障范围不断拓展，服务经济社会发展能力明显提升。全年共实现保费收入2 882.32亿元，同比增长3.35%。其中，财产险实现保费收入751.23亿元，同比增长21.2%；受银保新规、货币政策调整及保险业会计新规实施的影响，人身险业务实现保费收入2 131.06亿元，同比减少1.75%。寿险产品结构调整进展较慢，普通型寿险业务发展困难，投资型产品占比较高，寿险市场中分红险占比最高，

达81%。截至2011年底，中部地区保险密度868.34元/人，同比提高110.97元/人；保险深度2.76%，微幅下降0.5个百分点。

保险业偿付压力有所增加。一是银行理财业务快速发展对保险投资型产品的替代效应明显。银行理财产品在流动性、收益率方面具有明显优势，导致万能险、投连险保费收入减少，银保产品吸引力有所减弱，销售难度不断加大。2011年，中部地区万能险保费收入为47.77亿元，同比下降66.38%。二是受人身险满期赔付及车险赔付大幅上升等因素影响，保险业赔付支出增速远高于保费收入。中部地区全年保险赔款与给付增速高于保费收入18.21个百分点，其中，车险赔付同比增长27.61%。三是退保风险加大。分红险业务对资本市场的敏感度较高，资本市场宽幅波动可能引发退保风险。以中部某省为例，全年该省寿险公司退保金额同比增长107.06%，退保率为2.71%，同比上升1.22个百分点。

（六）定量评估

从定量评估结果来看，2011年中部地区金融稳定状况综合得分为90.0分，较上年大幅提高6.2分，属于稳定区间，比全国平均水平高出2.2分。其中宏观经济得分较全国平均水平具有较显著的优势，银行业、证券业和保险业得分基本与全国平均水平持平，金融生态环境得分略低（见图17）。数据表明，近年来中部地区充分发挥区域优势，金融稳定状况逐年向好，并已具备一定优势。

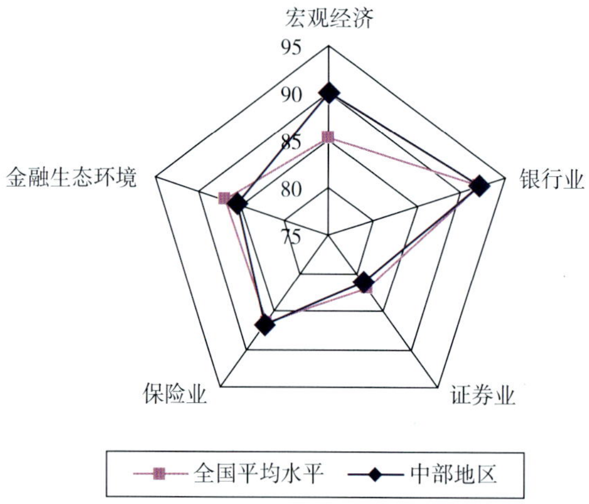

图17　2011年中部地区金融稳定状况和全国平均水平比较

从具体指标变动情况来看（见表12），中部地区共有9项指标较上年有所改善，4项指标较上年有所下降，12项指标基本与上年持平。宏观经济方面，虽然物价水平上涨，但受经济增速回升、固定资产投资合理增长、进出口情况好转、城镇居民收入大幅提升、失业情况好转、房价适度回落等正面因素影响，宏观经济得分较上年显著提升；银行业得分由于流动性趋紧因素影响，较上年有所下降；证券机构盈利水平有所下降，得分较上年有所回落；保险业受保费收入增速大幅回落影响，得分下降；金融生态环境方面，随着以银行业为代表的金融业服务密度的提升以及征信覆盖率的推广，得分较上年有所提高。

表 12　　2011 年中部地区评价指标及其变动情况

指标分类		变动方向	评价指标	变动情况		
				改善	稳定	下降
宏观经济		↑	地区生产总值增长率	√		
			第三产业增加值增长率	√		
			全社会固定资产投资增长率	√		
			社会消费品零售总额增长率		√	
			实际利用外资增长率		√	
			进出口总额增长率	√		
			城镇居民可支配收入增长率	√		
			农村人均纯收入增长率		√	
			居民消费价格指数			√
			城镇登记失业率	√		
			典型城市房地产销售价格指数	√		
金融机构	银行业	↓	核心资本充足率		√	
			不良贷款率		√	
			资产利润率		√	
			流动比率			√
	证券业	↓	净资本充足率		√	
			净资本负债率		√	
			资产利润率			√
	保险业	↓	寿险公司退保率		√	
			应收保费率		√	
			保费收入增长率			√
金融生态环境		↑	法治环境调查综合得分		√	
			地方财政收入占 GDP 比重		√	
			银行服务密度	√		
			征信数据库覆盖率	√		

备注：表中“↑”代表改善，“↓”代表下降，“→”表示稳定。

结合历史数据考察区域金融稳定变动趋势（见图 18），中部地区总体金融稳定水平基本呈现逐年向好趋势。具体来看，2008 年以来，中部地区金融稳定综合得分整体呈现稳步向上的走势，金融体系稳定性逐步增强。分项来看（见图 19），宏观经济得分受经济周期影响较大，连续三年下降后 2010 年出现回升，呈现“U”形走势；银行业基本维持逐年上升趋势，2011 年有所回落；证券业受市场波动影响较为明显，得分波动幅度仍较大，呈现“M”形走势。保险业得分在 2007 年跌至谷底后连续三年保持上升，2011 年出现一定回落；金融生态环境得分则呈现逐年上升的走势。

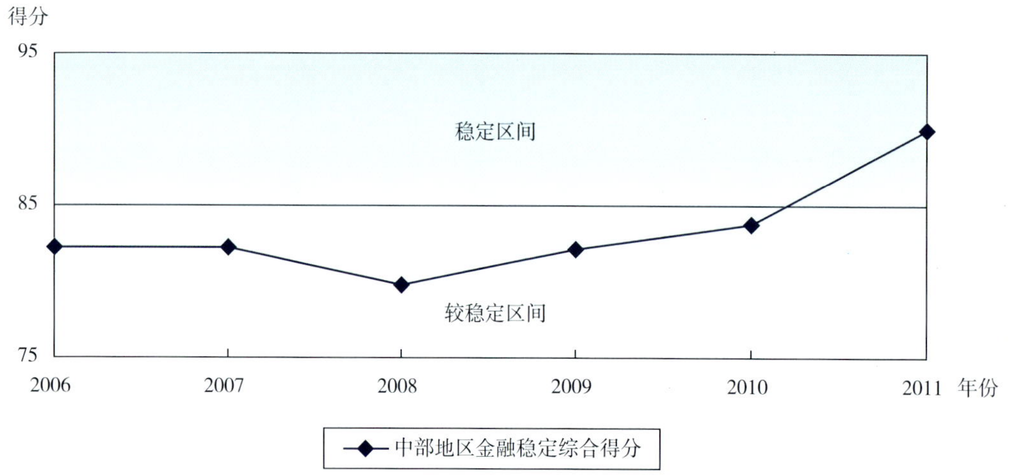

图18　2006—2011年中部地区金融稳定综合得分趋势图

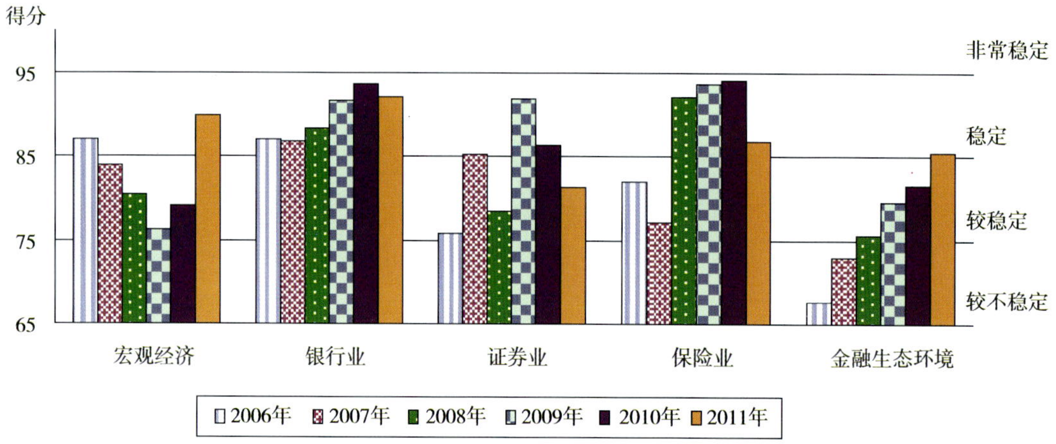

图19　2006—2011年中部地区金融稳定状况比较

三、西部地区

面对复杂多变的国内外经济金融形势，西部十二省（自治区、直辖市）全面贯彻落实中央各项调控政策，加快推进经济结构调整和发展方式转变，经济社会总体保持平稳较快发展的良好态势。银行业经营规模逐步扩大，经营效益整体提升，农村金融机构改革成效显著；证券业发展稳健，上市融资业务快速增长；保险业覆盖面持续扩大，社会服务功能进一步提升。定量评估结果显示，西部地区2011年金融稳定状况综合得分为86.5分，较上年提高0.5分，属于稳定区间。

（一）经济保持快速平稳增长，外需显著改善

2011年，西部经济继续保持高速增长的态势，全年实现地区生产总值9.97万亿元，同比增

长14.03%，是四大区域中经济增长最快的区域，其中，重庆、四川、内蒙古、陕西、云南和青海六省区经济增速列居全国前十位。从三次产业结构来看，第二产业增速略有下降，第一和第三产业增速显著提高，对经济增长的带动作用增强。2011年西部第一、第三产业分别实现增加值1.28万亿元和3.53万亿元，同比分别增长5.07%和11.33%，对经济增长的贡献率达10.92%和30.22%，较上年分别提高了0.12个和2.81个百分点。

从三大需求结构看，投资与消费稳步增长，对外贸易形势较好。2011年，西部地区共实现固定资产投资7.85万亿元，同比增长28.10%，对经济增长贡献率达到73.68%，投资仍是拉动西部经济增长的主要力量。内蒙古、四川、广西、陕西等省区固定资产投资额超万亿元，重庆、新疆、贵州等省市区的投资增速均在30%以上。在消费方面，西部地区全年实现社会消费品零售总额3.06万亿元，同比增长18.28%，增速较上年略有下降。进出口增长强劲，全年共实现进出口总额1 839.76亿美元，同比增长43.52%，其中出口总额1 083.49亿美元，同比增长49.88%，增速位居各区域之首。在利用外资方面，西部地区全年外商直接投资总额达到306.02亿美元，同比增长47.62%。

（二）银行业资产规模快速增长，资产质量值得关注

2011年，西部地区银行业在支持地区经济发展的同时，自身实力不断提高。截至2011年底，银行业金融机构本外币资产总额达到18.97万亿元，同比增长21.76%，负债总额达到18.39万亿元，同比增长21.23%，是银行业资产负债规模增长最快的区域。本外币各项存款余额达到14.67万亿元，同比增长16.95%，各项贷款余额达到10.54万亿元，同比增长19.09%，存贷款增速虽较上年有所下降，但仍位居四大区域之首。信贷结构进一步调整，新增中长期贷款在新增贷款总量中的占比为57.93%，较上年下降34.06个百分点，贷款中长期化程度有所缓解。银行业盈利持续上升，全年实现账面利润2 697.59亿元，同比增长31.64%。

2011年，西部地区银行业得到快速发展，但银行信贷资产质量仍然值得关注。首先，受产业结构和银行经营机制约束，西部地区贷款向重点行业和大客户集中的趋势更为明显，加大了信贷集中度风险。其次，在国家宏观调控政策的影响下，部分项目资金来源的可持续性出现问题，可能加大信贷违约风险。部分地区信贷资金供需矛盾较为突出，部分企业资金状况趋紧，不良贷款出现反弹。

专栏12　公路贷款问题值得关注——以西部地区为例

一、西部公路贷款现状

截至2011年底，西部公路建设项目贷款余额①为8 175亿元，占各项贷款余额的8.9%。其中，高速公路、高等级公路（包括一级和二级公路）、三级及以下公路建设项目贷款分别为5 890亿元、1 498亿元和465亿元②。按担保方式划分的信用贷款、收费权质押贷款、抵

① 不包括西藏和云南，西藏的公路贷款余额为零，缺少云南省最新的公路贷款数据。

② 均不包括西藏、云南和新疆。

押担保贷款和其他方式贷款[①]分别为1 086亿元、6 442亿元、253亿元和394亿元，占比分别为13.28%、78.8%、3.09%和4.83%。公路贷款不良余额92亿元，不良率约1.1%，总体质量较好。

二、存在的问题

（一）融资结构不合理，过于依赖银行贷款

2007—2011年，西部各省（市、自治区）公路建设项目资金来源中，银行贷款占比基本在70%以上。自有资金不足、债务负担过重、融资结构失衡等问题突出，普遍面临较大的偿债压力，并易受国家宏观调控政策影响。2011年以来，受贷款规模管理的影响，银行贷款发放远远不能满足各公路项目建设资金需求，西部公路建设遇到较大的融资压力和困难。

（二）高速公路建成初期收费能力较弱，现金收支不匹配矛盾突出

高速公路项目贷款期限往往在15年以上，在整个贷款期限内，项目现金流入总量一般都可以覆盖贷款本息总量。但在高速公路建成初期，受路网形成时间、周边省市建设进度，以及沿线经济条件等因素影响，车流量增长有限、收费能力较低，项目收入不能有效覆盖还本付息支出。以某高速公路公司为例，虽然整个贷款期限内，公司现金流总量可以覆盖贷款本息总量，但从2011—2015年现金收支来看，现金收入平均每年约30亿元，本息平均每年约45亿元，存在15亿元左右的缺口。

（三）承贷主体财务状况不容乐观，还款来源存在较大不确定性

公路建设贷款的承贷主体绝大部分为政府融资平台公司，这些公司的资产负债率大多在70%以上，普遍偏高。从还款来源看，车辆通行费收入是收费公路项目主要还款来源，但是由于某些路段车流量低于预期，车辆通行费收入并不足以偿还贷款本息。对于不收费公路项目，除财政安排的部分补助资金外，主要还款来源是相关储备地块开发整治的收益，但受房地产调控影响，土地成交量下降，储备土地变现难度增加，项目偿债压力加大。

（四）外部融资难度及成本加大，还本付息压力增加

随着稳健货币政策的实施，以及对政府融资平台的清理整顿，承担公路建设项目的政府融资平台公司获得银行贷款难度不断增大。同时，受双重因素影响，资金成本上升，进一步加大了还本付息压力。一是2010年以来的多次加息直接推高了融资成本；二是由于贷款额度紧张，公路贷款项目很难获得基准利率下浮优惠，甚至有些银行要求将以前的优惠利率贷款调整为基准利率贷款，筹资成本明显上升。以某高速公路公司为例，利息支出每年增加近8亿元，还本付息压力明显增大。

资料来源：中国人民银行重庆营业管理部金融稳定处。

① 主要是保证贷款。

（三）农村金融机构发展步伐加快，中小机构风险防控能力亟待提高

2011 年，西部地区农村合作金融机构加快推进股权改造，农村商业银行和农村合作银行组建力度进一步加大。贵州和青海分别组建了省内首家农村商业银行，四川启动“以州为单位的统一法人社”产权制度改革试点工作。新型农村金融机构发展步伐加快，村镇银行发展迅速。截至 2011 年底，西部地区共设立村镇银行 158 家，较上年增加 63 家，存贷款余额分别达到 377.36 亿元和 277.70 亿元，同比大幅增长 119.42% 和 105.06%。

农村金融机构的快速发展为完善农村金融服务组织体系、支持“三农”发展发挥了重要作用。但是部分机构，特别是中小金融机构的风险防控能力仍需进一步提高。农村信用社产权制度和经营管理模式有待完善，内部激励和约束机制仍未真正形成，信息披露有待加强。部分中小金融机构尚未形成系统的风险管理体系，在内控管理方面存在一定的缺陷。

专栏 13　西部地区村镇银行发展状况及潜在风险

自 2006 年底调整放宽农村地区银行业金融机构准入政策出台以来，西部地区村镇银行加快设立发展，规模快速壮大，逐步成为支持县域经济、“三农”和小微企业发展的生力军。截至 2011 年底，除西藏尚未设立以外，西部 11 个省（区、市）共设立村镇银行 158 家，较 2007 年末增加 150 家，发起行以地方中小银行机构为主。资产总额 674.19 亿元，负债总额 463.56 亿元，分别是 2007 年末的 259.6 倍和 333.8 倍。贷款余额 277.70 亿元，较 2007 年末增长 273 倍，其中涉农贷款 205.94 亿元，农户贷款 99.68 亿元，中小企业贷款 110.28 亿元。存款余额 377.36 亿元，较 2007 年末增长 344.7 倍。经营绩效和风险控制水平整体良好。全年累计实现净利润 6.5 亿元，资产利润率 1.34%；不良贷款率仅为 0.12%，拨备覆盖率 1 233.44%，资本充足率为 28.78%。

村镇银行的快速发展为填补农村金融空白、增加农村金融供给、优化农村金融服务发挥了积极作用，但在其经营发展过程中也存在诸多问题及潜在风险。

一是公司治理机制尚不完善，经营独立性受到制约。西部地区村镇银行基本都建立了“三会一层”的公司治理框架，但是在实际运营过程中还不同程度地存在董事会职责由发起行替代、监督制衡机制较为薄弱等问题。同时发起行居控股地位的主导模式也对村镇银行经营独立性造成了一定影响，容易导致村镇银行变成发起银行的“分支机构”，无法充分发挥其自主决策、机制灵活的优势。

二是资金来源不足，流动性紧张问题较为突出。首先，村镇银行作为新型银行主体，由于成立时间短、宣传力度不够，社会公众对村镇银行的认知度比较低，误以为是“私人银行”，影响了其吸收存款的能力。其次，村镇银行营业网点较少，且多数营业网点设在县域城区，服务覆盖面小导致其不能有效吸收社会资金。最后，目前多数村镇银行通过代理行间接接入央行支付系统，但仍有部分机构尚未接入，资金结算速度较慢，影响了对公客户开户意愿。多重因素导致村镇银行资金来源不足与放贷意愿较强的矛盾凸显，流动性紧张问题长期存在。2011 年底，西部地区有 57 家村镇银行存贷比超过 75%，其中 23 家存贷

比超过100%，流动性风险较高。

三是风险管控能力不强，风险防范难度较大。首先，部分村镇银行存在简单移植发起行内控制度、未设立专门的风险管理部门、风险管理人员身兼数职等问题，可能留下风险隐患。其次，受资金实力等因素制约，一些村镇银行缺乏健全的管理信息系统如信贷管理系统等，只能通过手工操作，或者所用的系统设备比较落后，不能适应新时期银行管理要求，增加了风险管理难度和操作风险隐患。再次，村镇银行普遍欠缺对风险量化评价技术或系统的运用，且多数未接入中央银行征信管理系统，授信评级主要依靠人为分析判断，影响信贷风险管理的客观性和准确性。最后，现阶段农业保险体系的不健全和农村担保机制的缺失增加了村镇银行风险管控的难度。

四是网点布局不合理，市场定位有所偏离。西部地区农村经济基础相对薄弱，高效益农业企业较少，服务“三农”的成本较高，风险较大。出于经济利益考虑，西部地区村镇银行的营业网点多设在县城或县级市。241个营业网点中只有18.26%的营业网点设立在乡镇，业务定位也逐渐向城镇居民、中小型非农企业偏离，使村镇银行一定程度背离了其解决“农村地区网点覆盖率低、金融供给不足、竞争不充分”的设立初衷。

资料来源：中国人民银行兰州中心支行金融稳定处。

（四）表外业务发展迅速，蕴涵风险值得关注

在市场流动性压力增加的背景下，西部地区部分银行业机构通过大力发展理财业务、票据业务等方式来拉动存款增长，缓解存贷比考核压力，导致银行表外业务量快速增长。2011年陕西银行业金融机构全年累计发行各类理财产品8 392.3亿元，同比增长84.5%；重庆银行业理财产品募集资金超过同期新增贷款的1/3；宁夏商业汇票承兑及贴现量增幅分别达到68.4%和59.4%；西藏票据贴现额占各项贷款余额的14.33%。

表外业务的快速发展，对缓解地区资金供需矛盾起到了积极作用，但蕴涵的风险值得关注。例如，理财资金通过“资金池”运作，部分流向房地产、地方融资平台等领域，一旦产生信用风险，银行可能需要承担偿还责任，表外风险转嫁表内。票据业务的快速发展也蕴涵着一定的风险，企业通过伪造真实贸易背景、在多家银行循环滚动签发票据、集团内部公司互相签发票据等手段套取银行资金，使票据业务发展脱离实体经济。同时，高贴现率使民间票据交易异常活跃，加大了票据诈骗案件发生的可能性。

（五）涉农保险覆盖面持续扩大，但行业内违规行为仍然存在

西部地区是各类农牧业灾害频发的地区，每年因灾害造成的直接经济损失超过数百亿元，不断推广农业险的覆盖面，对于保障农牧民利益、保持农牧业稳定发展都具有积极的意义。2011年，西部各省区涉农保险快速发展，涉农险种不断丰富，社会服务功能进一步提升，全年实现农业险保费收入63.61亿元，同比增长18.31%，占全国农业险总收入的39.85%，较上年

提高1.65个百分点。内蒙古农业保险保费收入达17亿元，保费规模居全国之首；西藏政策性涉农保险已覆盖除那曲地区4个县外的全部70个县域，在保资产总额达到242亿元；新疆农户综合保险险种已涵盖政策性种养业、林果业、设施农业、农户家庭财产、农户人身五个方面；陕西新增小麦、玉米、油菜、马铃薯等新的试点险种。

虽然西部保险业的快速发展，但部分地区行业内违规行为仍较突出，非理性价格竞争、销售误导、理赔难等问题依然存在。特别是在车险、医疗健康险、意外伤害险等与民生密切相关的领域，拖赔、惜赔现象较多。此外，行业内诚信文化和法制文化较薄弱，西部地区保险行业的社会形象有待进一步改进。

（六）定量评估

从定量评估结果来看，2011年西部地区金融稳定状况综合得分为86.5分，较上年略高0.5分，属于稳定区间，但比全国平均水平低1.2分。其中保险业较全国平均水平具有一定优势，银行业、证券业和金融生态环境得分接近全国平均水平，宏观经济得分仍存在一定差距（见图20）。

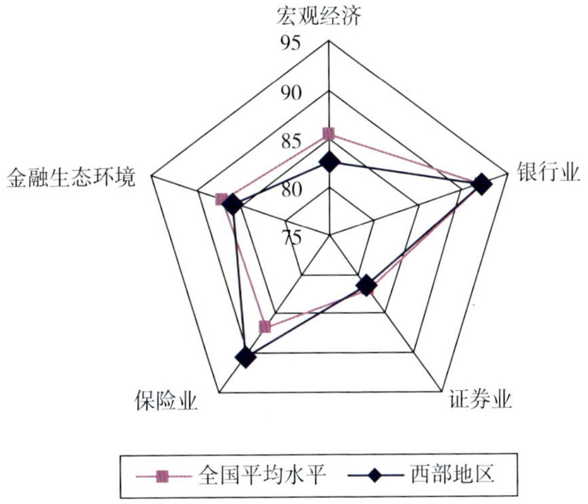

图20　2011年西部地区金融稳定状况和全国平均水平比较

从具体指标变动情况来看（见表13），西部地区共有6项指标较上年有所改善，8项指标较上年有所下降，11项指标基本与上年持平。在宏观经济方面，城乡居民收入合理增长，失业情况有所好转，但固定资产投资、进出口和利用外资增长过快，物价过高，在多方因素共同作用下，宏观经济得分较上年有所下降；银行业各项指标基本与上年持平；证券业受盈利水平下降的影响，得分有所减少；保险业在保费收入增速大幅下降的影响下，得分有所下降；因法治环境、银行服务密度和征信覆盖率均有所改善，金融生态环境得分较上年有所提升。

表 13　　2011 年西部地区评价指标及其变动情况

指标分类		变动方向	评价指标	变动情况		
				改善	稳定	下降
宏观经济		↓	地区生产总值增长率		√	
			第三产业增加值增长率		√	
			全社会固定资产投资增长率			√
			社会消费品零售总额增长率		√	
			实际利用外资增长率			√
			进出口总额增长率			√
			城镇居民可支配收入增长率	√		
			农村人均纯收入增长率	√		
			居民消费价格指数			√
			城镇登记失业率	√		
			典型城市房地产销售价格指数			√
金融机构	银行业	→	核心资本充足率		√	
			不良贷款率		√	
			资产利润率		√	
			流动比率		√	
	证券业	↓	净资本充足率		√	
			净资本负债率		√	
			资产利润率			√
	保险业	↓	寿险公司退保率		√	
			应收保费率		√	
			保费收入增长率			√
金融生态环境		↑	法治环境调查综合得分	√		
			地方财政收入占 GDP 比重			√
			银行服务密度	√		
			征信数据库覆盖率	√		

注：表中“↑”代表改善，“↓”代表下降，“→”表示稳定。

结合历史数据考察区域金融稳定变动趋势（见图 21），西部地区金融稳定水平总体上基本保持稳步上升的走势。具体来看，西部地区金融稳定综合得分除 2009 年因次贷危机影响出现小幅下跌之外，总体仍保持基本向上的发展态势，整体稳定性较强。分项来看（见图 22），宏观经济得分除 2009 年出现明显回落之外，其余年份基本维持在 85 分，上下小幅波动；银行业和保险业得分基本保持上升趋势，且从较不稳定区间提高至稳定区间，提升幅度较大；证券业得分从 2007 年开始一直在 85 分上下波动，2011 年有小幅回落；金融生态环境得分从 2008 年开始，每年均有不同程度的增长。

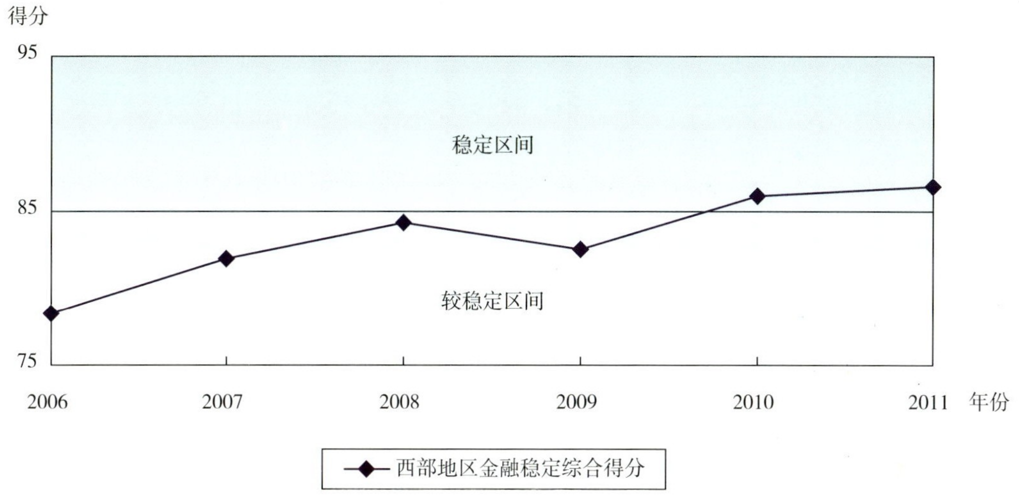

图 21　2006—2011 年西部地区金融稳定综合得分趋势图

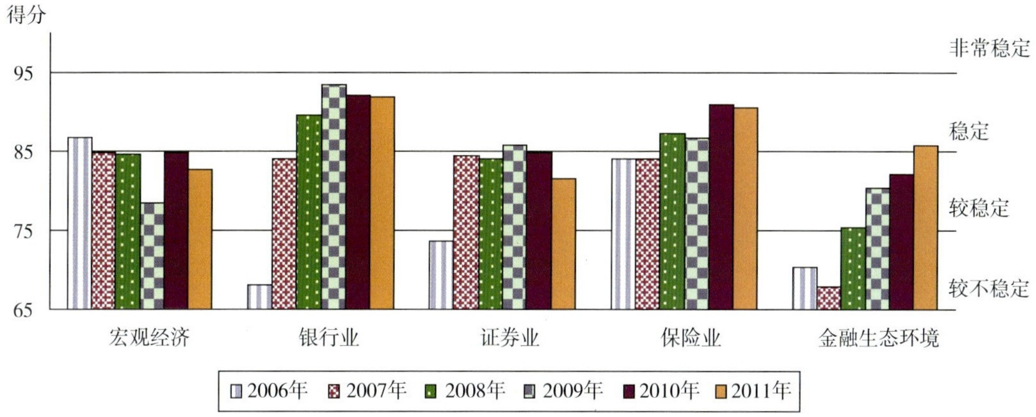

图 22　2006—2011 年西部地区金融稳定状况比较

四、东北地区

2011 年，东北地区积极贯彻落实国家各项宏观调控政策，以经济结构调整促进发展方式转变，经济规模、结构和质量同步提升，实现了“十二五”良好开局。东北地区农业连续获得丰收，工业转型升级成果显著，节能减排和环境保护取得实效。投资继续发挥强大的拉动作用，对外经济健康发展，跨境人民币结算业务开始发挥积极的助推作用。银行业金融机构改革不断深化，风险管理继续加强，经营效益大幅提升，整体稳健性进一步提高，对经济支持力度持续加大。定量评估结果显示，东北地区 2011 年金融稳定状况综合得分为 86.8 分，较上年提高 2.1 分，属于稳定区间。

（一）农业生产再获丰收，但产业结构亟需优化

2011 年，东北地区农田水利基础设施建设进一步加强，哈达山水利枢纽工程、引嫩入白等

一批重点水利工程建设顺利推进，农村饮水安全工程建设、节水灌溉工程建设和蓄水工程建设进一步加强。东北地区粮食总产量达到2 155.4亿斤，比上年增长12%，占全国粮食总产量的18.9%，东北地区的粮食丰收，为保障全国粮食安全发挥了重要作用。黑龙江粮食生产再创历史新高，粮食总产量和商品量实现全国双第一。吉林粮食生产获得特大丰收，粮食总产量634.2亿斤，同比增长11.6%，粮食增量占全国的13.33%。近年来，我国农产品价格呈现波动上涨趋势，成为推动物价上行的主要因素，部分产品的价格甚至在短时间内出现大幅波动的情况。

专栏14　东北地区主要农产品价格波动对金融领域造成一定影响

自2010年以来，由于生产及流转成本不断提高、自然灾害造成农作物减产、国际价格向国内传导机制加强以及国家政策调控等原因，我国多种农产品价格进入新一轮大幅波动的阶段，东北地区作为粮食主产区，水稻、玉米、大豆等农作物的产量在全国居于重要位置，据统计，粳稻、玉米、大豆的播种面积和产量均占全国的40%以上。过去两年间，水稻、玉米和大豆等主要农产品的价格先呈波动上涨趋势，在2011年最高价分别触及近两年新高后（分别为3 100元/吨、2 500元/吨和4 200元/吨），开始高位回落。农产品价格的波动对金融领域各方面造成了一定影响。

一是加大抗通胀货币政策调控压力。2011年，农产品价格上涨推高食品价格，我国农产品生产价格指数上涨16.5%，同期居民消费价格上涨5.4%，其中食品价格上涨11.8%，影响食品类CPI居高不下的主要因素是各类农产品价格的高位运行。人民银行为应对通货膨胀压力，货币政策由适度宽松转为稳健，并在2011年6次上调存款准备金率，3次上调存贷款基准利率，市场流动性整体被收紧。

二是增加基础设施信贷需求。鼓励农业生产、加强农业基础设施建设等政策措施需要大量配套金融服务需求，为基础设施建设贷款提出新的要求。在吉林省，国家开发银行、农业发展银行、农村信用社等金融机构发放的农田水利贷款主要投向骨干水利工程建设、农村饮水安全工程建设、节水灌溉工程建设和蓄水工程建设，2011年全省骨干水利工程建设贷款同比增长超过20%。

三是对涉农信贷形式及风险管理提出新的要求。粮食价格的持续走高使农民“持粮待涨”预期增强，较多农民产生“惜售”心理，多选择延后售粮时间。但是，传统的农业贷款投放周期基本与农业生产周期相同，这就导致农户在贷款到期时没有足够的现金流还款，造成贷款逾期、金融机构资产质量下降等问题。对于涉农金融机构创新贷款管理模式以及加强贷款风险管理能力提出新要求。

总体上看，虽然到2011年底影响农产品价格波动的因素有所减弱，农产品价格将趋于稳定，但未来我国农产品供求将长期处于紧平衡状态，个别产品价格发生短期大幅波动的情况仍可能发生。加强稳定农产品市场价格的政策管理，将是经济调控管理的重要内容，农产品价格波动对金融领域造成的影响仍值得密切关注。

资料来源：中国人民银行长春中心支行金融稳定处。

2011 年，东北地区三次产业比重由上年的 10.74:52.28:36.98 调整为 10.87:53.42:35.71，工业发展势头强劲，工业经济比重进一步提升。但受外部经济形势影响，经济层面增长放缓的迹象有所显现，企业资金回流缓慢，工业企业产品资金和应收账款净额两项资金占用明显上升，"两高一剩"行业成本上升，利润空间减小，部分企业已经出现亏损等，这些风险需要引起关注。同时，服务业增长放缓，产业结构亟需优化。2011 年，东北地区第三产业增加值同比增长 11.30%，比上年增速下降 0.32 个百分点。第三产业占经济比重较上年下降 1.27 个百分点，优化结构、提高质量已经成为东北地区关注的重点。吉林着力推进计算机服务和软件业、文化产业等现代服务业发展，黑龙江不断完善冰雪旅游、生态旅游、边境旅游等产品体系，推进现代物流与商贸流通、信息、旅游、金融等 71 个现代服务业重点项目建设。从总体看，东北地区第三产业发展起步较晚，传统服务业比重高，现代服务业比重低，生活性服务占据主导，生产性服务不配套，劳动密集型行业发展较快，知识、技术密集型行业发展缓慢，从事现代服务的高端人才缺乏。

（二）固定资产投资保持较高增速，经济增长模式仍需转变

2011 年，固定资产投资对东北地区经济继续发挥明显的拉动作用，全社会固定资产投资同比增长 30.48%，增速虽然比上年下降 1.63 个百分点，但是固定资产投资增长仍保持高位运行。投资一直是东北地区经济增长的主要动力，固定资产投资高速增长一方面说明经济前景看好，投资意愿较强，同时也表现出经济增长对固定资产投资具有较高的依赖性。影响固定资产投资的政策、资金、预期等因素一旦发生较大变化，将导致固定资产投资增长放缓，对经济产生较大影响。同时，与经济发达地区相比，东北地区固定资产投资的质量和效益有待提高，应注意改变总量扩张的投资方式，通过提高投资质量和效益来实现经济的持续增长。

（三）对外经济健康发展，跨境人民币结算业务快速推进

2011 年，东北地区对外经济总体增长强劲，全年外贸进出口总值达 1 565.14 亿美元，同比增长 27.25%，进出口净额由往年顺差转变为逆差 90.97 亿美元；外商实际直接投资 264.88 亿美元，同比增长 15.4%。黑龙江外贸进出口总值 385.1 亿美元，同比增长 50.9%，高于全国外贸进出口增速 28.4 个百分点。其中，自俄罗斯进口额 146.4 亿美元①，同比增长 3.6 倍。

东北地区跨境人民币结算业务推出以来，办理机构和业务量快速增长。辽宁已有 33 家银行办理了跨境人民币结算业务，涉及企业 619 家，涉及国家和地区 55 个，全年累计结算金额 322.6 亿元；吉林已有 7 家银行机构开办跨境人民币结算业务，为 300 余户进出口企业办理跨境人民币结算业务 175.1 亿元；黑龙江已有 13 家银行开办跨境人民币结算业务，涉及 29 个国家和地区，全年累计结算金额 193.03 亿元。

（四）机构改革步伐加快，但稳健经营理念仍需加强

东北地区在巩固金融体制改革的基础上，进一步加大法人机构改革创新步伐。2011 年，东北地区农合机构通过合并、转制，新成立 8 家农村商业银行，新型农村金融机构培育工作快速

① 含俄罗斯原油管道进口 122 亿美元。

推进，新开业30家村镇银行和1家资金互助社。一汽财务公司与吉林银行共同筹建一汽汽车金融公司，哈尔滨银行成为全国首家发行小企业金融债券的城市商业银行。近两年来，盛京银行、大连银行、锦州银行、营口银行、吉林银行、长春农商行、九台农商行等地方中小法人金融机构相继跨省设立分支机构。地方中小法人金融机构跨区域设立分支机构，投资村镇银行积极性较高。应该注意到，外延型扩张发展模式虽然短期内有助于金融机构开拓市场，增大规模，但是也对金融机构管理能力提出较高要求，需防止盲目扩张出现风险。

（五）银行业金融机构经营效益上升，但流动性较为紧张

2011年，东北地区银行业金融机构在存贷款增速放缓的情况下，实现了利润总额的快速增长。截至2011年底，银行业金融机构资产总额7.49万亿元，同比增长16.07%；本外币各项存款余额5.56万亿元，同比增长9.67%，较上年下降8.55个百分点；本外币各项贷款余额3.98万亿元，同比增长16.04%；全年实现利润820.59亿元，同比增长57.58%，增速比上年提高43.68个百分点。

2011年，地方法人银行业金融机构流动性压力较大。以辽宁为例，与年初相比，15家城市商业银行中，7家流动性比例出现下降、8家超额备付率下降。金融机构流动性管理难度加大，资金来源压力增加，银行机构间对存款的争夺日趋激烈，存款大户在多家银行开立账户，资金在各行间频繁调度，造成银行资金稳定性降低。虽然目前东北地区法人机构流动性风险整体可控，但同业市场资金价格上升反映出银行业机构流动性压力较大。地方法人银行业机构尚缺乏健全的流动性风险管理体系，风险管理水平普遍不高，部分机构流动性指标低于监管标准。需高度关注银行机构存款波动对流动性的影响和在吸储揽存过程中出现的不正当竞争行为，加大合规风险管理力度。

专栏15　东北地区同业往来大幅增长，资金价格走高

2011年，受人民银行连续上调存款准备金率及提高人民币存贷款基准利率的影响，市场资金面趋紧，东北三省同业往来交易量大幅增加。截至2011年12月末，三省同业往来余额为7 766.23亿元，同比增加3 384.94亿元，增幅为77.26%。同业存放和存放同业余额在全部同业往来余额中的占比及增量占比最大。其中，同业存放余额为4 464.3亿元，占同业往来余额的57.48%，同比增加1 206.31亿元，增量占比为35.64%；存放同业余额为2 711.54亿元，占同业往来余额的34.91%，同比增加1 704.89亿元，增量占比为50.36%。同业拆借余额为590.39亿元，占同业往来余额的7.6%，同比增加473.74亿元，增量占比为14%。年内资金拆借价格不断走高，以第四季度辽宁省同业拆借利率为例，同业拆出加权平均利率为4.54%，较年初提高2.49个百分点；同业拆入加权平均利率为3.42%，较年初提高1.74个百分点。总体看，东北三省同业往来业务表现出以下特点。

一是同业资金往来存款化现象较为突出。由于开展同业拆借业务在限额、用途、条件、期限、交易方式上都有严格的规定，部分金融机构为了规避同业拆借规定，较多采用同业存款方式。金融机构对开展同业存款业务热情较高，同业资金往来存款化现象较为突出。

二是部分金融机构低吸高存赚取利差。资金价格不断走高，金融机构将资金以固定期限和利率的形式存放在其他机构，利率水平接近甚至高于一年期贷款基准利率。从资金流向看，一般是从欠发达地区的金融机构流向发达地区的金融机构，如某股份制银行分行吸收辽宁沿海地区一家村镇银行的同业资金，存放总行可得到约20～40个基点的加点收益，总行将资金融出给浙江、广东等地区的分行会再加20～30个基点；从交易主体看，融入方多为国有和股份制商业银行，资金融出方多为村镇银行和农村信用合作社等。

目前，金融机构同业往来业务发展存在以下问题。

第一，同业往来业务管理界定不清给地方监管带来困难。目前，除同业拆借外，其他同业往来业务均没有相关管理规定，同业往来业务管理界定不清。表现在一是同业存放和同业借款概念不清，难以区分。二是同业拆借与同业借款期限不清，导致4个月至1年期同业拆借和同业借款期限重叠，使本应纳入管理的短期同业借款游离于监管之外，对规范和发展同业往来业务带来不利影响。

第二，交易合同不统一、交易手续繁琐加大了金融机构的交易成本。各金融机构需要按照资金融出方提供的合同文本，签订合同并办理相关手续。因此，每做一笔业务融入方都需要审核文本，增加了交易成本。此外，每次办理同业存款业务都需按照《人民币单位结算账户管理办法》的规定，提交一系列的开户证明资料，交易手续较为繁琐，加大了金融机构的交易成本。

第三，信息不对称加大金融机构业务管理难度。首先，由于缺少信息，各家金融机构开展同业往来业务的交易对手相对固定，限制了同业往来业务的发展；其次，由于缺少统一的报价平台，金融机构对价格变化不能及时了解和掌握，询价和议价花费较多时间，给金融机构业务管理带来困难。

资料来源：中国人民银行大连中心支行货币信贷处。

（六）定量评估

从定量评估结果来看，2011年东北地区金融稳定状况综合得分为86.8分，较上年提高2.1分，属于稳定区间，但比全国平均水平略低0.9分。其中宏观经济、银行业、证券业和金融生态环境得分基本与全国平均水平持平，但保险业得分较全国平均水平仍有小幅差距（见图23）。

从具体指标变动情况来看（见表14），东北地区共有8项指标较上年有所改善，5项指标较上年有所下降，12项指标基本与上年持平。在宏观经济方面，经济增速回升、固定资产投资和进出口增速更趋合理、城镇居民收入增加，但实际利用外资增速显著放缓、物价高企、失业率有所上升，在正反两方面因素作用下宏观经济得分较上年略有上升；在银行业方面，银行业金融机构的资本充足情况、资产质量和盈利水平均有所提高，得分显著提高；证券业虽然行业盈利水平有所下降，但资本充足情况大幅改善，得分有所上升；保险业在保费收入增速显著下降的影响下，得分较上年有所回落；金融生态环境各方面基本与上年持平。

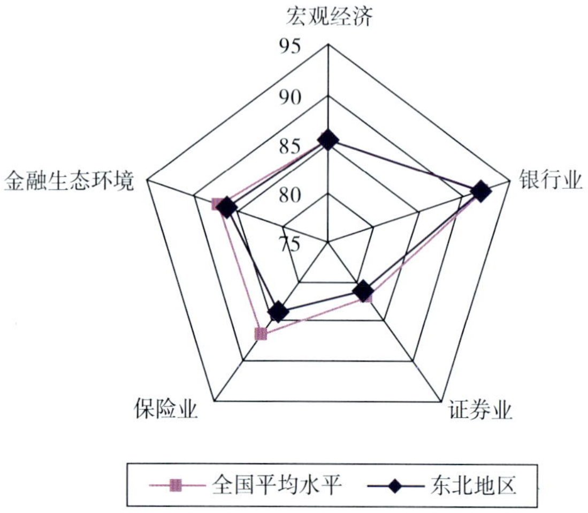

图 23　2011 年东北地区和全国平均水平比较

表 14　　2011 年东北地区评价指标及其变动情况

指标分类		变动方向	评价指标	变动情况		
				改善	稳定	下降
宏观经济		↑	地区生产总值增长率	√		
			第三产业增加值增长率		√	
			全社会固定资产投资增长率	√		
			社会消费品零售总额增长率		√	
			实际利用外资增长率			√
			进出口总额增长率	√		
			城镇居民可支配收入增长率	√		
			农村人均纯收入增长率		√	
			居民消费价格指数			√
			城镇登记失业率			√
			典型城市房地产销售价格指数		√	
金融机构	银行业	↑	核心资本充足率		√	
			不良贷款率	√		
			资产利润率	√		
			流动比率	√		
	证券业	↑	净资本充足率	√		
			净资本负债率		√	
			资产利润率			√
	保险业	↑	寿险公司退保率		√	
			应收保费率		√	
			保费收入增长率			√
金融生态环境		→	法治环境调查综合得分		√	
			地方财政收入占 GDP 比重		√	
			银行服务密度		√	
			征信数据库覆盖率		√	

注：表中“↑”代表改善，“↓”代表下降，“→”表示稳定。

结合历史数据考察区域金融稳定变动趋势（见图 24），东北地区金融稳定得分基本保持稳中有升的发展趋势。具体来看，东北地区金融稳定综合得分在经过三年稳步上升之后维持在 85 分上下，2011 年出现小幅提升。分项来看（见图 25），宏观经济受金融危机影响较小，得分基本保持逐年向好的趋势；银行业得分经过 2007 年下降和 2008 年大幅上升后基本维持在较高水平；证券业得分受股票市场走势影响较大，呈波动走势；保险业得分在 2010 年前基本保持逐年上升的趋势，2011 年出现显著回落；金融生态环境得分在经过两年大幅增长以后 2009 年开始维持在 85 分左右。

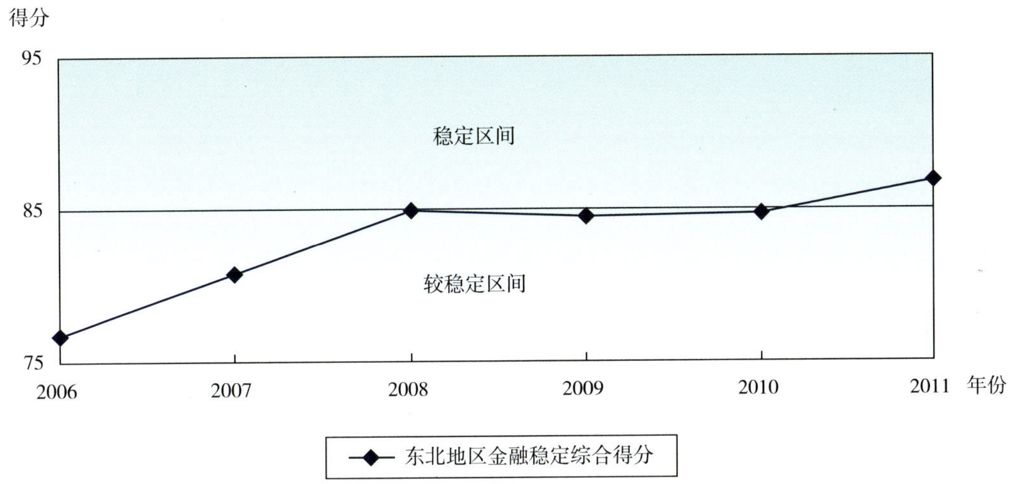

图 24　2006—2011 年东北地区金融稳定综合得分趋势图

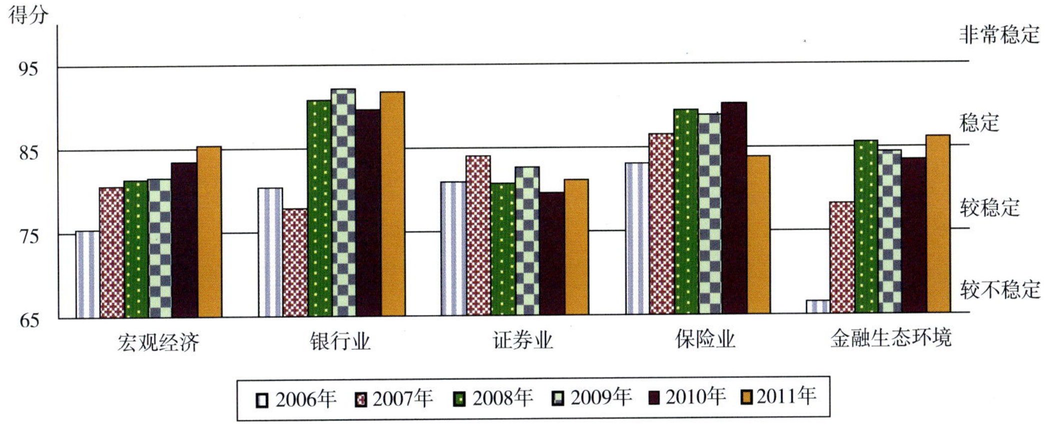

图 25　2006—2011 年东北地区金融稳定状况比较

第五部分　总体评估与政策建议

一、总体评估

2011年，各地区金融稳定状况保持良好。各地区经济平稳增长，区域协调性进一步增强；三次产业协调发展，工业增长较快；固定资产投资结构继续改善，进出口贸易持续增长；城乡居民收入稳步增加，物价涨幅企稳回落；房地产调控初见成效，房地产开发有所放缓。各地区金融体系稳健运行，支持和服务区域经济力度继续加大。银行业资产规模继续扩大，经营效益不断提高；资产质量持续改善，风险抵御能力进一步提高；资本市场改革创新举措加快推出，市场化改革进程继续推进；证券期货机构多元化经营得到发展，抗风险能力持续增强；保险市场进入转型阶段，保险业资产规模不断扩大，风险保障功能进一步发挥。

但应看到，国内外经济金融形势仍然十分复杂，各地区经济金融运行中还存在一些影响金融稳定的因素。各地区实体经济利润偏低，企业资金状况趋紧；地方财政收入增长过快，部分地区财政收支平衡问题值得关注；房地产市场交易量萎缩，房价涨幅回落；银行业地方法人金融机构流动性管理难度加大，不良贷款反弹压力上升，表外业务蕴涵风险有所显现；证券机构盈利模式未有实质性突破，盈利水平受资本市场下行影响较大，部分机构违规操作仍然存在，基金期货公司发展模式有待优化；市场融资规模有所减少，上市公司内部合规管理亟待加强；保险业发展方式急需转型，偿付能力有待提高，人身险业务发展放缓。分地区来看，东部地区经济发展的外部环境不确定性因素增多，非金融机构融资风险逐步暴露，区域资本市场发展仍面临制约因素；中部地区经济结构性矛盾依然突出，上市公司后续经营能力仍需提高，保险偿付压力有所增加；西部地区经济增长的内生动力仍然不足，中小银行风险防控能力亟待提高，保险行业内部违规现象依然存在；东北地区产业结构有待优化，地方法人机构的稳健性经营理念仍需加强。

从定量评估的结果来看（见图26），各区域金融稳定综合得分都进入稳定区间，区域间差距呈现出逐年缩小的趋势。东部地区受国内宏观调控和国际金融危机影响较大，各项优势已不再明显；中部、西部和东北地区在深入推进产业区域布局和产业梯度转移的政策指导下，积极发挥后发优势，不断深化改革，在逐步追赶东部发达地区经济金融水平的同时，金融稳定状况也逐年改善。2011年，中部地区首次超过东部地区，综合得分位列各区域之首；东部地区较上年出现回落，位居第二；东北地区上升至第三；西部地区提升幅度较小，位于最后。

分项来看，宏观经济得分由高到低依次为中部地区、东北地区、东部地区和西部地区；银

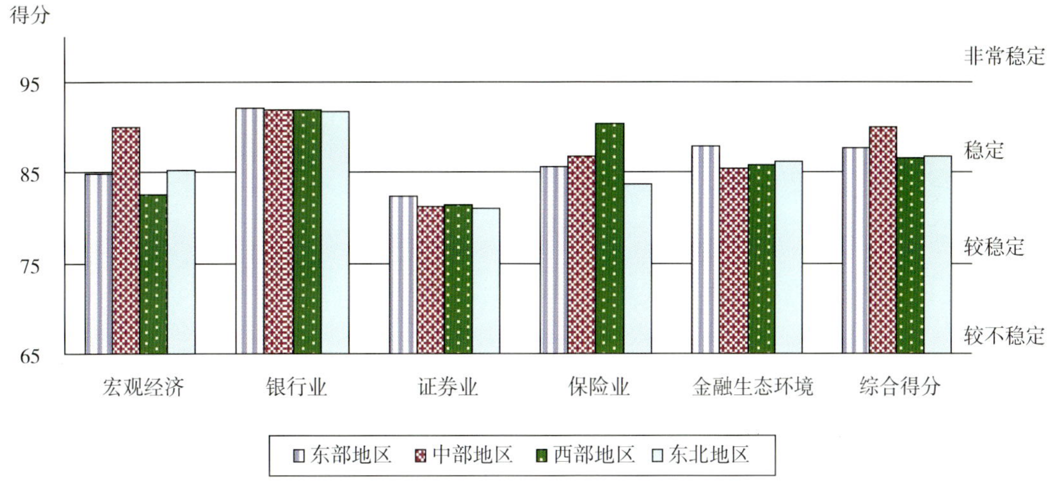

图 26 2011 年各区域金融稳定评估结果比较图

行业得分均属于稳定区间，区域间差距不大，得分由高到低依次为东部地区、西部地区、中部地区和东北地区；受市场行情影响，证券业得分较上年均有所回落，得分由高到低分别为东部地区、西部地区、中部地区和东北地区；保险业各区域得分相差较大，得分由高到低依次为西部地区、中部地区、东部地区和东北地区；金融生态环境区域排名较上年未发生变化，得分由高到低依次为东部地区、东北地区、西部地区和中部地区。

二、政策建议

2012 年是“十二五”时期承前启后的重要一年。各地区经济金融发展仍处于战略机遇期，在较长时期内继续保持经济平稳较快发展具备不少有利条件，但各地经济金融运行中的不确定因素呈现出多样性和复杂性特点，对维护区域金融稳定提出更高要求。

（一）加快转变经济发展方式，促进区域经济协调发展

实施区域发展总体战略和主体功能区规划，积极推进各地产业结构优化升级，充分发挥各地优势和特色，进一步提高区域发展的协调性和基本公共服务均等化水平。积极支持东部地区转型发展并在更高层次上参与国际竞争与合作，加大实施中部崛起战略力度，认真落实西部大开发新十年的政策措施，加快推进东北地区等老工业基地振兴。加大对革命老区、民族地区、边疆地区和贫困地区的扶持力度，更好地发挥经济特区和经济新区在改革开放中先行先试的重要作用。加强和完善跨区域合作机制，消除市场壁垒，促进要素流动，引导产业有序转移，推动区域经济良性互动、协调发展。

（二）加强和改进金融服务，积极支持区域实体经济发展

充分发挥好货币信贷政策的引导作用，强化“三农”领域信贷支持，全面落实涉农信贷政策。加大对保障性住房的资金支持，落实差别化房地产信贷政策。积极发展“绿色金融”“科技

金融”，加大对战略性新兴产业、节能环保产业、现代服务业的金融支持，促进发展低碳经济，严格控制对高耗能、高排放行业和产能过剩行业的信贷投入。努力提升金融服务实体经济的质量和水平，稳步开展契合实体经济需要的金融创新，提高金融服务的差异化、细分化和专业化程度。继续深化六项机制[①]，进一步加大服务小微企业业务条线的管理建设及资源配置力度，满足符合条件小微企业的贷款需求。积极履行社会责任和义务，关注社会弱势群体，在教育、扶贫等方面发挥积极作用。

（三）深化金融体制改革，切实转变金融机构发展模式

深入推进国有控股大型金融机构改革，规范发展小型金融机构，健全服务小型微型企业和“三农”的机制。持续推动金融机构改革、创新和发展，切实转变发展模式和经营机制，推动金融机构向重视平衡风险与利润、重视质量与效益的集约型模式转变，在完成短期利润增长目标与实现有效风险控制之间取得平衡。强化金融机构经营管理，不断提高金融机构治理水平，优化决策机制，落实各项风险控制措施，改善业务结构和盈利模式，研发跨市场、跨行业金融产品，探索提供综合金融服务。

（四）推动投融资体系多元化建设，优化融资结构

扩大直接融资总量，优化各地融资结构。加大股权融资比重，持续培育优质上市后备资源，推动各类企业在境内外上市融资，推动上市公司通过增发、配股等方式实现再融资。加快场外市场建设，为各地非上市公司提供股权转让和流通渠道。大力发展债券市场，建立健全债券市场发展合作机制，促进债券产品创新，增加债券融资规模。加大银行间债券市场宣传力度，推动有条件企业发行中期票据、短期融资券、超短期融资券以及中小企业集合票据，进一步发展债券融资。

（五）强化重点领域的风险防控，有效防范系统性、区域性风险

加快构建逆周期金融宏观审慎管理制度框架，研究建立区域系统性金融风险的监测管理体系，完善金融应急管理体制。进一步完善金融稳定协调工作机制，加强相关部门的信息共享，建立健全风险预警监测管理体系，发挥各部门合力，切实防范地方法人金融机构流动性风险、房地产风险和地方政府融资平台风险。密切关注影子银行体系和实体经济风险对金融体系的影响，重点监测地方法人金融机构和民间融资活动的突出问题和潜在风险，防范非正规金融及其他相关领域风险向金融体系传导。密切关注综合经营机构的运行情况，防止金融风险跨行业、跨市场、跨地区传染。制定操作性强的金融风险应急预案，严防局部风险演化为系统性、区域性金融风险。有效打击非法集资、非法证券、金融诈骗等违法犯罪活动，维护区域金融稳定，守住不发生系统性、区域性金融风险的底线。

---

① 包括利率的风险定价机制、独立核算机制、高效的贷款审批机制、均衡的激励约束机制、专业化的人员培训机制、违约信息通报机制。

专题1　长三角地区金融稳定评估报告

2011年，长三角地区经济平稳增长，结构调整呈现积极变化，第三产业成为拉动经济增长的主要动力，工业机构调整步伐加快，物价涨幅回落。内需拉动作用有所减弱，对外贸易增长放缓，财政和居民收入保持增长，企业经营效益有所分化。银行业呈现稳健运行状态，信贷总量回归常态，投放节奏更加均衡，不良贷款保持“双降”，金融机构利润势头保持良好；证券业稳步发展，行业改革创新持续推进；保险业市场体系不断完善，对社会保障功能不断增强；金融基础设施建设成效显著。根据定量评估结果，2011年，长三角地区金融稳定状况综合得分为86.9分，仍属于稳定区间。

但应看到，长三角地区经济增长趋缓，房地产市场风险有所显现，部分企业经营压力加大，银行信贷资产质量控制难度加大。证券业盈利模式单一的现状并未得到根本性改变，行业发展中不规范问题依然存在。保险业发展面临新挑战，业务持续发展与结构调整的矛盾依然存在，行业不正当竞争行为时有发生。

总体来看，2011年长三角地区金融稳定状况良好，但经济社会发展仍面临较多风险挑战。下阶段，要针对经济金融发展面临的主要问题，加快转变经济发展方式，加大金融支持实体经济力度，推动金融行业改革发展，促进区域联动，保持区域金融稳定。

一、长三角地区经济运行

2011年，长三角地区经济保持了平稳健康发展，经济增长更加注重质量，经济结构调整与转型升级步伐加快，财政与居民收入稳步增长，区域经济运行总体平稳。但同时，经济增长趋缓，房地产市场风险有所显现，企业经营压力加大等问题应引起关注。

（一）长三角经济运行概况

1. 经济保持平稳增长，产业结构不断优化

2011年，长三角地区全年实现地区生产总值9.98万亿元，按可比价格计算，比上年增长9.81%，增速较上年回落1.99个百分点。其中，江苏、浙江、上海分别实现地区生产总值4.86万亿元、3.20万亿元和1.92万亿元，同比分别增长11.2%、9%和9.9%，增速分别回落1.4个、2.8个和1.7个百分点。三次产业比例由上年的4.72∶50.61∶44.66优化为4.78∶49.49∶45.73，第三产业占比持续提高，对经济增长的拉动力逐步增强。以上海市为例，全年整体经济增长速度虽有所放缓，但第三产业引领经济发展的态势更加明显，第三产业对全市经济增长的贡献率达到66.7%，成为拉动经济增长的主要动力，第三产业增加值占全市生产总值的比重达到57.9%，比上年提高0.6个百分点。

新兴行业发展加快。江苏省高新技术产业快速发展，全年实现高新技术产业产值38 377.8

亿元，增长26.4%，占规模以上工业总产值比重达35.3%，比上年提高2.3个百分点。浙江省积极培育战略性新兴产业，全年实现海洋经济生产总值4 500亿元，比上年增长19%，规模以上工业装备制造业和高新技术产业增加值分别比上年增长12.1%和13.4%，占规模以上工业增加值的比重分别达到33.1%和24.1%。上海市战略性新兴产业总产值为1.02万亿元，同比增长12.2%；信息产业增加值为1 874.77亿元，同比增长11.5%，增速快于全市经济3.3个百分点。

2. 投资消费拉动效应减弱，外贸增速有所下滑

投资规模增速放缓。2011年，长三角地区完成全社会固定资产投资总额4.57万亿元，同比增长11.38%，低于全国固定投资名义增速12.42个百分点。江苏、浙江和上海的增速分别为21.5%、24.8%和0.3%，均低于全国平均增速，经济对投资的依赖性有所减弱。

消费拉动作用减小。2011年，长三角地区全年共实现社会消费品零售总额3.46万亿元，同比增长16.40%，低于全国消费名义增速1.1个百分点。江苏、浙江和上海的增速分别为17.5%、17.4%和12.3%，分别比上年回落1.2个、1.6个和5.2个百分点。

外贸增速有所下滑。2011年，长三角地区进出口总额达12 865.99亿美元，同比增长18.24%。其中，进口总额5 477.87亿美元，同比增长20.05%，较上年大幅回落18.2个百分点；出口总额7 388.12亿美元，同比增长16.94%，较上年大幅回落16.3个百分点。

利用外资规模进一步扩大。长三角地区全年外商实际直接投资达563.97亿美元，同比增长11.39%，较上年提高0.87个百分点。

3. 财政、居民收入稳步增长，企业经营效益各异

财政收入增长较快。2011年，长三角地区地方一般预算收入达11 728.72亿元，其中，江苏、浙江和上海地方一般预算收入同比分别增长26.2%、20.8%和19.4%。三地全年地方一般财政支出共计13 873.18亿元，江苏、浙江和上海同比分别增长18.9%、19.8%和18.5%。

城乡居民收入保持平稳较快增长。2011年，江苏、浙江和上海城镇居民人均可支配收入分别为26 341元、30 900元和36 230元，同比分别增长14.8%、12.9%和13.8%，均高于全国平均水平；农村居民人均纯收入分别为10 805元、13 071元和15 644元，同比分别增长18.5%、15.6%和13.8%，分别为全国平均水平的1.55倍、1.87倍和2.24倍。

企业经营效益各异。2011年，江苏、浙江规模以上工业企业利润总额分别达到6 850.4亿元、3 080.1亿元，同比分别增长24.3%、9.9%，增速比上年下降19.3个、37.1个百分点，企业经营效益增速有所放缓；受成本上升和上年基数较高的影响，上海市工业企业利润略有下降，规模以上工业企业利润总额为2 176.13亿元，同比减少1.3%。

（二）经济运行中应关注的问题

1. 经济增长趋缓

2011年，长三角地区经济增长放缓，三大需求拉动力明显减弱。一是国内需求出现萎缩。消费增速开始走低，汽车消费贡献率下降后，新的消费热点还未显现。二是投资后续增长动力有限。投资增长主要依赖房地产投资拉动，但在楼市调控政策持续深入的背景下，房地产市场交易下降，开发商投资意愿不足。此外，产业投资拉动力减弱。三是外部需求下滑。受美债信用评级下调、欧债危机扩散升级以及全球经济下滑风险加大等不利因素影响，出口出现回落。

2. 房地产宏观调控持续进行

2011 年以来，受房地产宏观调控政策影响，房地产市场有所降温。江苏省商品房销售面积为 7 982.67 万平方米，同比下降 15.8%，增速比前三个季度、上半年分别回落 13.6 个和 17.2 个百分点；浙江省商品房销售面积、销售额同比分别下降 20.5% 和 16.4%，降幅分别较前三个季度扩大 5.2 个和 10.5 个百分点；上海市商品房销售面积 1 771.30 万平方米，同比下降 13.8%，全市新建商品房住宅平均销售价格同比下降 5.6%。

受此影响，一方面，房地产开发企业及上下游产业压力显现。第四季度以来，部分开发企业大幅降价，工程延期和交付违约、工程款和民工工资支付拖欠等现象增多。以上海为例，2011 全年房地产开发各项应付款合计 613.13 亿元，同比增长 45.9%，其中，应付工程款 280.49 亿元，同比增长 30.7%。另一方面，房地产相关税收收入对地方财政收入贡献度有所下降，地方财政预算收支平衡难度增加。

3. 中小企业经营压力增大

受国际市场大宗商品价格上涨、企业劳动力成本上升、人民币汇率升值、资金价格上扬等因素影响，企业生产成本增加，利润空间受到压缩，经营难度逐渐增加。加之部分企业转型升级缓慢、偏离主业、市场需求不足等，部分中小企业生产经营压力有所加大。2011 年以来，江苏省工业生产者购进价格指数持续高于出厂价格指数，企业流动资金较为紧张，全省规模以上工业两项资金（应收账款与产成品）占用持续增加。浙江省中小企业经营压力逐步上升，个别地区出现多起企业倒闭、企业主逃逸等现象。

二、长三角银行业稳健性评估

2011 年，长三角地区银行业认真贯彻落实国家宏观调控和结构调整政策，积极推进改革创新，努力增加信贷有效投入，规模稳步增长，资产质量持续改善，盈利能力稳步提高，业务结构持续优化，为区域与经济平稳发展提供了有力保障。但同时，房地产行业贷款及地方政府融资平台贷款存在风险，个别区域民间借贷风险有所显现，银行信贷资产质量控制存在一定的压力，银行资产业务合规性问题、中小银行可持续发展问题需引起重视。

（一）银行业运行状况

1. 资产规模稳步增长，增速有所回落

截至 2011 年底，长三角地区银行业金融机构本外币资产规模总额 23.74 万亿元，同比增长 15.30%；本外币负债总额 22.93 万亿元，同比增长 14.99%；本外币各项存款余额 18.52 万亿元，同比增长 10.70%；本外币各项贷款余额 14.00 万亿元，同比增长 11.73%。银行资产、负债、存款和贷款增速放缓，分别较 2010 年同期减少 2.6 个、2.48 个、8.94 个和 6.73 个百分点。

2. 资产质量持续改善，抵御风险能力较强

2011 年，长三角银行机构加大不良贷款的清收核销力度，不良贷款保持“双降”，贷款质量保持全国领先。截至 2011 年底，银行业金融机构五级分类本外币不良贷款余额为 1 185.93 亿元，比年初减少 132.66 亿元，不良贷款率 0.85%，比年初下降 0.2 个百分点。

各银行机构积极通过各种方式补充资本，保持良好资本充足水平。截至2011年末，江苏、浙江和上海法人银行机构核心资本充足率分别为12.24%、11.36%和10.61%，江苏、浙江分别比上年上升0.93个、0.04个百分点，上海比上年小幅下降0.22个百分点。

3. 盈利水平稳步提高，业务结构不断优化

在社会资金整体偏紧的背景下，银行机构贷款定价能力普遍提升，带动利润增长。截至2011年底，长三角银行业机构累计实现净利润3 665.58亿元，同比大幅增长25.96%。在业务快速发展的同时，长三角地区银行机构高度重视经营效益的提高和盈利结构的改善，中间业务快速发展，在一定程度上改善了银行机构收入来源过于单一的现状。以浙江省为例，2011年，全省银行业金融机构利息收入率84.91%，比年初下降1.41个百分点；中间业务收入率15.71%，比年初上升1.14个百分点；传统业务收入贡献率逐步下降，中间业务收入贡献率稳步提升，盈利结构逐渐向多元化方向转变。

（二）银行业发展中应关注的问题

1. 信贷资产质量控制压力增大

一是部分地区开发商资金紧张，房地产行业及上下游相关行业贷款风险上升，个人按揭贷款违约风险加大，部分公司贷款抵押品价值缩水、还款来源不稳定。以浙江省为例，2011年，银行业金融机构房地产开发贷款余额2 187.02亿元，同比少增33.85亿元，房地产投资资金来源仅增长10.6%，低于同期房地产投资增速37.9个百分点。部分前期高价购地、销售策略又未能及时调整的中小开发商在销售资金回笼不畅、银行信贷来源减少的情况下，通过信托、私募、员工集资甚至民间借贷等高成本渠道融入资金，财务状况出现恶化。2011年下半年以来，部分银行房地产开发贷款逾期、展期现象增多。

二是地方政府融资贷款风险仍需关注。2011年，长三角地区地方融资平台贷款的规范整改卓有成效，但随着2012年、2013年平台贷款集中到期，加上地方政府换届等因素的影响，平台贷款风险缓释过程面临较大压力。在实际操作中，政府往往通过多个融资平台公司从多家银行获得信贷，形成“多头融资、多头授信”的格局，银行对于融资平台的资金监管较为困难。由于政府融资平台项目的盈利能力普遍不强，其还款来源也很大程度上依赖于政府财政资金安排，应予以持续关注。

三是民间借贷风险向银行体系蔓延。近年来，长三角地区民间借贷发展较快，但风险暴露也逐步增多，并有向银行体系蔓延的趋势。个别地区部分企业资金链紧张，短期垫资需求增加，借入高利贷后关停，导致企业所涉及的银行贷款面临风险。此外，近年来成立的一些投资公司、担保公司名义上进行项目投资，实际上并不真正经营投资、担保业务，而是变相开展融资业务，获取高额收益。银行信贷资金一旦流入该类机构，便加大银行信贷资产的风险。

2. 资产业务合规性问题显现

随着商业银行信贷市场议价能力的提升，一些合规性问题也有所显现。一是不合理收费损害借款人利益。在信贷资源稀缺情况下，银行利用信贷议价中的强势地位，出现向客户随意承诺、不合理收费、捆绑销售等不当行为。二是“影子银行”业务风险防范压力显现。个别机构采用资产转让、委托贷款、理财产品、同业代付等形式将资产剥离出表内，出现“双买断”、

"抽屉协议"等以违规方式操作的转让和代付资金。三是票据、信用证业务操作不规范。个别机构篡改发票复印件、自开自贴套取保证金或利用不规范会计核算来隐瞒业务规模。

3. 中小银行的可持续发展存在制约因素

近年来，长三角地区中小银行发展迅速，对支持地方经济发展作出了重要贡献，但中小银行可持续发展仍存在制约因素。一是部分中小银行与国有、股份商业银行存在业务上的同质化趋势，缺乏特色业务和产品，在同业竞争中处于相对劣势的地位，导致成本上升，客户流失，目前信用风险和贷款集中度风险隐患开始显现。二是部分城市商业银行分支机构扩张过快，管理半径拉大，资本消耗增多，内控管理尚需完善，操作风险加大，给总行的风险管理、成本控制以及信息支持带来挑战。三是中小法人银行机构流动性管理难度加大。受同业竞争加剧等影响，中小法人银行机构存款增速放缓，流动性有所趋紧。

三、长三角证券业稳健性评估

2011年，长三角地区证券经营机构发展平稳，证券市场融资功能持续增强，行业创新取得新进展，区域证券业发展总体稳定。但同时，盈利模式单一、市场发展不规范及非法证券活动仍制约着证券业的发展。

（一）证券业运行状况

1. 证券经营机构发展平稳

截至2011年底，长三角地区共有法人证券公司26家，较上年增加2家；基金管理公司35家，较上年增加3家；法人期货经纪公司50家，与上年数量持平。受资本市场整体表现不佳等因素影响，长三角地区证券机构资产规模和经营业绩均有小幅下降。截至2011年底，长三角地区法人证券机构总资产为4 793.65亿元，同比减少5.31%；法人证券机构营业收入385.73亿元，同比减少3.31%。

净资本规模有小幅增加。截至2011年底，长三角地区证券公司净资本总额达到1 440.39亿元（江苏359.37亿元、浙江85.32亿元、上海995.7亿元），同比增长1.85%，抵御风险冲击能力有所增强。

2. 证券市场融资功能持续强化

截至2011年底，长三角地区共有境内上市公司636家，占境内上市公司总数的27.25%。全年新增境内上市公司78家，占当年境内新增上市公司总数的28.90%，首发融资达到981.65亿元，占全国首发融资的37.06%。

江苏省新增境内上市公司46家，占全国新增上市公司总量的17%，位居第二；首发直接融资额476.83亿元，占全国首发总额的18%，位居第二。17家上市公司实现再融资，融资总额180.05亿元。

浙江省新增境内上市公司40家，2011年募集资金627.83亿元，创历史新高，其中首发融资348.22亿元，增发融资198.91亿元，公司债、可转债融资69.2亿元，省内上市公司资本市场参与程度逐步加深。

上海市上市公司资本市场直接融资 835.4 亿元，其中，首发上市公司 20 家，融资 156.6 亿元，股票再融资 552.3 亿元，公司债券融资 126.5 亿元。

截至 2011 年底，长三角地区境内上市公司总市值占该地区生产总值的比重为 43.78%，证券化程度远高于其他地区。

3. 证券业务创新取得新进展

2011，长三角金融创新和开放步伐加快，一批证券业创新型业务相继推出。一是融券业务不断发展，融资融券转常规业务已在各公司逐步推进。如上海法人证券公司开展的融资融券余额与息费收入约占全国融资融券市场的 40%。二是服务和交易模式更趋多样化。单客户多银行服务、债券质押式报价回购试点、约定购回式证券交易试点和现金管理计划试点等多种创新服务和交易陆续开展，对证券行业开拓新的盈利增长点提供了有利条件。三是基金公司业务创新力度加大。专户理财业务发展较快，电子商务广泛开展，基金公司与第三方机构展开合作，拓宽基金销售和支付渠道。四是本地券商服务当地企业上市的能力进一步提高。如 2011 年江苏新上市公司中，有近 1/3 的主承销商为江苏本地券商。

（二）证券业运行中应关注的问题

1. 盈利模式仍显单一

2011 年，长三角地区证券公司积极开拓多元化业务，证券承销、自营投资、资产管理业务对收入贡献度均有所上升，但是以传统经纪业务收入为主的盈利模式仍然是主要收入来源，长三角地区经纪业务收入占机构营业收入的比例仍在 50% 以上。在股票市场整体表现不佳的背景下，公司过度依赖代理买卖股票、基金代理销售等业务，经营服务、产品和管理高度同质化，投资银行、资产管理等业务份额少，核心竞争力缺乏，导致证券期货公司的收入曲线与市场走势高度相关，业务经营具有不稳定性和周期性。以浙江省为例，全年省内证券机构业绩均出现下滑，全省证券经营机构累计代理交易额 10.49 万亿元，比上年下降 15.24%；全年共实现手续费收入 70.53 亿元，利润 26.02 亿元，同比分别减少 31.95% 和 52.82%。

2. 证券市场发展不规范问题依然存在

2011 年，随着证券市场行情持续低迷，长三角地区证券经营机构市场份额有所下滑，行业竞争日益加剧，违规营销行为有所抬头。一是个别经营机构片面追求业务发展和规模扩张，采取无从业资格人员展业、异地营销、以挂靠方式发展营销团队、诱导客户频繁交易等行为干扰市场秩序。二是部分经营机构不按规定办理转托管和撤销户业务，故意设置障碍或以各种理由刁难投资者办理相关业务，侵害投资者权益。三是监管部门佣金新政出台后，营业网点低水平价格竞争依然存在，部分地区佣金水平与上年相比进一步下降。

3. 非法证券活动干扰市场

部分非法中介、非法证券投资咨询、非法期货活动仍然存在且手段不断翻新。尤其是近年来，随着期货市场的迅速发展和繁荣，出现一批以投资公司或投资管理公司名义设立、实质上从事期货配资业务的公司，既从事期货业务又有配资功能，利用民间借贷等方式筹集资金为客户垫资，具有双重杠杆效应。例如，部分配资比例较高的公司资金杠杆达到几十倍甚至近百倍，客户交易面临的财务风险大幅增加。个别期货公司业务人员与配资公司勾结，假借期货公司名义诱骗投资者参与配资业务，给投资者带来较大损失，严重干扰了期货市场正常的经营秩序。

四、长三角地区保险业稳健性评估

2011年，长三角地区保险市场规模不断扩大，市场主体数量继续增加，业务开展情况良好，结构有所优化，区域保险业总体运行平稳。但同时，保险业发展也面临新的挑战，业务持续发展与结构调整矛盾依然存在，行业不正当竞争行为时有发生。

（一）保险业运行状况

1. 保险市场稳步发展

保险公司经营主体不断增加，市场体系逐步完善。截至2011年末，长三角地区共有省级分公司以上保险公司304家，新增25家。资产规模不断增加。截至年末，省级分公司以上保险公司资产总额共计7 278.70亿元，同比增长20.37%。

2011年，长三角部分地区的保险深度和保险密度有所下降，江苏、浙江和上海保险深度分别为2.47%、2.75%和3.92%，分别比上年下降0.37个、0.35个和1.28个百分点；保险密度分别达到1 519.18元/人、1 609.50元/人和3 208元/人，江苏比上年增加41.08元/人，浙江和上海则分别比上年下降2.8元/人和3 102元/人。

2. 业务开展情况良好

截至2011年底，长三角地区实现保费总收入2 832.38亿元，同比增长5.19%，占全国的19.93%。其中，财产险保费收入1 011.55亿元，同比增长21.05 %；人身险保费收入1 820.84亿元，同比增长6.56%。全年赔款和给付支出共计841.33亿元，同比增长27.01%。其中，财产险支出473.70亿元，同比增长29.37%；人身险支出367.62亿元，同比增长33.46%。

江苏省预计全年可实现承保利润27亿元，比上年同期增长50%左右，除交强险外的主要险种都可实现盈利。浙江省保险业盈利能力稳步增长，财产险公司利润总额居全国首位，寿险公司盈利有所改善，亏损额同比减少2.83亿元。上海寿险公司扭亏为盈，共实现净利润4.1亿元；5家资产管理公司盈利状况良好，净利润同比增长27%。

3. 业务结构有所优化

长三角地区保险业结构调整不断推进，行业改革稳步进行。江苏产险行业保持了结构持续优化、整体实现盈利的良好局面。非车险增长快于车险，特别是与经济民生关联度较高的企财险、货运险、责任险、农业险、信用险和保证险业务规模预计都可实现20%以上的较快增长。浙江省寿险业务结构持续优化，传统寿险产品保费收入占比11.84%，比上年下降1.94个百分点；寿险续期保费占比、期缴保费占比、新单期缴10年期及以上保费占比三项指标持续向好，分别达到50%、34.2%和58.8%。上海市寿险业务结构不断改善。2011年，上海市法人人身险公司普通寿险、意外险、健康险保费收入同比增长分别为34.3%、28.6%、25.6%，远高于保费收入的增速；保费收入合计占比为29.5%，较上年提高4.5个百分点。

（二）保险业发展中应关注的问题

1. 保险业发展面临新挑战

长三角地区保险业在改革与创新中稳步发展，行业规范不断完善，在银保渠道受到一定限制的情况下，个人营销、电话营销等多样化销售手段逐步发展；业务结构得到优化，普通寿险、意外险、健康险在寿险中的占比不断提高，航运保险的集聚提升了产险市场非车险业务的发展速度；变额年金等新型产品的推出丰富了保险市场产品的品种。但同时，保险业发展也面临一些不利的因素，资本市场持续低迷。在其他投资手段不够成熟的情况下，保险资金的投资收益率有所下降；偿付能力充足率虽然总体保持在较高水平，但由于保费收入的下降和投资收益的减少，仍面临下降的风险；保险机构的盈利能力有待提高，尤其是中资保险公司和中小保险公司；产险公司的经营状况逐步好转，人身险公司面临更多的问题，退保率有进一步上升的风险。

2. 业务持续发展与结构调整的矛盾依然存在

长三角地区保险业务结构单一、产品保险功能弱而投资功能强等结构性矛盾依然存在。一是财产险新业务增长点尚未培育。2011 年，长三角区域内车险业务保费收入占财产险业务保费收入的比重达到 71.97%。尽管产险公司努力培育新的业务品种，但车险主力地位仍然难以撼动。二是寿险产品轻保障、重理财，分红险“一险独大”的局面没有根本改善。2011 年，长三角地区分红险保费收入占寿险保费收入的比重达 78.29%，部分机构占比达到 96.96%。三是保险产品逐步呈现出趸缴化、短期化趋势，长期期缴、保障功能强、满足消费者真实保障需求的产品发展不足。

3. 行业不正当竞争行为时有发生

受宏观经济下行压力影响，保险机构业务发展压力增加，行业非理性竞争行为有所抬头。从产险市场看，车险业务虚列费用和变相贴费现象依然存在，部分机构在维修报价上刻意迎合 4S 店、通过提高赔案金额等方式贴补手续费，导致手续费成本不断提高。部分非车险中介手续费要价过高，超过保险公司承受能力，成为违规操作根源之一。从寿险市场看，银保合作业务压力有所增加，部分公司存在贴费销售、账外支付手续费、向银行支付各种名目的额外费用等现象；部分保险基层从业人员专业知识缺乏、素质不高，存在误导消费者行为；部分新设保险公司委托中介机构招聘业务人员遭遇中介套利，开业不久出现营销员集体流失现象，给行业稳健经营带来不利影响。

五、长三角地区金融基础设施稳健性评估

2011 年，长三角地区继续加强支付清算系统建设，支付业务现代化水平明显提高，农村支付体系覆盖稳步提高，支付业务监管持续推进；深入推进企业和个人征信系统建设，征信系统重要性逐步提升，征信数据覆盖面扩大，中小企业及农村信用体系建设成效显著；反洗钱工作成效明显，监管持续深入，环境有所优化。

（一）支付体系稳健性评估

一是支付业务现代化水平明显提高。长三角地区积极推进电子支付业务发展，业务规模和

金额增长迅速。浙江省共有4 653家银行网点开办电子商业汇票业务，比上年增加689家，办理电子商业汇票业务13 584笔，金额694.79亿元，分别同比增长150.16%和153.72%。上海市全年办理电子商业汇票业务17 765笔，金额1 087.47亿元，分别同比增长191.71%和122.84%。

二是农村支付体系覆盖稳步提高。浙江省深入实施“便农支付工程”，优化农村地区支付服务环境。截至2011年末，支付系统已覆盖所有中心镇以上银行网点，13 033个行政村开办银行卡助农取款服务，268条街区创建成“刷卡无障碍示范区”，545个商品交易市场实现银行卡应用；全年农村地区持卡消费金额达到9 047.98亿元，同比增长13.51%；银行卡渗透率达到35%，比上年同期提高3个百分点。上海市积极推动手机支付试点和助农取款业务，进一步完善农村支付环境。组织协调商业银行和第三方支付机构进行手机支付业务合作，牵头组织研究拟定基于客户端和SD卡的手机支付应用方案，并在嘉定区启动试点。

三是支付业务监管持续推进。浙江省出台《浙江省银行卡发卡业务管理办法》，组织开展存量持卡人身份信息核实、特约商户年检等系列工作，深化联合整治银行卡违法犯罪活动。上海市结合账户管理现场检查情况和支付结算执法检查情况，对相关营业机构进行了行政处罚，通过开展检查工作，严肃了支付结算纪律。

2012年，针对支付体系存在的薄弱环节，长三角地区应继续深入实施“便农支付工程”，推进银行卡助农服务，推进银行本票流通使用及电子支付业务应用，有效改善农村地区支付服务环境。积极推进第二代支付系统及电子商业汇票等新型电子支付业务应用，提升支付结算服务能力，加强银行卡等非现金支付工具管理，联合公安部门打击银行卡等犯罪活动，切实防范支付业务风险。切实强化第三方支付机构监督管理，积极探索建立第三方支付机构监督管理新机制，进一步做好非金融机构准入和退出工作，维护支付服务市场秩序。

（二）征信体系稳健性评估

一是征信系统重要性逐步提升。随着征信系统不断完善，应用面不断拓宽，长三角地区征信系统在社会经济生活中的重要性逐步提升。截至2011年底，浙江省已开通征信系统查询用户5万个，金融机构月均查询量278.7万次，金融机构对信用报告的应用日益普遍，成为信贷风险防范的重要工具。实现小额贷款公司分批接入征信系统，全年有6家小额贷款公司正式接入，另有109家小额贷款公司正在接入中。上海市继续开展应收账款质押登记和融资租赁登记系统的推广运行。同时，积极配合相关政府部门，促进商业保理行业发展，建立商业保理行业协同服务监管机制和行业自律机制。截至2011年末，累计审核应收账款质押和融资租赁登记系统常用户194户，累计登记32 533笔，累计查询55 964笔，提供查询证明18 314笔。

二是征信数据覆盖面扩大。以浙江省为例，截至2011年底，征信系统已覆盖浙江省112.9万户企业及其他组织，3 379万自然人，来自法院、电信、社保等部门的非银行信息逐步进入征信系统，全年共采集公积金信息2 007万条，法院信息11万条，电信信息11.5万条，行政处罚、许可和奖励类信息3 307条。上海市共收录14 067 354个自然人和208 072户企业，开通个人征信系统用户9 387个，企业征信系统用户8 867个。征信系统信贷信息持续扩容，信息质量显著提高。

三是中小企业信用体系稳步推进。长三角地区人民银行分支机构依托全国统一的企业信用信息基础数据库，为中小企业建立信用档案，帮助金融机构和其他企业了解企业的信用状况；为金融机构拓展和管理中小企业信贷业务提供支持；为企业经济交往提供服务，通过改善信用环境，拓宽中小企业融资渠道，为中小企业健康发展打下坚实的基础。浙江省已累计征集尚未与银行发生信贷关系的中小企业信息 17.4 万户，其中 2.9 万户企业累计获得银行贷款 6 094.5 亿元。上海市已纳入中小企业信用档案系统的户数为 53 952 家，其中获得银行贷款的中小企业为 26 871 家。

四是农村信用体系建设成效显著。浙江省开发上线全省农户信用信息系统，在辖内 13 个县（市）试点推广“丽水模式”，有效改善全省农村信用环境，全省已累计为 615 万农户建立信用档案，其中 283 万农户因此获得银行贷款 7 891 亿元。上海总部加强与市农委、市金融办等有关政府部门的协调沟通，多次至奉贤区、浦东新区等区县，深入农户专业合作社、科技园区等进行调研；积极推动农村信用体系建设有关试点工作，引导地方政府出台相应配套政策措施，力争以信用信息服务为切入点，以信用评估为抓手，整合各方信息资源和各项支持政策，推动农村信用体系建设取得实效。

2012 年，长三角地区应继续推进地方社会信用体系建设，建立、健全农村信用体系建设工作机制，全面推广农村信用体系建设成果。深入开展中小企业信用档案信息征集、更新和信息应用工作，依托中小企业信用档案库，组织开展中小企业信用评级，加强系统应用。鼓励引导金融机构积极开展中小企业融资服务创新，加大信用信息成果转化力度，探索支持中小企业发展的新模式。以维护金融消费者权益为切入点，充分发挥征信系统服务功能，提升系统信息完整性。进一步深化征信知识宣传，全面提升“新闻媒体、金融机构和人民银行”三大征信宣传平台，提高社会公众信用提示，营造良好信用氛围。

（三）反洗钱工作稳健性评估

一是反洗钱工作成效明显。长三角地区人民银行分支机构大力开展反洗钱调查和案件协查工作，积极加强部门合作，移送可疑交易线索，与省市公安和检察部门保持紧密联系和磋商，促进完成洗钱案件的侦查、起诉和审判。深入开展反洗钱行政调查，配合公安机关查处大案、要案多起，洗钱犯罪打击效果明显。

二是反洗钱监管工作持续深入。适时对金融机构开展现场检查，不断加强对报告机构的日常指导工作，不断提高重点可疑交易报告质量，指导报告机构完善反洗钱工作机制，处置潜在洗钱风险。

三是反洗钱工作环境有所优化。浙江省全年针对涉嫌股权投资诈骗等犯罪活动发布风险提示 3 期，有效维护了社会公众的切身利益。组织开展“支持反洗钱工作，保护自身利益”主题宣传活动，召开证券期货业反洗钱研讨会，举办金融机构培训班，有效提高了金融机构和社会公众的反洗钱意识。上海市组织银行业、证券保险业举办了两期反洗钱业务培训，并联合期货业协会针对期货行业特点开展反洗钱专题培训。组织商业银行重点针对私人银行业务开展专题反洗钱宣传活动，推动私人银行领域反洗钱工作开展。

2012 年，长三角地区应继续深入贯彻落实“风险为本”的监管理念，加强反洗钱工作监管力度，结合反洗钱非现场评估结果、涉案情况和监管工作成果等资料，逐步施行分类监管措施。

全面深化、规范反洗钱检查工作，从选点、检查、处罚、档案管理等方面制定规范和标准，深入开展现场检查，进一步开展对非现场监管指标体系、分析评价方法和工作流程的研究。继续提高可疑交易分析水平，充分发现和挖掘可疑交易报告价值，加强与公安、检察和法院的沟通、协调，加大对洗钱犯罪的打击力度，进一步提升反洗钱工作的有效性。

六、总体评估与政策建议

（一）总体评估

2011 年，长三角两省一市经济保持平稳较快增长，金融业加快改革发展步伐，银行资产规模稳健扩张，资产质量不断提升。证券机构抗风险能力增强，证券市场融资功能持续强化。保险业充分发挥补偿功能，有效保障了社会经济平稳发展。区域金融市场运行平稳，金融基础设施建设不断完善，金融生态环境持续优化。总体而言，2011 年，长三角地区金融稳定状况良好。

运用区域金融稳定定量评估模型，对长三角地区 2011 年区域金融稳定状况进行定量评估。从量化结果来看，2011 年，长三角地区金融稳定状况综合得分为 86.9 分，属于稳定区间①，较上年降低 3.1 分。

表 1　　2011 年长三角地区评价指标及其变动情况

指标分类	变动方向	评价指标	变动情况		
			改善	稳定	恶化
宏观经济	↓	国内生产总值增长率			√
		第三产业增加值增长率			√
		全社会固定资产投资增长率	√		
		社会消费品零售总额增长率		√	
		实际利用外资增长率			√
		进出口总额增长率	√		
		城镇居民可支配收入增长率	√		
		农村人均纯收入增长率		√	
		居民消费价格指数			√
		城镇登记失业率		√	
		典型城市房地产销售价格指数			√

① 将定量评估结果进行五大区间的等级评估：非常稳定（95 分及以上）、稳定（85 ~95 分）、较稳定（75 ~85 分）、较不稳定（60 ~75 分）以及不稳定（60 分以下）。

续表

指标分类		变动方向	评价指标	变动情况		
				改善	稳定	恶化
金融机构	银行业	↓	核心资本充足率		√	
			不良贷款率		√	
			资产利润率		√	
			流动比率			√
	证券业	↓	净资本充足率		√	
			净资本负债率		√	
			资产利润率			√
	保险业	↓	寿险公司退保率		√	√
			应收保费率		√	
			保费收入增长率			√
金融生态环境		→	法治环境调查综合得分		√	
			地方财政收入占 GDP 比重		√	
			银行服务密度		√	
			征信数据库覆盖率		√	

注：表中“↑”代表改善，“↓”代表恶化，“→”表示稳定。

（二）政策建议

2012 年，长三角地区应大力贯彻中央经济工作会议要求，深入贯彻科学发展观，突出把握好“稳中求进”的工作总基调，围绕保持经济平稳较快发展和社会和谐稳定的目标，注重扩大内需，发挥投资、消费对经济的拉动作用；加大金融对实体经济的支持力度，推进金融行业改革发展；加强区域联动，促进区域经济平稳较快发展，为金融稳定创造良好环境。

1. 加快经济发展方式转变，增强内需拉动

加快经济发展方式转变。推动经济增长由量向质转变，注重扩大内需，加快改革创新，把“稳增长、控物价、调结构、惠民生、抓改革、促和谐”更好地结合起来，转型升级要走在全国前列，着力摆脱对传统发展路径的依赖，切实转变发展理念和发展方式。

增强内需拉动力。认真落实扩大消费的各项政策措施，通过扩大热点消费、农村消费、服务消费、循环消费、信用消费规模，力促国内消费再上新台阶，逐步调高消费对经济增长的贡献率。完善消费政策，大力发展文化、旅游、健身等消费，积极扩大消费信贷。扩大有效投入，抓好项目带动，加快建设一批事关发展全局的重大基础设施、带动作用强的重大产业项目。

2. 加大金融对实体经济的支持力度

在经济转型升级中，正确把握金融与实体经济发展的关系，充分认识到实体经济是金融业发展的坚实基础，服务实体经济是金融工作的本质要求。综合运用货币政策工具，全力支持实体经济发展，用好再贷款、再贴现等货币政策工具，为金融机构支持实体经济发展提供支持。坚持再贷款、再贴现指标主要用于支持小微企业和“三农”等实体经济重点领域。加大银行间债券市场企业债务融资工具宣传、推介和承销力度，大力支持符合条件的企业发行短期融资券、

中期票据等债务融资工具，进一步拓宽融资渠道。要求进一步完善利率定价，主动让利企业，尽可能减轻中小企业融资成本。

3. 推动金融业改革发展

银行业要加快发展方式转变，从目前依靠规模发展逐步转变为依靠自身优势发展。一是加快业务结构调整，加大投资银行、理财、资金托管等中间业务发展，使银行更有竞争力和品牌力量，同时注重发挥科技创新的推动作用，推动银行转型变革。二是加强业务创新，形成自身比较竞争优势。构建灵活的经营体制，错位竞争，提升核心竞争力。三是加强业务规范。坚持稳健经营、公平竞争经营理念，改善考核制度，强化服务意识，履行社会责任。

4. 促进区域联动，大力推进长三角金融合作一体化建设

长三角是全国金融业发展最快、发展环境最好、最具活力的地区之一，长三角地区应继续坚持金融合作先行，大力推进金融一体化，带动经济一体化稳步前行。

一是围绕上海国际金融中心建设，强化政策支持，协同发展，建立以上海为龙头，苏浙为两翼的长三角金融机构合作、金融工具创新合作和金融市场建设合作机制，加速长三角城市金融圈的建设。着手建立金融产品共享机制，以提高长三角地区金融产品创新能力为目标，通过高端金融人才的产品研发，借助研发基金的投入使用，依靠各城市的联合推广，实现创新型金融产品的共享。

二是加快长三角地区跨境人民币业务发展。长三角地区实施“走出去”与“引进来”的对外开放战略基础好、成效大，应当充分运用跨境贸易人民币结算试点的优惠政策，坚持以市场为主体，加强政府引导，让企业进一步壮大胆子“走出去”，扩大对外直接投资规模，兼并、收购国外优质资产、先进技术和知名品牌，增进企业在全球范围内的要素配置能力和产品定价能力。

三是大力发展金融支付体系一体化建设，支持多种支付渠道、支付介质和支付方式，加大金融支付体系拓展力度，加大对区域内支付系统的一体化改造力度，实现支付体系在社会生活中无障碍对接，共同为长三角经济一体化服务。

资料来源：中国人民银行上海总部金融稳定部；中国人民银行南京分行金融稳定处。

中国人民银行杭州中心支行金融稳定处（执笔）

专题2 银行业机构理财产品发展状况调查

2011年，在宏观经济调控和紧缩性货币政策的大环境下，银行理财产品市场继续保持快速发展态势。产品收益率维持在较高水平，期限结构趋于短期化。理财产品已成为存款竞争的重要手段，对货币政策中介目标产生明显扰动，增加了货币信贷政策调控的难度，资金运作蕴含一定风险。规范理财产品发展，须健全统计监测体系，切实完善风险管理模式，规范产品创新，并加强投资者保护。

一、银行理财产品发展的主要特点

银行理财产品指由商业银行设计并发行，代表客户按照合同约定的投资方向和方式进行资金投资和资产管理，投资收益与风险由客户或客户与银行按照约定方式承担的一类金融产品。银行理财产品按照是否保证本金安全和收益，一般分为保证收益型、保本浮动收益型和非保本浮动收益型三类，其中，保证收益型产品指商业银行按照约定条件向客户承诺支付固定收益，银行承担由此产生的投资风险的理财产品；保本浮动收益型则由商业银行按照约定条件向客户保证本金支付，本金以外的投资风险由客户承担；非保本浮动收益型产品由商业银行根据约定条件和实际投资收益情况向客户支付收益，并不保证客户本金安全。

银行理财产品的产生与起伏，是银行内在需求与外部环境共同作用的结果。2004年，中国银行率先推出首款个人外币理财产品，开启我国银行理财先河；同年9月，光大银行推出首款人民币理财产品。2005—2007年，银行理财产品大幅增长，2008—2009年发展相对迟缓，2010年以来在宏观调控背景下再度迅猛增长。从商业银行角度看，理财产品功能已由最初的改进盈利模式衍化为增加中间业务收入、营销重点客户和存款资源、调节资产负债表结构等多重作用。从银行理财发展历程看，其繁荣程度与货币政策松紧呈负相关。在流动性较为宽松时，其发展相对迟缓；而在政策趋紧时，其发展速度加快。近年，理财产品成为竞争揽储和变相放贷的工具，已被叫停的银信合作理财是最具代表性的产品。

2011年以来，人民银行多次加息和上调存款准备金率的叠加效应使市场资金面趋紧，各银行机构通过不断发行理财产品来巩固和扩大基础客户、竞争存款资源、应对存贷比考核；同时，存款负利率、股市与楼市投资前景不明朗，也促使投资者转向收益较高的银行理财产品，双重因素推动其迅猛增长。2011年银行理财产品发展的主要特点有以下几方面。

（一）总量呈爆发式增长，国有大型银行仍占主导地位

据WIND资讯，2011年全年共有100家银行发行理财产品23 413款，同比增长94.51%，发行量再创历史新高。

分机构看，前十大银行共发行理财产品14 595款，占总产品发行量的62.34%，较以往有所

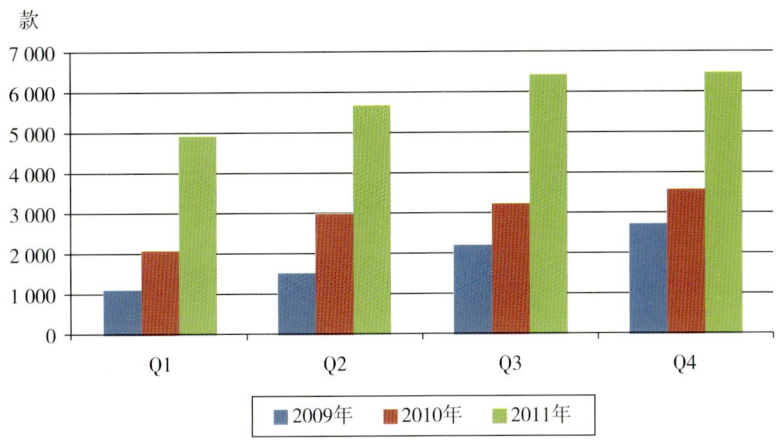

数据来源：Wind 资讯。

图1　2009—2011 年商业银行理财产品发行情况

下滑。其中，5 家国有大型银行发售数量占比 37.02%，外资银行共计发行 938 款产品，占比 4.01%，同比下降 37.38%，且市场占有量也从 2010 年的 12.44% 下滑至 3.96%。分币种看，人民币和外币理财产品同比分别增长 104.33% 和 46.92%。从市场占比来看，人民币产品占比 87.08%，依然占据主要市场。

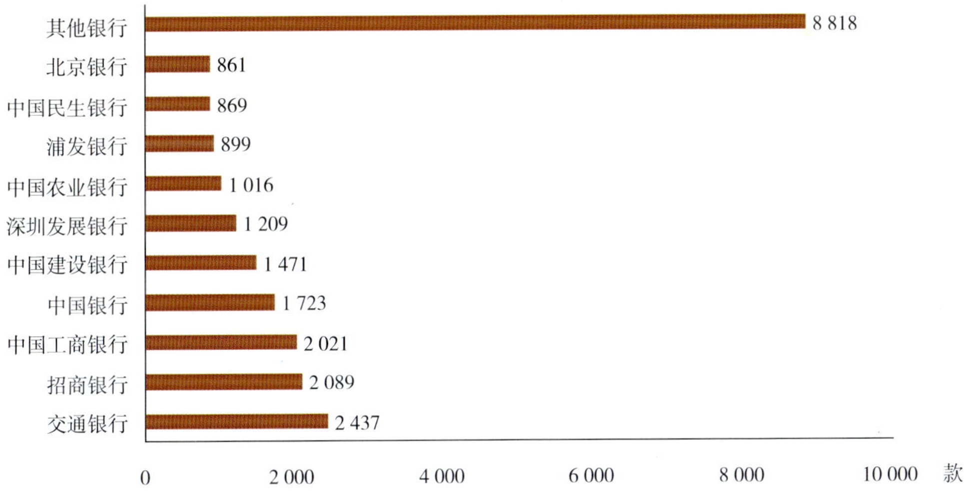

数据来源：Wind 资讯。

图2　前十大银行理财产品发行统计图

（二）期限结构短期化倾向突出，超短期产品成为市场热点

银行通常选择融入期限短、成本低的资金，投向期限较长、收益更高的资产，一批产品发售结束，立刻有新品跟上，形成了滚动之势。2011 年，期限在 6 个月以内的理财产品发行达 20 606款，占比 88.01%，同比增长 117%；其中投资期限小于 1 个月的理财产品 7 593 款，同比增长 106.11%；1～3 个月的理财产品 8 269 款，同比增长 129.12%；3～6 个月的理财产品 4 744

款，同比增长 115.34%。相比之下，6 个月以上中长期产品仅发行 2 577 款，占比仅为 11.01%，同比仅增长 3.87%。短期理财产品主要为满足中高端客户需求，达到一定数额的认购起点才可申购。通常个人投资者认购资金底线为 5 万元，机构投资者为 50 万元。银行理财产品市场的短期化，反映了商业银行纷纷以理财产品作为揽存工具，不断加大存款市场份额争夺的现状。

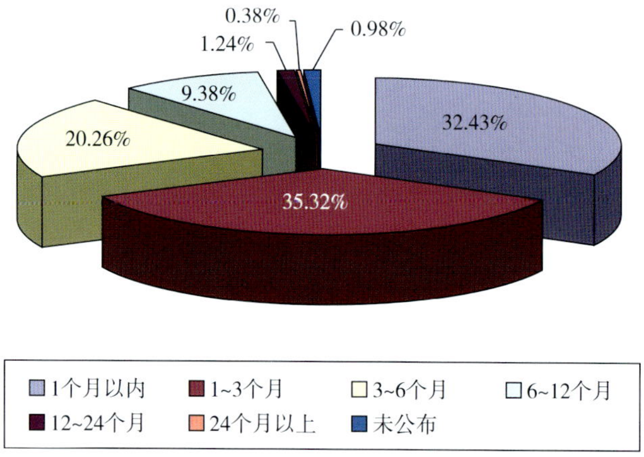

数据来源：Wind 资讯。

图 3 理财产品按期限划分发售数量图

（三）收益率逐步攀高，部分产品收益率与期限倒挂

受提高存款准备金率、加息等因素的影响，银行流动性不断被收紧。加息后银行都会相应上调理财产品的预期收益率来吸引投资者。因此，2011 年各期限理财产品预期收益率呈现整体上涨态势。2011 年发行市场理财产品预期收益率在 3% ~5% 的市场占比 56.95%，占比同比增长 31.34 个百分点；预期收益率在 5% ~8% 的市场占比 23.32%，占比同比增长 20.42 个百分点；与此相对的是 0 ~2% 的市场占比同比下降 22.23 个百分点；2% ~3% 的市场占比同比下降 26.39 个百分点。从实际收益率看，年化收益率在 3% ~5% 的市场占比 24.33%，占比同比增长 10.67 个百分点；5% ~8% 的市场占比 3.32%，占比同比增长 2.91 个百分点。从全年情况看，银行理财产品预期收益的准确率较高，98% 以上的产品都能实现预期收益率。出于揽存需要，往往越接近季末时点，短期产品的预期收益率越高，部分 7 天以内的超短期产品预期年化收益率高达 4%，已超过 1 ~3 个月产品的预期收益率，出现了明显的收益率与期限倒挂现象。

（四）非保本浮动收益产品为主导，理财资金表外化运作态势凸显

由于保证收益型理财产品按监管要求需进入资产负债表内，占用银行风险资产规模且收益相对较低，发行量增长相对缓慢，全年该类产品发售款数占比仅为 16.21%，到期款数占比仅为 17.97%。非保本浮动收益理财产品成为发售主体，发行数量和到期数量分别占比 62.11% 和 58.94%。该类产品理论上不构成银行风险，不在发行方资产负债表中体现，投资者购买后虽可能获取较高的投资收益，但同时也需要承担本金损失的风险。

表1 理财产品按收益类型划分表

类型	发行数量（款）	占比（%）	到期数量（款）	占比（%）
非保本型	14 541	62.11	12 020	58.94
保本浮动型	5 076	21.68	4 710	23.09
保本固定型	3 796	16.21	3 665	17.97

数据来源：Wind资讯。

（五）资金投向多元化，债券及利率市场工具为主要投资渠道

调查显示，银行理财资金既可投资于国债、金融债、央行票据等信用级别较高、流动性较好的金融工具，也可投资于信贷资产、信托计划或信托计划收益权、股票或股权、金融衍生产品等，投向呈多元化。由于银信合作业务受到监管约束，随着市场资金价格走高，银行间债券和利率市场产品由于具备较好的收益性和投资稳健、期限灵活等特点，取代信贷类理财产品成为主流，全年其发行量占51.39%，信贷类产品发行量占比7.96%。另外，股票产品、票据产品和汇率产品发行量分别占2.65%、12.35%、1.64%，其他类产品合计占23.87%。

表2 理财产品按资金投向划分表

类型	发行数量（款）	占比（%）	到期数量（款）	占比（%）
股票产品	1 018	2.65	829	2.51
债券产品	10 415	27.11	9 137	27.66
利率产品	9 328	24.28	7 992	24.20
票据产品	4 744	12.35	4 377	13.25
信贷资产	3 059	7.96	3 227	9.77
汇率产品	631	1.64	457	1.38
商品期货	52	0.14	43	0.13
其他产品	9 170	23.87	6 967	21.09

数据来源：Wind资讯。

（六）募集资金纳入“资金池”集中管理

据调查，目前全国性商业银行理财产品普遍采用“资金池”管理模式，募集资金全部纳入“资金池”，投资于一系列金融资产或项目组成的“资产池”，“资金池”与“资产池”相对应。“资金池”从表面上看，就是将资金聚拢混合在一起运作，银行通过滚动发行理财产品不断募集资金，每一种理财产品的发行时间、投资期限、预期收益率虽然不同，但是募集的资金都进入同一个“池子”。同时，银行借助其他平台不断拿出信贷资产组建“资金池”，多只理财产品同时对应着资产池里的多笔资产，单笔产品的收益与整个“资金池”挂钩。这种混合运作模式使得“资金池”业务成为“黑匣子”，多款产品无序对应多款标的，客户无法知悉投入资金的具体投向，也无法评估其中风险。

二、银行理财市场存在的主要问题

（一）揽存工具作用凸显，规避监管现象突出

在各家银行竞争博弈过程中，理财产品逐渐演化成为揽存的重要工具，而且理财产品以较高的收益率吸引客户，比传统存款营销方式更具公开化、市场化特征。调查表明，银行通过理财产品种类、发行期、存续期的安排，根据需要主动调节关键时点的负债水平，普遍做法是将资金募集期和到期日设计为临近季末或月末，以保证月末特别是季末存款冲高。随着超短期产品被叫停，大量30天左右的“擦边球”产品成为揽储主力。尽管2011年11月银监会叫停部分短期银行理财产品，但一些银行以滚动理财形式设计长期产品，允许客户短期赎回且年化收益率较高，由此在一定程度上规避了监管规定。

（二）“资金池”运作蕴藏风险，同质化竞争导致风险积聚

2011年以来，货币市场资金价格持续走高，但大量发行的超短期银行理财产品预期收益率更高。部分银行的多款4天期限理财产品预期年化收益率高达7.5%～8%，明显超出同期银行间市场利率水平。“短期产品高收益”之所以能够维系，主要缘于“资金池”的“短筹长用”运作模式。银行通过滚动发行短期理财产品，使“资金池”保持必要规模的资金总量，以支撑“资产池”中债券、信贷资产、信托计划等长期资产投资，并以长期项目的高收益偿付短期理财产品的高回报，确切证据表明，多数受益权项目年化收益率超过15%。由于“资金池”与“资产池”的“多对多”配置，导致信息极不透明，无法实现单个理财产品成本可算、风险可控。一旦出现投资项目收益不确定、以滚动方式筹资不可持续、“资产池”产品结构配置失误或“资金池”模式被叫停等情况，“短筹长用”的错配风险将暴露。

同时，各银行理财业务同质化倾向明显，发行目的、客户定位、资金投向、收益水平、创新形式尤其是“资金池”运作模式均具有极大的类同性。“资金池”运作的潜在风险会因各银行业务模式的同质化和理财发行的“羊群效应”而积聚。一旦错配风险暴露，银行基于自身声誉考虑，可能以表内资产收益补偿表外损失，风险将由表外转嫁表内，形成系统性风险。

（三）理财信息透明度低，投资者权益难以有效保护

通过查阅部分理财产品说明书发现，绝大部分理财产品没有注明资金投向和比例。如某些银行理财产品说明书表述的投资方向为“国债、金融债、央行票据等信用级别较高、流动性较好的金融工具，信托计划或信托计划收益权等”，还有的甚至标注“本产品投资方向主要包括但不限于以上金融工具”。投资者无法真实、准确、及时地了解资金使用过程，不能准确评估投资风险。部分理财产品特别是超短期产品虽然标示了较高的预期收益率，但由于产品发行前有至少一天的募集期，到期后还有大约两天的结算期，在此期间资金均按活期存款计付利息，投资者的真实收益率远没有预期收益高，银行在一定程度上有夸大产品收益、变相误导投资者之嫌。从合同文本看，理财产品合同均为格式合同，最终解释权归属银行，信息与权利的不对等使投

资者处于弱势地位，近期多家媒体报道的“部分银行提前终止理财产品导致投资者收益受损”等事件即是这一问题的集中体现。另外，投资者自身风险意识也有待加强，多数投资者仍然认为理财产品同银行存款一样由银行信用作保证，即使购买了非保本浮动收益产品，也不可能出现本金损失，因而对风险揭示不够关注，更不会主动评估风险，导致自身权益难以得到有效保护。

（四）资金集中于总行运作，形成区域资金流出现象

目前，全国性商业银行募集的理财资金一般集中于总行层面统一管理，投资对象也由总行统一确定，由此造成区域层面资金外流。据统计2011年发行量前十位的银行中，除北京银行为地方法人机构外，其余九家均为全国性机构。同时，全国性机构网点分布广泛，具备明显的销售优势，募集的理财资金也位居前列。虽然理财资金到期回流，但在滚动发售的情况下，将始终有较大规模资金通过理财渠道外流，导致区域金融资源配置减少。

三、银行理财业务激增对金融调控政策的影响

（一）理财产品推动了资产表外化运作，增加了货币信贷调控难度

在银信合作业务因信贷资金的表外化运作和对信贷调控政策的干扰被监管部门叫停后，2011年以来，在强烈的融资需求拉动下，部分商业银行将募集资金以各种创新方式继续“投放”给难以获取信贷投入的领域或项目，规避了信贷总量调控约束。主要方式一是发行委托贷款理财产品，募集资金后委托其他银行或本行二级分行，给予目标客户贷款融资。二是购买信托受益权。银行将募集资金用于购买信托公司的信托计划，该信托计划以企业持有的信托受益权为依托。三是发行票据资产理财产品。银行将已贴承兑汇票和保贴的商业汇票等票据资产打包作为理财产品出售，或将理财产品募集资金直接投资于企业票据收益权。四是购买应收账款，主要是将理财产品募集资金用于购买企业应收账款，以间接方式为企业融入资金。该类产品通过将票据、贷款等表内业务打包作为配置资产出售，或直接购买企业债权或受益权，实现了表内资产转移和为企业融资的目的。大量信贷资产表外化运作，导致贷款规模统计总量被低估，对准确判断信贷调控效果、预研政策趋向造成影响。加之资金投向难以监测，可能存在部分资金流向限制类行业，干扰信贷政策与产业政策实施。

（二）理财资金的募集与运用对 M_2 产生明显扰动

理财产品募集期结束，除结构型产品募集资金形成结构性存款仍纳入 M_2 统计外，其他产品募集资金由投资者一般性存款划入表外理财专户，漏出 M_2。在理财产品存续期，理财专户资金运用至各类标的资产后，部分资金通过直接投向信贷产品或间接通过银行机构调整头寸后投向实体两种方式，转化为一般性存款，回流 M_2；部分资金由银行机构主动配置到“同业存款”，或按照流动性监管要求被动配置到“同业存款”，不计入 M_2。因此，在存续期任一时点上，漏出 M_2 的理财资金只有部分回流。若各银行为季末冲时点而刻意进行产品期限安排，使得季末理

财产品大量到期，资金集中回流，而其他月份存续期产品相对较多，大量理财资金漏出 M_2，则 M_2 在季末明显冲高，各月份形成较大波动。调查显示，2011 年以来理财产品大量滚动发售，造成各月 M_2 增量持续被低估；银行机构冲时点期限安排，又造成 M_2 增量在月、季度间大幅波动，由此加大了实际货币供应量的监测难度，对研判货币政策执行效果造成不利影响。

（三）理财产品对现有存贷款管理利率形成冲击

目前，国内债券市场利率、同业拆借利率、贴现利率都基本实现了市场定价，外币利率的市场化也已基本到位，只有对贷款利率下限和存款利率上限存在管理，理财产品的快速发展，为我国利率市场化进程提供了一片“试验田”。由于理财产品完全市场化发行，预期收益率由各个银行综合各方面考虑自主确定，并且银行间存在充分竞争，这种情况下形成的预期收益率能够在较大程度上体现出市场所认可的资金价值，具有明显的市场化特征。

理财产品的自主定价和高收益率对现有存贷款利率管理模式形成了冲击。从存款方面看，2011 年，银行理财产品收益率水平普遍高于同期限存款利率水平，有 77.5% 的理财产品年化收益率超过一年期存款基准利率。银行发行理财产品，实际上是主动突破存款利率上限管理、以更高的资金成本吸收存款的一种行为。从贷款方面看，大型企业通过银行或信托公司发行理财产品募集资金，由于具有较强的议价能力，通常能够以低于同期贷款利率水平获取资金，一定程度上对贷款利率下限管理形成挑战。因此，相比现有存贷款管制利率，理财产品的收益率更能真实反映资金市场实际价格，理财产品的创新发展一定程度上将推动利率市场化进程。

四、银行理财业务发展预测与建议

考虑到当前物价上涨压力仍然较大，稳健货币政策将继续实施；在流动性总体偏紧背景下，市场利率预期会继续走高；加之资本市场等其他投资渠道难以出现趋势性上涨，一方面，投资者有规避通胀、保值增值的需求，另一方面，商业银行有绕过信贷规模约束、增加中间业务收入、应对存贷比考核的需要，双重需求将推动收益性、安全性相对较高的理财产品继续大幅增长。受加息预期及逐利投机心理影响，短期化理财产品仍将是主流，期限也会更加灵活，产品收益率将继续保持高位。此外，随着监管规则不断完善，理财资金投向将进一步规范，违规运用渠道将受到监管约束，预计债券类和货币市场类产品的市场主导地位将进一步强化。

总体来看，银行理财业务的迅速发展，有效调节了社会资金余缺，提高了资金配置效率，拓宽了投资者的投资渠道，有助于整体经济平稳健康发展。同时，理财业务作为商业银行的业务创新，对于提高中间业务收入、改善收益结构、更好地参与竞争等均有积极影响，对处于创新发展期的理财产品，应在发展中逐步规范。

（一）加强理财产品调研，健全统计监测体系

鉴于理财产品“资金池”运作模式蕴藏较大风险，建议对大型银行的“资金池”、“资产池”开展调研，摸清其构成、资金投向、收益状况、风险控制等关键环节的真实情况，在此基础上深入分析其效应及风险因素，制定有针对性的政策予以规范。同时，鉴于理财产品对 M_2 及

信贷调控具有明显影响，应制定统一规范的产品分类标准、统计口径和制度规定，将银行理财产品纳入金融统计日常监测体系中，及时掌握、适时披露理财产品的规模、期限、投向、收益率等数据信息，为宏观分析、风险监测、政策制定提供支撑。

（二）完善风险管理模式，规范产品创新

金融机构要不断提高自身表外资产配置能力和风险控制能力，严格设定风险防火墙，针对理财产品潜在的风险点制定相应的防控机制、对冲机制和应急处置机制；同时，要规范创新模式，在综合考量投资者的财务状况、投资预期、风险偏好等基础上，为客户量身定制理财规划方案，提供个性化产品服务，促进理财业务的发展由单一产品营销向综合理财服务转变。另外，由于理财业务属于表外创新业务，应注意按照反洗钱“一法四令”的要求履行好规定义务，防止不法分子利用理财产品进行洗钱。

（三）强化风险提示，加强投资者保护

金融机构应切实加强对理财产品的风险评级，在产品说明书中应准确完整地揭示风险，对风险相对较高的产品强化风险警示；将理财资金具体投向向投资者公开，定期向投资者发布理财产品实际收益情况，保证信息披露充分及时。同时，应进一步规范对投资者实际风险承受能力的评估，确保投资者填列的信息真实、完整，引导投资者根据自身财富状况、资产流动性等理性选择理财产品，真正做到将合适的产品销售给合适的客户。

资料来源：中国人民银行济南分行金融稳定处。

专题3　信贷资金、土地成本对房地产市场风险的影响

——基于省际面板数据的实证分析

一、引言

1998年7月，国务院下发《关于进一步深化城镇住房制度改革加快住房建设的通知》（国发［1998］23号），标志着我国住房市场化改革正式启动。近年来，随着我国房地产市场快速发展，房价不断攀升，房价收入比处于高位。全国商品房平均销售价格由1998年住房改革之初的2 063元/平方米上涨到2011年末的5 377元/平方米，上涨幅度达160.64%。其中，房价自2004年开始呈现上涨态势，2008年略有短暂调整，2009年又恢复快速上涨势头。同时，《中国房地产金融报告2010》显示，东部一线城市，如北京、杭州、上海、深圳、广州等城市的房价收入比均高于样本平均水平，其中北京比值最高，达到13.04，是样本平均水平的1.7倍。

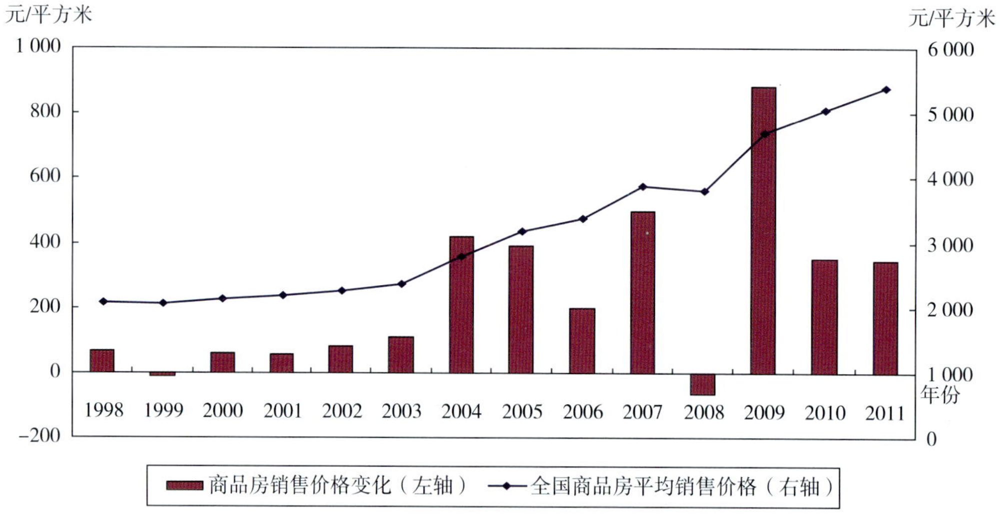

数据来源：国家统计局网站，中经网数据库。

图1　1998—2011年全国商品房平均销售价格及波动

房地产市场健康发展、价格稳定不仅关系到百姓安居乐业和社会民生，而且关系到金融稳定甚至系统性风险防范，与国家经济安全息息相关。20世纪80年代以来发生的重大国际金融危机中，房地产都扮演了十分重要的角色。特别是2008年由美国次贷危机引发的全球性金融危机，其实质就是房地产价格泡沫破灭，至今仍余波未平。此外，各国央行在制定货币政策过程中也开始密切关注资产价格，尤其是房地产价格的波动和反应。正是针对我国2009年房价的快速上

涨，2010年国家相继出台被称为“史上最严厉”的房地产调控政策，遏制房价过快上涨，调控房价合理回归。

经过近两年的调控，我国房价过快上涨势头得到遏制，多数城市开始出现环比下降，调控效果开始显现，但离合理的价位尚有距离，市场基础还不牢固。因此，研究高房价与房价预期、信贷资金、土地成本等宏观经济变量的影响关系，对于提高调控政策的准确性和有效性具有现实意义。同时，考虑到我国幅员辽阔，房地产市场具有较强区域差异性，本文运用全国各地区①的面板数据进行实证分析和比较，揭示各地区房价形成机制的具体特点，以期更好地完成房价调控，进而有效防控潜在风险因素，促进房地产和金融市场长期平稳健康发展。

二、模型及影响因素

借鉴 Muellbauer and Murphy（1997）② 以及梁云芳、高铁梅（2007）等房地产价格方程的模型思路，并结合我国房地产市场的实际情况，本文选取房价预期、金融信贷和土地成本等变量作为房价的解释变量，设定房价对数线性模型的基本形式：

$$\ln P_{it} = f(\ln ydi_{it}, rpe_{it}, \ln loan_{it}, rr_{it}, er_{it}, \ln einv_{it}, \ln esize_{it}, \omega_{it}, u_{it})$$

其中，P_{it} 为房地产价格，使用各省（区、市）商品房销售额除以商品房销售面积得出；ydi_{it} 为城镇家庭人均可支配收入；rpe_{it} 为使用近似价格预期方法计算的预期房地产收益率，即家庭根据过去的房价趋势预测未来的房价变动，以近两期房价增长率的平均值来预期未来房价的增长率③，衡量房价预期；$loan_{it}$ 为房地产信贷资金指标，用以描述信贷扩张的变量，使用房地产资金来源中除自筹资金以外的其他资金进行衡量，因为这部分资金大部分都直接或间接地来源于金融机构信贷④；rr_{it} 为人民银行5年期以上人民币贷款实际利率，利用名义基准利率减去通货膨胀率计算得出，这是因为房地产行业长期负债占比较高⑤；er_{it} 为人民币兑美元的有效汇率，用以检验境外资金对我国房地产市场的影响；$einv_{it}$ 为房地产开发投资中土地购置费投资总额，作为土地成本的衡量指标；$esize_{it}$ 为土地供应量指标，以房地产企业购置土地面积计算，这是因为目前我国土地供应由地方政府垄断供给，开发商的购地需求则是充分竞争市场，房地产企业的购置土地面积基本可以反映土地供应量的现实⑥；ω_{it} 为影响房价的省域固定效应。同时，对规模性变量 ydi_{it}、$loan_{it}$、$einv_{it}$ 和 $esize_{it}$ 分别取自然对数，以避免数据剧烈波动和消除异方差；各种价值变量按照各省（区、市）居民消费价格指数剔除了物价上涨因素，进行消胀处理。

---

① 东部地区10个省市，包括北京、天津、河北、上海、江苏、浙江、福建、山东、广东和海南；中部地区6个省，包括山西、安徽、江西、河南、湖北和湖南；西部地区12个省区，包括广西、重庆、四川、贵州、云南、西藏、陕西、甘肃、青海、宁夏、新疆和内蒙古；东北地区3个省，包括黑龙江、吉林、辽宁。不含港、澳、台地区。

② Muellbauer, J. and Murphy, A., Booms and Busts in the UK housing market, 1997, Economic Journal.

③ $rpe_t = \frac{1}{2}\left(\frac{P_t - P_{t-1}}{P_{t-1}} + \frac{P_{t-1} - P_{t-2}}{P_{t-2}}\right)$，其中 rpe_t 为第 t 期预期房地产收益率，p_t 为第 t 期的房地产价格（Dipasquale and Wheaton, 1996）。

④ 梁云芳、高铁梅：《中国房地产价格波动区域差异的实证分析》，载《经济研究》，2007（8）。

⑤ 房地产金融市场分析小组：《中国房地产金融报告2010》，2011-10。

⑥ 任超群、张娟峰、贾生华：《土地供应量对新建商品房市场的影响——基于35个大中城市的实证研究》，载《软科学》，2011（5）。

本文以中国内地30个省（区、市）为研究对象，按照国家标准划分为东部、中部、西部和东北地区①，样本区间为2003年第一季度到2011年第三季度，数据来源于中国人民银行和中经网统计数据库（www. cei. gov. cn）。

三、实证分析

表1分别给出了全国、东部、中部、西部和东北地区面板数据模型的不变系数估计结果，具体回归方程见方程（1）～方程（5）。其中，方程（1）～方程（5）包含了前文设定的房价对数线性模型的所有变量，可以便于各地区比较分析，同时考虑到方程检验整体结果，方程（3）、方程（4）中部分系数未通过10%显著性水平检验，但拒绝概率仍较低，故予以保留。由于东北地区回归方程（5）较多变量未通过显著性检验，本文在尽量多保留变量的基础上，剔除部分不显著变量，通过逐步回归试验的方法确定方程（6），作为东北地区房价方程（5）的辅助说明，在区域比较中仍以方程（1）～方程（5）为主。

$$\ln P_{全国}=0.036\times\ln ydi+1.184\times rpe+0.068\times\ln loan-0.005rr-0.318er+0.042\ln einv-0.084\ln esize+7.1305+\omega_{全国} \quad (1)$$

$$\ln P_{东部}=0.044\times\ln ydi+1.379\times rpe+0.066\times\ln loan-0.01rr-0.352er+0.078\ln einv-0.092\ln esize+10.479+\omega_{东部} \quad (2)$$

$$\ln P_{中部}=0.041\times\ln ydi+1.178\times rpe+0.131\times\ln loan-0.002rr-0.201er+0.097\ln einv-0.189\ln esize+9.029+\omega_{中部} \quad (3)$$

$$\ln P_{西部}=0.019\times\ln ydi+1.021\times rpe+0.106\times\ln loan-0.001rr-0.268er+0.007\ln einv-0.088\ln esize+9.581+\omega_{西部} \quad (4)$$

$$\ln P_{东北}=0.018\times\ln ydi+0.905\times rpe+0.02\times\ln loan-0.008rr-0.347er-0.013\ln einv-0.004\ln esize+10.388+\omega_{东北} \quad (5)$$

$$\ln P_{东北}=0.215\times\ln ydi+1.888\times rpe+0.139\times\ln loan-0.012rr-0.04\ln esize+5.696+\omega_{东北} \quad (6)$$

表1　模型回归估计结果

	全国	东部	中部	西部	东北	
	1	2	3	4	5	6
可支配收入 ln*ydi*（-1）	0.036*	0.044*	0.041*	0.019***	0.018	0.215*
	(4.74)	(3.273)	(2.704)	(1.648)	(0.807)	-6.337
预期房地产收益率 *rpe*	1.184*	1.379*	1.178*	1.021*	0.905*	1.888*
	(16.77)	(9.7)	(7.63)	(9.349)	(6.043)	-7.667
信贷资金 ln*loan*	0.068*	0.066*	0.131*	0.106*	0.020	0.139*
	(6.376)	(2.969)	(4.582)	(7.268)	(0.795)	-5.052

① 因为数据缺失严重，不含西藏自治区，西部地区为11个省区。

续表

	全国	东部	中部	西部	东北	
	1	2	3	4	5	6
实际利率 *rr*	-0.005*	-0.010*	-0.002	-0.001	-0.008*	-0.012
	(-3.226)	(-3.665)	(-0.704)	(-0.695)	(-2.08)	(-1.563)
有效汇率 *er*	-0.318*	-0.352*	-0.201*	-0.268*	-0.347*	—
	(-32.971)	(-17.272)	(-8.931)	(-16.565)	(-18.497)	—
土地成本 ln*einv*	0.042*	0.078*	0.097*	0.007	-0.013	—
	(3.821)	(3.625)	(2.988)	(0.393)	(-0.561)	—
土地供应量 ln*esize*	-0.084*	-0.092*	-0.189*	-0.088*	-0.004	-0.04***
	(-9.924)	(-5.605)	(-7.803)	(-5.421)	(-0.276)	(-1.669)
intercept	10.051*	10.479*	9.029*	9.581*	10.388*	5.696*
R2	0.951	0.962	0.929	0.906	0.930	0.694
Ad - R2	0.949	0.960	0.924	0.901	0.923	0.670
F - stat	514.815*	491.642*	201.379*	195.535*	131.163*	29.466*
N	990	330	198	363	99	99

注：*，**，***分别表示在1%，5%，10%水平上显著；回归系数下括号内为 *t* 统计量。

（一）预期房地产收益率是各地区房价上涨的主要驱动因素

从整体上看，各回归方程预期房地产收益率（rpe_{it}）对房价水平的影响均显著成立，其影响系数在各影响系数中最大，且远远超过居民可支配收入的影响系数。同时，为了进一步检验房价预期的作用，我们将滞后一期的房价 $P_{it}(-1)$ 纳入回归方程，结果显示，当期房价受房价自身滞后值的正向影响同样显著。这表明，当房价连续快速上涨，受预期房地产收益率增加影响，人们会增加购房需求，推动房价进一步上涨。随着房价预期对房价波动影响的逐步加大，其实质是代表了人们更热衷于获得房价收益率，而不是人们真实的住房需求，即价差成为房价上涨的动因，投机、投资性需求占据市场主要地位。当房价预期成为惯性，房价将逐渐偏离市场基本面和收入水平支撑，进而出现住房价格泡沫症状，直至泡沫破灭。

分区域看，东部地区的影响系数最大，是各地区中唯一超过全国平均水平的地区；中部与全国平均水平基本持平，西部和东北地区则偏低，分居后两位。这从侧面印证，东部地区房价“虚高”、与市场基本面偏差较大，投机、投资性需求现象较为严重；西部和东北地区则相对较好，受房价预期影响相对较弱。

（二）居民人均可支配收入对于各地区房价上涨具有支撑作用，但影响效果偏小

从整体上看，各回归方程居民人均可支配收入（ydi_{it}）[①] 与房价均表现为正相关，除东北地区［方程（5）］外，其他地区居民可支配收入对房价的影响显著成立。这表明，住房作为特

① 在方程中，本文使用可支配收入的滞后值 $ydi_{it}(-1)$ 进行具体回归，原因一是当期收入购买住房，对房价影响应该具体体现在下一期房价水平上；二是可代表收入预期。

殊的消费品，无论自主需求还是投机、投资性需求，均需要有收入为支撑，房价涨跌仍受收入水平的影响，尚不能完全脱离于市场基本面。近年来，随着我国居民收入水平不断提高，居民消费结构明显改善，有能力满足改善型需求，住房支出增加支撑了房价上涨。但需要注意的是，与其他变量尤其是预期房地产收益率相比，可支配收入的影响系数偏小。这在一定程度上表明，随着房价与收入水平的影响程度不断减弱，对市场参与者而言，高房价形成的栅栏越来越高，被高房价隔离的人群也越来越多。

分区域看，东部地区的影响系数最大，中部地区的影响系数也高于全国水平，西部和东北地区［方程（4）、方程（5）］大体相当。同时，居民可支配收入影响系数的排序与预期房地产收益率大体一致，其中东部地区均居首位。这是因为，东部地区经济发达，居民收入水平明显领先于全国其他地区；此外，东部地区除当地居民购房需求外，还需面临西部、东北地区等经济欠发达省份“省级迁徙”的刚性投机、投资性需求，使这些地区的收入水平与当地房价的联系变小了。

（三）信贷资金在房地产价格方程中发挥重要作用，但利率政策影响效果存在较大差异

从整体上看，各回归方程信贷资金（$loan_{it}$）与房价表现为显著的正相关，实际利率（rr_{it}）与房价表现为负相关，但利率影响效果在不同区域存在较大的差异性。这表明，房地产行业作为资金密集型行业，银行信贷资金的支持程度直接关系到房地产行业的未来发展。在其他条件不变的情况下，信贷支持房地产业发展可有效扩大市场供给，降低房价。但若是因为高价拿地等高成本因素使信贷资金增加，则对降低房价并无益处；同时，投机、投资性需求也会使信贷增加，此类更关注房价预期变化的需求只会使房价变得更高。

利率作为我国重要的货币政策工具之一，对于调节房地产市场供求和房价产生重要作用。一方面，利率提高后，投机、投资性需求对利率变动更加敏感，遏制房价快速上涨；另一方面，利率提高意味着从紧的货币政策，向市场释放信号，直接影响信贷资金规模，进而对房价下降产生影响。

分区域看，中部、西部地区信贷资金的影响系数高于全国平均水平［方程（3）、方程（4）］，比较而言，中部、西部地区房地产市场对银行信贷资金的依赖性要比东部地区大，这是因为东部地区金融市场发达，房地产市场资金来源渠道多样化，而中部、西部的融资渠道相对单一，更多的是通过银行贷款获取资金。同时，中部、西部地区的利率影响系数不显著，这也说明了当预期房地产收益率成为房价上涨主要驱动因素，信贷资金又是该地区重要的融资渠道时，小幅度的利率调整很难产生较大冲击，对房价也不会有显著影响。

（四）人民币升值与各地区房价之间表现为显著的正相关，外资对我国房价的影响不容忽视

从整体上看，各回归方程汇率（er_{it}）的影响系数显著为负，即人民币升值预期对房价上涨起到了推波助澜的作用。在我国经济持续高速发展和人民币升值预期的大背景下，大量外资进入我国，其中部分外资则涌入房地产及上下游相关行业，期望获得人民币升值和房价上涨的双重收益，外资的进入使房地产市场投机、投资性需求问题更加严重，房价上涨的影响因素更加复杂。

分区域看，东部地区的影响系数最大，其次是东北和西部，最后是中部地区。我们认为，外资除因人民币升值而进入房地产业外，人民币升值与房价之间可能存在双向推动关系，即房价大幅上涨现象同时吸引了更多的外资进入，导致人民币汇率升值。东部地区作为我国房价相对较高的地区，外资进入该地区房地产业的规模和比重也相对最高。

（五）土地成本是各地区房价上涨的重要支撑，土地供应量对于降低房价具有积极意义

从整体上看，除方程（5）外各回归方程土地成本（ $einv_{it}$ ）与房价的表现为正相关，土地供应量（ $esize_{it}$ ）则与房价表现为负相关。购买土地是住房建设不可或缺的首要条件，土地购置费用构成了房企开发成本和住房价格的重要组成部分，在利润空间保持合理不变的情况下，土地成本增加势必使房价上涨。同时，土地供应量增加可以降低房价，这是因为土地供应量增加意味着未来市场住房竣工面积和可销售面积增加，即市场供给增加；此外，土地供应量增加也会对房价只能“只涨不跌”的预期产生冲击，直接降低投机、投资性需求比重。

分区域看，土地成本在东部和中部地区的影响系数显著成立，西部和东北地区则不显著，且东北地区［方程（5）］的系数符号为负，不符合理论预期，在方程（6）中将其剔除；土地供应量在各地区影响系数的符号均为正，东部、中部和西部地区显著成立，东北地区［方程（5）］则不显著。这表明，房地产市场区域差异性较强，各地区的经济发展水平、产业结构、资源禀赋、金融市场体系及初始条件都存在明显的差异，各地区房地产市场的供求关系、价格形成机制因此而不同，并形成各自的特点和鲜明的区域特征。

四、结论及政策建议

（一）基本结论

1. 可支配收入、预期房地产收益率、信贷扩张、人民币升值和土地成本等因素对各地区房价上涨具有推动作用，表现为较显著的正向变动关系。其中，在样本期内预期房地产收益率是房价上涨的主要驱动因素，东部地区表现最为明显；可支配收入与房价同向增长符合理论预期，但影响效果值偏低，收入与房价两者间相互偏离的程度不断加大；银行信贷是房地产融资的重要渠道，中部、西部对其依赖性较大；土地成本是房价的重要基础，两者多呈同向变动关系；人民币币值预期对房价上涨起到了推波助澜的作用，但两者可能存在更复杂的双向推动关系。

2. 提高利率、增加土地供应量对于降低房价具有积极意义，具体表现为反向变动关系。其中，在不改变土地成本的情况下，土地供应量增加意味着房地产市场潜在供给增加，使房价下降；提高利率将对投机、投资性需求产生直接影响，有助于房价下跌，但实证结果表明其影响效果存在较大的区域差异性。

3. 各地区房地产市场存在较强的区域差异性，房价预期、信贷资金、土地成本等对各地区房地产市场的调控效果也不尽相同。所以，应避免全国范围“一刀切”，需具体针对各地区房地产市场供求机理、房价生成机制等进行分析，制定和执行符合区域特点的调控政策。

（二）政策建议

1. 坚持房地产市场调控政策的稳定性和连续性，形成良性合理预期更为重要

目前，房地产市场调控处于关键阶段，需坚定房地产调控的信心和决心，进一步巩固调控成果，促进房价合理回归。2011 年，在限购、限贷等“组合拳”的调控政策下，房地产市场投机、投资性需求初步得到抑制，市场预期正在发生积极变化。如果现在就放松调控政策，不仅将前功尽弃，而且会造成房地产市场的混乱，不利于市场长期平稳健康发展，而且会对宏观经济产生冲击。2010 年以来，全国 18 个城市对调控政策进行微调，其中一些明显意在放松调控的政策被迅速叫停。调控政策已成为市场预期的风向标，对于降低房价预期以及抑制投机、投资性需求更是十分重要。

2. 加快政府职能转变，突出公共服务和社会管理职能，完善保障性住房的供应体系

就房地产市场而言，政府应该肩负起面向中低收入阶层保障性住房的重任，使其住有所居。目前，国家已经认识到保障性住房的重要作用，出台关于保障性安居工程建设和管理的指导意见，完善财政投入、土地供应、信贷支持、税费减免等政策，2011 年城镇保障性住房基本建成 432 万套[①]。此外，在继续推进保障性住房建设的同时，应更加重视保障性住房的社会保障性质，抓紧完善保障性住房分配、管理、退出等制度。这些制度不仅是保障性住房供应体系必不可少的环节，而且是体系完善与否的评判标准。同时，保障性住房的建设与合理分配也是增加土地供应量、降低土地出让费用的另一种方式。

3. 注重金融服务实体经济的本质要求，实施更加严格的差别化住房信贷政策

从我国历次房地产调控效果看，货币政策尤其是差别化住房信贷政策对于稳定房价，抑制投机、投资性需求以及调整市场需求结构均发挥了积极作用。首先，全面落实差别化的住房信贷政策，这是由我国房地产市场的区域差异性所决定的；其次，切实满足居民家庭首次购买自主普通商品住房的贷款需求，即在抑制投机、投资性需求的同时需要合理保护刚性需求，鼓励消费、抑制投机；再次，按照财务可持续原则，积极支持政府主导的、以公租房为主的保障性安居工程建设；最后，坚持市场创新原则，鼓励房地产金融产品和服务方式创新，拓宽融资渠道，形成多层次的房地产金融体系。同时，还要有效控制外资大规模进入房地产行业进行投机炒作，进一步加强房地产信贷风险的监测和评估工作，维护金融市场稳定。

4. 加快房地产税收制度改革，稳步推进房产税试点范围扩大，完善税制结构性调整

一是通过房地产税制改革，可以推动地方政府加快调整经济结构，减少对房地产业的过度依赖，走出“土地财政”的束缚。单靠房地产拉动的经济增长是低质量的，更是不可持续的，将重心放在促进实体经济发展和经济结构优化上，不仅是房地产市场调控的目的，更是我国“稳增长、调结构、保民生、促稳定”的必然要求。二是虽然目前上海、重庆房产税试点效果较为温和[②]，但从理论上讲，施加于房地产保有环节的房产税，会使房价上扬曲线的斜率降低，减小房价波动幅度。三是如果房地产税成为地方政府稳定的税收来源，则可部分弥补保障性住房建设资金的不足，更好地完善保障性住房供应体系。但需要注意的是，房产税也是依托房产而

---

① 温家宝：《政府工作报告》，2012－03－05。

② 本文尝试加入上海、重庆征收房产税的虚拟变量，结果显示对房价的影响系数非负，且不显著。

生，应避免将房产税简单视做“土地财政”的替代品。

5. 坚持“有形手”和“无形手”的协调配合，“双手”给力，形成合力，促进房地产市场长期平稳健康发展

温家宝总理在十一届人大五次会议答记者问时指出，“房地产市场的发展，毫无疑问要充分发挥市场配置资源的基础性作用，就是说要充分利用市场这只手。但是政府这只手也不可缺少，因为它能保证稳定和促进公平”。这是因为，房地产调控的目的不是搞垮房地产市场，而是要更好地发挥市场的功能，让更多百姓能够从市场经济的发展中获得实惠，真正住有其居。“两只手”的力量不仅在房地产市场发挥作用，在其他市场也是如此，在国外更是如此。只有政府和市场这“两只手”双管齐下，充分发挥金融、财税、土地等政策合力，才能促进房地产市场长期平稳健康发展。

资料来源：中国人民银行长春中心支行金融稳定处。

China Regional Financial Stability Report

(2012)

Chapter 1 Overview

In 2011, in face of complicated economic and financial environment at home and abroad, all regions[①] across China implemented conscientiously the national macro policies, accelerated the promotion of economic structural adjustment and development mode transformation, and yielded notable results. The economies of all regions developed in the direction envisaged in the macro - economic control policy, the regional finance in the innovation maintained stable and healthy development, and the soundness of the financial system continued to improve.

1.1 Overall regional finance kept stable

1.1.1 All regional economies maintained stable development

In 2011, all regions accelerated the transformation of development mode, cultivated internal driving force for growth, stuck to the new industrialization path, increased research and development efforts, and developed strategic emerging industries. The relative gap between regions narrowed and regional coordination strengthened. In 2011, economic growth in most provinces and regions stayed at 10% ~ 15%, with central and western regions sustained the momentum of rapid growth. Specifically, the eastern region accelerated the pace of structural adjustment, promoted vigorously the formation of industry structure that highlighted modern service industry and advanced manufacturing industry, and focused on the quality of economic development. The central region kept on accelerating the development of '*Three Bases and One Hub*', the undertaking of industrial transfer gradually showed effect. Economic growth in western region stayed high, import and export trade grew markedly, more attention was paid to the investment in people's livelihood, and consumption structure upgrading picked up pace. The northeastern region intensified its efforts to implement policies and programs of revitalizing the old industrial bases. And it continued to take the lead in fixed asset investment growth.

---

① Ten provinces and municipalities directly under the Central Government in eastern region including: Beijing, Tianjin, Hebei, Shanghai, Jiangsu, Zhejiang, Fujian, Shandong, Guangdong and Hainan; six provinces in central region including: Shanxi, Anhui, Jiangxi, Henan, Hubei and Hunan; 12 provinces and municipalities in western region including: Guangxi, Chongqing, Sichuan, Guizou, Yunnan, Xizang, Shaanxi, Gansu, Qinghai, Ningxia, Xinjiang and Inner Mongolia; three provinces in northeastern region including: Heilongjiang, Jilin, Liaoning. The report does not include Hong Kong, Macao and Taiwan.

1.1.2 The overall strength of all regional financial industries strengthened steadily[①]

The banking industry in all the regions implemented conscientiously the national macro regulation policies so as to enhance the service quality and level. In 2011, in most regions of the country, asset growth of banking financial institutions surpassed 16%. Net profit after tax for banking financial institutions across the country totaled 1.25 trillion yuan, rising 38.8% compared to the previous year. The banking financial institutions' deposits growth in the banking industry of all the regions slowed down and loan growth was returning to normal. By the end of 2011, the outstanding balance of RMB and foreign currency deposits of the financial institutions in the banking industry reached 82.7 trillion yuan, a year – on – year increase of 13.5%, down 6.3 percentage points from the previous year; the outstanding balance of RMB and foreign currency loans reached 58.19 trillion yuan, a year – on – year increase of 15.7%, down 3.95 percentage points from the previous year. The asset quality of commercial banks improved constantly. The outstanding balance of non – performing loans (NPLs) reached 427.9 billion yuan, decreasing 5.7 billion yuan compared with the beginning of the year; the NPL ratio was 0.96%, down 0.17 percentage points compared with the beginning of the year.

The overall scale and profit level of all regional securities and futures institutions decreased, but the overall operation of the securities industry remained stable. By the end of 2011, net assets and net capital of securities companies reached 630.3 billion yuan and 463.4 billion yuan respectively, increasing stably for 3 consecutive years; the full – year net profit amounted to 39.377 billion yuan, down 49.23% from the previous year. Net assets, net capital and full – year net profit of futures companies were 35.9 billion yuan, 32.9 billion yuan and 2.2 billion yuan respectively. The fund management companies managed 915 funds, with total fundunits reaching 2.65 trillion, up 8.61% from the end of the previous year.

The insurance market developed stably with regional structure further optimized. By the end of 2011, total incorporated insurance institutions in all regions reached 152, 10 more than the end of the previous year. The total assets of all regions' insurance industry amounted to 6.01 trillion yuan, increasing 18.99% year – on – year; the funds employed was 5.5 trillion yuan, increasing 20.47% year – on – year. The full – year insurance premium income was 1.43

① The data in this paragraph Came from the headquarters of the People's Bank of China, China Banking Regulatory Commission, China Securities Regulatory Commission, and China Insurance Regulatory Commission.

trillion yuan, increasing 10.4%[1] year - on - year. The growth of the insurance premium income in central and western regions was higher than that in eastern region, the proportion of its premium revenue increasing further. In 2011, insurance premium income in central and western regions accounted for 39.85% of the national total, 1.64 percentage points higher than the previous year.

1.1.3 The reform offinancial institutions deepened in all regions

Large commercial banks deepened the reform, actively promoted the operational restructuring and business innovation, and corporate governance further improved. The pilot program scope of the Agricultural Bank of *China's Banking Business Division of Rural Areas*, Agriculture and Farmers expanded. County branches in Heilongjiang, Henan, Hebei and Anhui four provinces and 371 counties were newly added.

The reform of policy banks and other financial institutions further deepened. The National Council of Social Security Fund injected 10 billion yuan capital into the China Development Bank to be the shareholder, replenishing the capital of the China Development Bank. The reform work group of the Agricultural Development Bank of China was established, set related work coordinating mechanism, and clarified the key work and task assignment of reform promotion. The Postal Saving Bank of China share reform plan was further refined, its relation with China Post was rationalized initially. The overall reform implementation plan of the China Export & Credit Insurance Corporation was approved by the State Council, and the capital injection of 20 billion yuan was in place. The People's Insurance Group in China introduced strategic investors. The New China Life Insurance Company Limited was successfully listed on both the A - share and the H - share markets. The commercialization reform of the China Huarong Asset Management Corporation promoted steadily. The overall system reform of the China CITIC Group took a big step forward, the China CITIC Group Limited Company and China CITIC Bank Corporation Limited was established.

The rural credit cooperative reform achievedremarkable results. By the end of 2011, all regions in the country established 1 882 unified and incorporated rural credit cooperatives based upon county, 212 rural commercial banks, and 190 rural cooperative banks. The asset quality and financial situation of all regional rural credit cooperatives improved greatly, the capital strength

[1] Since 2011, the insurance industry adjusted the insurance revenue recognition principle according to *the Accounting Standards for Enterprises No. 2* by the Treasury. Here the year - on - year figure of 2011 annual insurance revenue was calculated upon the adjustment according to the new measurement.

and rural credit support grew substantially. There were 786 new rural financial institutions established in the country, of which 473 was set up in central and western provinces, taking up 60%, further improved the rural financial services in central and eastern regions. In 2010, financial services vacuum townships were fully covered in all the provinces (regions, cities) across the country. In 2011, institutions and services were both fully covered in 17 provinces.

1.1.4 All regional financial markets operated stably

The currency market traded actively, and the overall trading volume increased. In 2011, the cumulative trading of bond repurchase in the interbank market was 99.5 trillion yuan, averaging 397.8 billion yuan daily (up 13.5% year-on-year); the cumulative interbank lending was 33.4 trillion yuan, averaging 133.8 billion yuan daily (up 20% year-on-year).

The issue size of the bond market increased steadily. In 2011, the cumulative issuance of various bonds reached 6.41 trillion yuan, growing 23.4% year-on-year. The governments of Shanghai, Guangdong, Zhejiang and Shenzhen launched the pilot program of bond issues by local governments and issued a total of 22.9 billion yuan of bonds in the interbank market. The effect of the bond financing in capital allocation was enhanced obviously. In 2011, net bond financing by enterprises took up 10.6% of the total social financing in the same period, reached the historical high, and rose 2.7 percentage points year-on-year.

Affected by many international and national factors, the stock market index fluctuated downward, and the trading volume decreased. At the end of 2011, the Shanghai Stock Composite Index, Shenzhen Constituent Index and Growth Enterprise Index went down 21.7%, 28.4% and 35.9% respectively compared with the end of the previous year. The cumulative trading of Shanghai and Shenzhen stock markets was 42.2 trillion yuan, down 22.7% year-on-year; the cumulative trading on the Growth Enterprise Board was 1.89 trillion yuan, up 20.1% compared with the end of the previous year.

The trading of commodity futuresdecreased and financial futures trading grew slightly. In 2011, the cumulative transaction in Shanghai Futures Exchange, Zhengzhou Commodity Exchange and Dalian Commodity Exchange was 0.308 billion lots, 0.406 billion lots and 0.289 billion lots respectively, down 50.44%, 18.04% and 28.31% respectively year-on-year. China Financial Futures Exchange traded cumulatively 50.4119 million lots, up 9.89% comparing to previous year.

The trading in the exchange market was very active, and the swap transaction grew quickly. In

2011, the cumulative transaction of RMB and foreign exchange currency swapequaled to \$ 1 771 billion, up 38.0% year – on – year. The RMB and foreign exchange currency swap transactions were introduced into the interbank RMB foreign exchange market. A complete underlying foreign exchange derivatives system took shape in China's foreign exchange market.

1.1.5 Financial innovation picked up pace in all regions

Innovative new products like debt financing instruments and non – public targeted issuance expanded the financing channels effectively. China Minmetals Corporation, China Guodian Corporation and Aviation Industry Corporation of China successfully issued 13 billion yuan of targeted debt financing instruments for the first time in the interbank market. Guangdong's Foshan, Shandong's Weifang and Jiangsu's Changzhou issued successfully collective notes for promising regional small and medium – sized enterprises (SMEs), and provided 1.389 billion yuan of direct financing for 25 micro, small and medium – sized enterprises cumulatively. The innovation of securities company business achieved great progress. *The Guidance for Securities Company Business (Product) Innovation (for Trial Implementation)* was released. Eight security companies respectively carried out the pilot programs of quoting repurchases, pre – agreed repurchase trades, cash management products, etc. The crossing financial products that focused on wealth management products developed quickly, and business cooperation was enhanced constantly between banks and trust companies, banks and securities companies, banks and insurance companies, securities companies and insurance companies, etc.

1.1.6 Financial eco – environment improved continuously

All regions attached great importance to the construction of the financial eco – environment, actively carried outvarious kinds of activities, and achieved significant results. According to overall arrangements of the State Council, all regions took measures to sort out and standardize various kinds of trading places, the environment of market transaction was improved. All regions strengthened the efforts in fighting against unlawful financial activities to prevent financial risks. All provinces and cities took active measures to explore the social credit system construction, constantly promoted the construction of credit township, village, credit social areas and the construction of the rural credit system, and built good social credit environment. The credit guarantee institutions of SMEs developed quickly, and specialization of financial service market was raised steadily. Parts of the regions rated credit for the intermediary service institutions, established bad record information sharing mechanism for the intermediary industry business, and raised the professional level and credit level of the intermediary institutions. The credit, justice, administration and other external environment of the financial institutions' operation was improved step by step, and regional financial risks were well prevented and resolved.

1.2 Issues of concern in maintaining regional financial stability

Currently, China's economic and social development is in an important period of strategic opportunity, and there are many advantages for the stable and fast development of the economy. However, economic situation at home and abroad is complex, and there exists some potential risks in economic and financial areas across all regions. While implementing conscientiously the national macro policies, systematic and regional risk prevention need to be strengthened to guard against systematic and regional risks.

1.2.1 Economic growth decreased slightly in all regions and the downward pressure on the economy increased

Due to the weak external demand and the gradual transformation of economic growth mode in all regions, in 2011, the gross product of eastern, central, westernand northeastern regions grew 10.49%, 12.76%, 14.03% and 12.50% respectively compared with the previous year, and the growth rates were down 1.82, 1.05, 0.13 and 1.09 percentage points respectively compared with the previous year. In the upcoming period, the downward pressure still existed in all regions and would increase. The downward pressure mainly included three aspects. Firstly, the demand released some pressure, and the stable growth of the consumption in all regions lacked internal drive. The external demand was not strong, the export orders decreased and turned to be short-termed, and the average profit margin of exports decreased. The capital flow was unstable and there were many uncertain factors. Secondly, the follow-up effects of macro regulation policies would appear further, and the property industry and relevant industries would be affected. Thirdly, the pressure from economy restructuring and upgrading increased. The cost of some industries and enterprises increased, the profit margin was squeezed, and the operation difficulty increased. The hard constraint from energy saving and emission reduction to economic growth was still very strong.

1.2.2 Initial success was achieved in containing the fast price rise, and price rebound still needed to be prevented

Since the beginning of 2011, price rising pressure increased still, affected by many factors altogether like rising factor cost, strong inflation anticipation, relatively fast growth in internal demand, etc. In the second half of the year, the results from the previous macro economic policies taken by the country appeared step by step. The overall price rise continued to stabilize, and the main price indexes started to fall. However, the current inflation anticipation in all regions was still not stable. There existed the structural factor of labor and other factor supply shortage, and inflation anticipation might linger. In addition, the pressure of economic internal expansion still existed. The easing global liquidity situation would continue. The oil and other commodities prices would further rise, and necessary measures still needed to be taken to prevent future price rebound.

1.2.3 Regional economies overall saw coordinated development, but regional financial development faced different difficulties

Over recent years, China has issued and implemented a series of regional economic development plans, supported and promoted regional economic development, and achieved good results. The development gap between different regions has narrowed down, and regional development has become more and more coordinated. However, different regions were in different paces of economic development, and the problems they faced in economic and financial development were different. The eastern region was characterized by export - oriented economy, foreign - funded financial institutions clustered. The economic and financial development was affected by many international factors, financial products innovated quickly. Private financing was active, the dynamic change of the risks in relative areas needed to be grasped in time. The pace of accepting industry transfer in the central region accelerated, the industry structure changed actively, but excess capacity in some emerging industries started to appear. Traditional advantage industries faced more pressure from energy saving and emission reduction. The western region maintained fast growth trend, assets of the banking sector expanded quickly, but some enterprises became short of funds. The risk control capability of small and medium - sized financial institutions needed to be improved. The agriculture production trend in the northeastern region was good, import grew greatly, but the industry structure needed to be adjusted. Special attention was needed in the potential risks in property credit and financing platforms.

1.2.4 The financial industry developed stably in all regions, but weaknesses remain in the development of all industries

In recent years, the financial reforms in all the regions of China achieved remarkable results, the financing function of the financial markets strengthened constantly, the social financing structure optimized, financial industries especially the banking industry developed quickly, but special attention should be paid to the weak links and potential risks in the industry development. The pressure of replenishing capital in the banking industry rose and the high growth of profit in recent years would not last. The size of some small and medium - sized commercial banks expanded quickly, and the pace of establishing cross - regional branches and sub - branches accelerated. The overall strength of the securities and futures institutions was still weak. Especially the industry concentration degree of futures companies was not high, and average net capital level was low. The net revenue of securities companies' fees and commission took up 70% of the total operating revenue. The problem of single business structure and products homogenization operation was still obvious. Restrained by the performance of the capital market, the investment profit of insurance funds was not good, the solvency capability of insurance companies decreased. The development of the life insurance industry in all regions faced many difficulties like products competitiveness decreasing, sale channels being restrained, etc. Due to the fast development of institutions and businesses, the pressure of replenishing capital increased.

1.2.5 The overall financial system remained stable, and systematic and regional risks still needed special attention

In 2011, the financial industry developed stably in all regions, the financial markets operated smoothly, the reform of the financial institutions developed stably. The financial infrastructure construction was further improved, the macro prudential management strengthened further. However, the external and internal economic environment was complicated and volatile. The prevention of financial risks was still the focus of all regional financial wok. Macro prudential management needed to be further strengthened, and systematic and regional potential risks needed close attention. Firstly, attention should be paid to the stable operation and sustainable development of the systematically important regional incorporated financial institutions. Secondly, the risk situation of private lending, property industry and government financing platform should be grasped timely. Thirdly, attention should be paid to cross - industry and cross - market risks, and prevent informal financial risks and risks in other related areas from transferring to the financial system.

Chapter 2 Regional Economic Performance

In 2011, the economies in China's different regions maintained a good momentum with the growth engine shifting from policy stimulus to endogenous forces. In general, regional economies continued to develop as intended by the macroeconomic policies and the growth across different regions and the three industries was more balanced. Price inflation gradually stabilized and dropped, consumption and investment grew steadily, foreign trade became more balanced, and economic performance was generally stable across regions.

2.1 Performance of regional economies

2.1.1 Regional economies kept growingsteadily and different regions became more balanced

In 2011, regional economies kept growing steadily with the growth rate of the regional economies dropping slightly. The Gross Domestic Product (GDP) in eastern, central, western and northeastern regions reached 26.92 trillion, 10.43 trillion, 9.97 trillion and 4.51 trillion yuan, up 10.49%, 12.76%, 14.03% and 12.50% year-on-year respectively, declining 1.82, 1.05, 0.13 and 1.09 percentage points compared with the growth rate of 2010 (Table 1). GDP of Tianjin in eastern region and Chongqing in western region both increased 16.40%, which ranked the first across China. Economic growth rate in central, western and northeastern regions continued to outpace that in eastern region. Besides Tianjin, other 12 provinces whose GDP rose more than 13% were all from central, western and northeastern regions, including 3 from central region, 7 from western region, and 1 from northeastern region (Figure 1). The economic gap among regions kept narrowing and regional economies became more balanced.

Table 1 GDP and Growth Rate of Different Regions

Item	East		Central		West		Northeast	
	2011	2010	2011	2010	2011	2010	2011	2010
GDP (100 million yuan)	269 247.98	229 257.82	104 255.70	85 437.40	99 737.47	80 824.63	45 060.41	37 090.36
Proportion in national GDP (%)	51.95	52.99	20.11	19.75	19.24	18.68	8.69	8.57
Growth rate (%)	10.49	12.31	12.76	13.81	14.03	14.16	12.50	13.59

Source: Statistics bureaus of China's provinces, autonomous regions and municipalities directly under the central government.

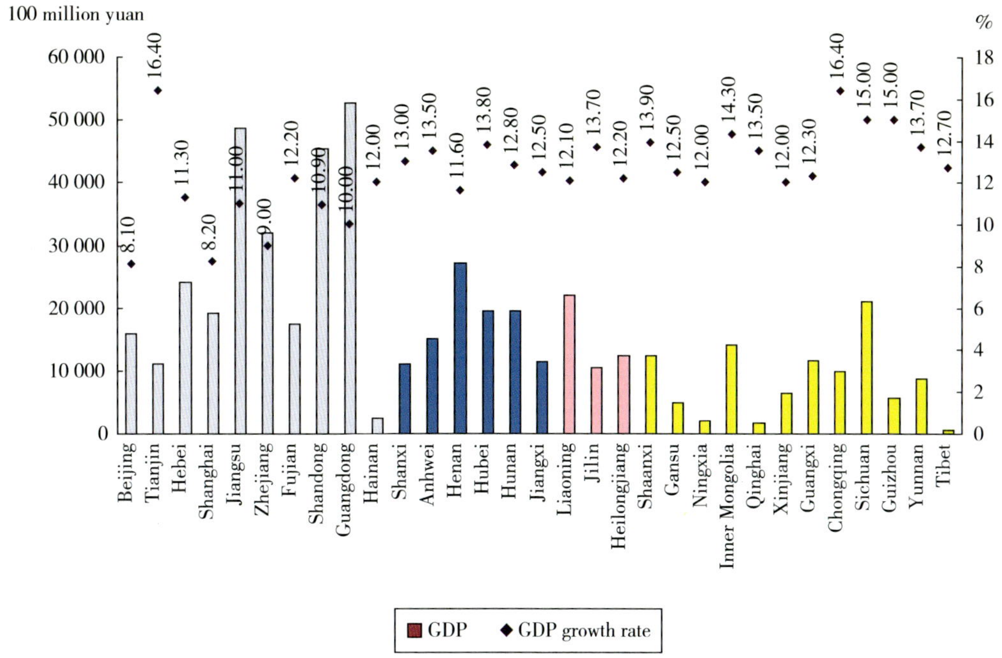

Source: Statistics bureaus of China's provinces, autonomous regions and municipalities directly under the central government.

Figure1 GDP and Growth Rate of Provinces in 2011

2.1.2 The three industries in all regions continued to develop in acomprehensive and balanced manner and industrial production grew fast

In 2011, three industries in all regions continued to develop in a comprehensive and balanced manner. Agricultural production grew steadily, grain output in 2011 was 571.21 million tons, increasing 24.73 million tons or 4.5% from the previous year. Grain output had kept growing for 8 consecutive years. Among the four regions, agricultural production in northeastern region recorded a significant increase with grain output increasing 12% from the previous year. The value added of the primary industry in eastern, central, western and northeastern regions reached 1.69 trillion, 1.29 trillion, 1.28 trillion and 0.49 trillion yuan, up 4.04%, 4.15%, 5.08% and 6.03% year - on - year respectively. Industrial production maintained a stable and rapid growth, production and sales of industrial products were closely linked. The secondary industry in eastern, central, western and northeastern regions realized a value added of 13.22 trillion yuan, 5.64 trillion yuan, 5.16 trillion yuan and 2.41 trillion yuan, up 11.58%, 16.51%, 18.23% and 14.58% year - on - year respectively. The secondary industry made greater contributions to the growth of GDP with its proportion the in GDP in central, western and northeastern regions increasing 1.43, 1.64 and 1.14 percentage points year - on - year respectively. Among the three industries, the proportion of the tertiary industry increased to

43. 1%. In particular, the proportion in eastern region was 44. 62% , continuing to take the lead across China. The value added of the tertiary industry in eastern, central, western and northeastern regions reached 12. 0 trillion, 3. 50 trillion, 3. 54 trillion and 1. 61 trillion yuan, up 10. 11% , 10. 24% , 11. 34% and 11. 30% year – on – year respectively (Figure 2).

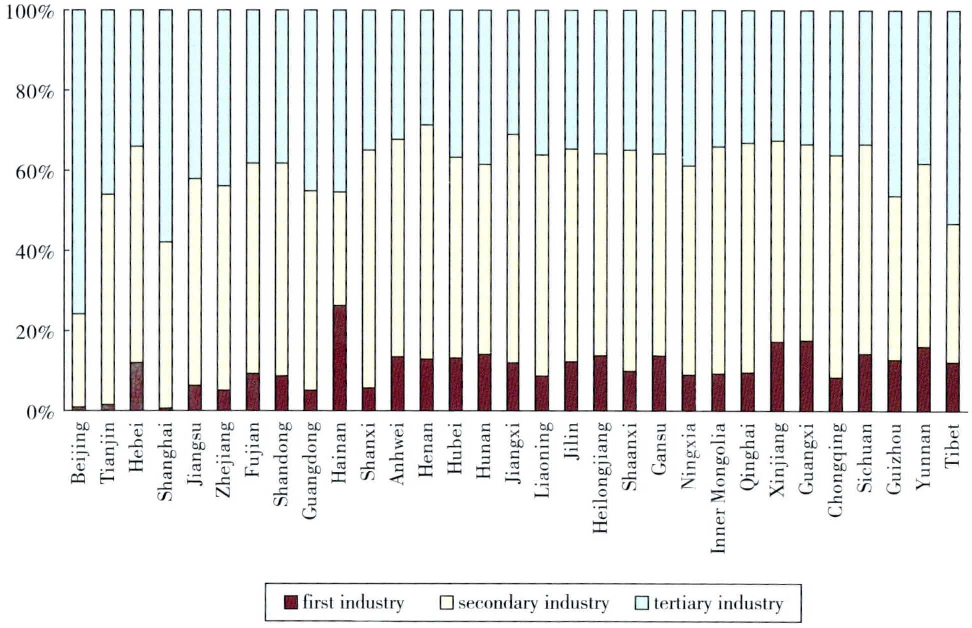

Source: Statisticsbureaus of China's provinces, autonomous regions and municipalities directly under the central government.

Figure 2 Industrial Structure of Provinces in 2011

In 2011 the value added of statistically large enterprises grew 13. 9% year – on – year. Broken down by registered type, the value added of state – owned and state holding enterprises grew 9. 9% year – on – year, the value added of collective enterprises, joint venture companies, enterprises invested by foreigners, Hong Kong, Macao and Taiwan grew 9. 3% , 15. 8% and 10. 4% year – on – year respectively. Broken down by industry, the value added of heavy and light industry increased 14. 3% and 13. 0% year – on – year respectively. Broken down by sector, all the 39 industrial sectors realized a year – on – year growth in terms of value added. Broken down by product, 417 out of the 468 products reported a year – on – year growth in terms of value added. Among these products, power generation, steel, cement, 10 nonferrous metals, ethylene and automobiles grew 12. 0% , 12. 3% , 16. 1% , 10. 6% , 7. 4% and 3. 0% respectively. The ratio of sales to production for statistically large enterprises was 98% , a deceleration of 0. 1 percentage points from the previous year. The export delivery value of statistically large enterprises totaled 10. 19 trillion yuan, up 16. 6% year – on – year.

2.1.3 Regional fixed asset investment grew fast while the size of foreign capital utilization expanded

In 2011, total fixed asset investment of eastern, central, western and northeastern regions reached 12.95 trillion, 7.26 trillion, 7.85 trillion and 3.27 trillion yuan, up 21.39%, 27.06%, 28.10% and 30.48% year-on-year respectively (Table 2, Figure 3). The investment growth rate of central, western and northeastern regions was strikingly faster than that of eastern region. In terms of industries, investment of the primary industry reached 0.68 trillion yuan, up 25.0% year-on-year; investment of the secondary industry reached 13.23 trillion yuan, up 27.3%; investment of the tertiary industry reached 16.29 trillion yuan, up 21.1%.

Table 2 Social Fixed Asset Investment of Different Regions

Item	East		Central		West		Northeast	
	2011	2010	2011	2010	2011	2010	2011	2010
Social fixed asset investment (100 million yuan)	129 465.40	117 077.01	72 649.31	64 183.85	78 474.12	64 538.73	32 691.81	32 477.40
Proportion in China's total (%)	41.33	42.07	23.19	23.06	25.05	23.19	10.44	11.67
Proportion in GDP (%)	48.08	51.07	69.68	75.12	78.68	79.85	72.55	87.56
Growth rate (%)	21.39	20.89	27.06	27.97	28.10	24.80	30.48	32.11

Source: Statistics bureaus of China's provinces, autonomous regions and municipalities directly under the central government.

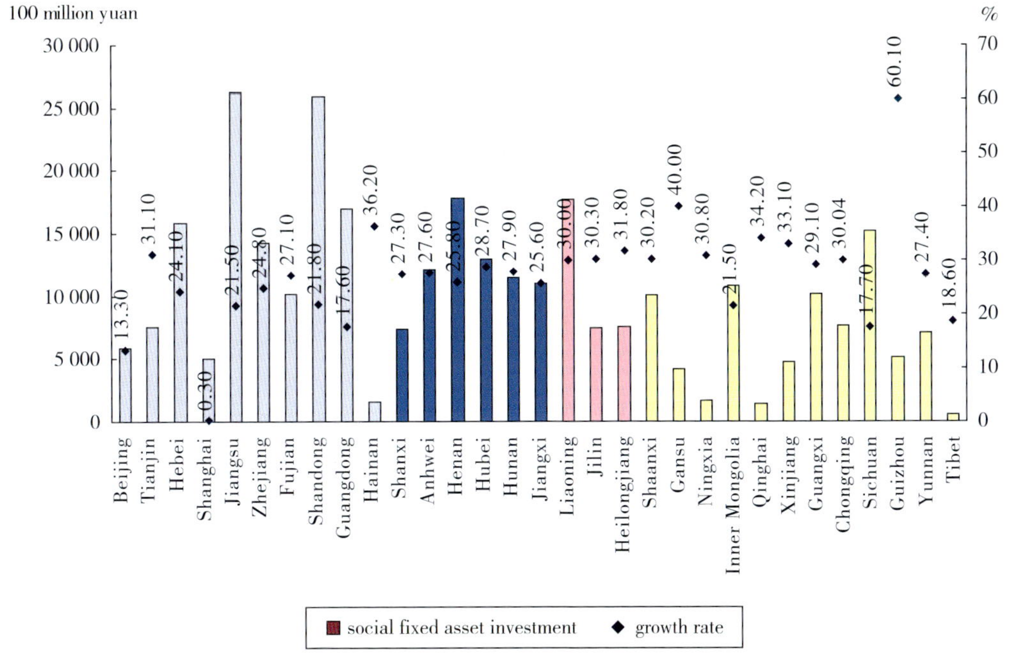

Source: Statistics bureaus of China's provinces, autonomous regions and municipalities directly under the central government.

Figure 3 Fixed Asset Investment and Growth Rate of Provinces in 2011

The size of foreign capital utilization further expanded. In 2011, the real foreign direct investment in eastern, central, western and northeastern regions reached \$ 126. 77 billion, \$ 35. 80 billion, \$ 30. 60 billion and \$ 26. 49 billion, up 12. 26%, 32. 18%, 47. 62% and 15. 40% year - on - year respectively.

2. 1. 4 Regional price growth gradually stabilized and dropped, while consumption demand grew steadily

In the first half of 2011, the cost of factors such as energy, resources and labor rose, inflation expectation was strong, and domestic demand grew fast. As a result, price pressure began to rise gradually. In the second half of 2011, inflation pressure eased in that main price indicators began to stabilize and drop. The year - on - year growth of consumption price index (CPI) kept increasing in the first half of 2011 and fell down continuously from July. In 2011, CPI grew 5. 4% year - on - year, up 2. 1 percentage points compared with 2010. CPI growth in the four quarters was 5. 1%, 5. 7%, 6. 3% and 4. 6% respectively. Producer price growth remained high in the first three quarters and fell down significantly in the fourth quarter. The producer price of industrial products rose 6. 0% year - on - year in 2011, up 0. 5 percentage points compared with 2010. The purchaser price of industrial products rose 9. 1% year - on - year in 2011, down 0. 5 percentage points. The corporation goods price index rose 7. 6%, up 1. 1 percentage points. Import price growth was higher than export price growth. In 2011, import price grew 14. 0% year - on - year, up 0. 3 percentage points compared with the previous year. Export price rose 10. 0% year - on - year, up 7. 6 percentage points.

The income of urban and rural residents continued to grow steadily, the income of rural residents grew fast, domestic consumption demand grew steadily. In 2011, per capita disposable income of urban residents reached 21 810 yuan, up 14. 1% year - on - year in nominal terms and up 8. 4% on price adjusted basis. Net per capita income of rural residents reached 6 977 yuan, up 17. 9% year - on - year in nominal terms and up 11. 4% on price adjusted basis. Annual retail sales of consumer goods reached 18. 12 trillion yuan, up 17. 1% in nominal terms and up 11. 6% on price adjusted basis. Urban consumption growth rate was faster than rural consumption growth. Annual urban retail sales of consumer goods reached 15. 69 trillion yuan, up 17. 2% year - on - year. Annual rural retail sales of consumer goods reached 2. 43 trillion yuan, up 16. 7%. In terms of regions, the consumption of western region grew the fastest across China, with the growth rate exceeding that of central region. Retail sales of consumer goods in eastern, central, western and northeastern regions reached 9. 67 trillion,

3.62 trillion, 3.06 trillion and 1.68 trillion yuan, up 16.44%, 17.96%, 18.28% and 17.53% year-on-year respectively (Figure 4).

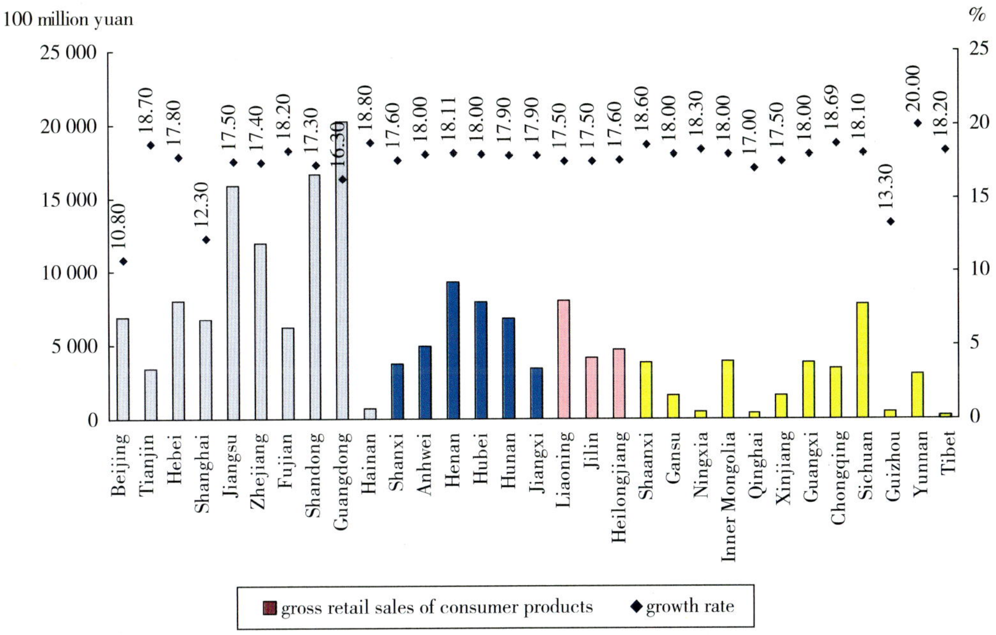

Source: Statistics bureaus of China's provinces, autonomous regions and municipalities directly under the central government.

Figure 4 Retail Sales of Consumer Goods and Growth Rate of Provinces in 2011

2.1.5 Regional export and import kept growing and trade surplus continued narrowing

In 2011, total export and import in all regions reached \$3.64 trillion, up 22.5% year-on-year; export reached \$1.90 trillion, up 20.3% year-on-year; import reached \$1.74 trillion, up 24.9%. Trade surplus was \$155.1 billion, a decrease of \$26.4 billion year-on-year. Trade surplus had dropped for three consecutive years. Trade with the Europe, the U. S. and the Japan increased steadily and trade with emerging market grew rapidly. In terms of regions, annual export and import in eastern, central, western and northeastern regions reached \$3 139.13 billion, \$162.82 billion, \$183.98 billion and \$156.51 billion, up 20.39%, 39.28%, 43.52% and 27.25% year-on-year respectively. The trade in central and western regions grew greatly. In particular, the total export and import of Chongqing, Henan, Tibet and Guizhou increased 1.35%, 83.1%, 62.5% and 55.20% respectively.

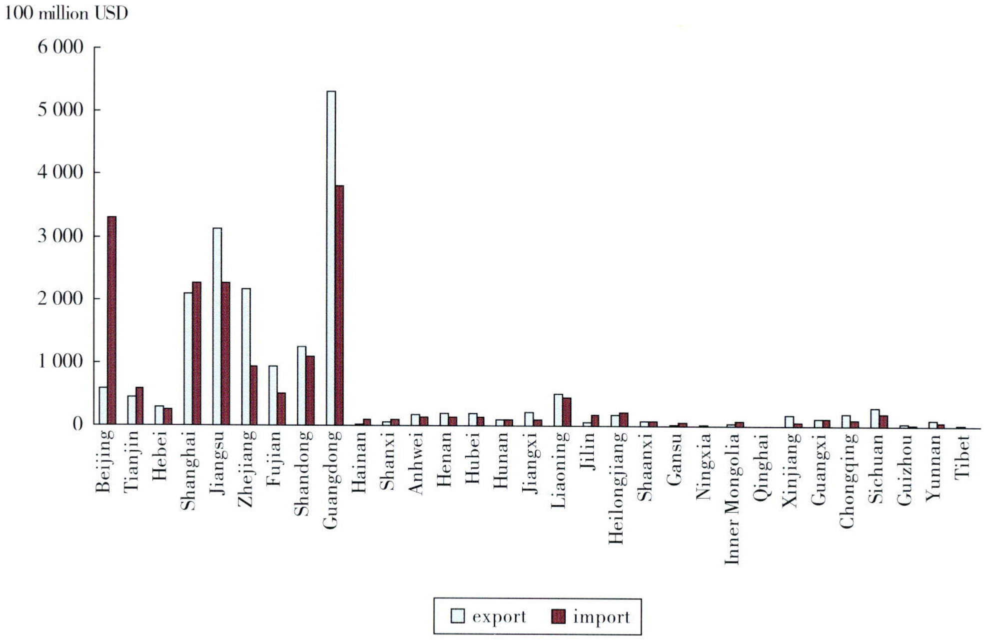

Source: Statistics bureaus of China's provinces, autonomous regions and municipalities directly under the central government.

Figure 5 Export and Import of Provinces in 2011

2.1.6 Real estate development in all regions slowed down and sales of commercial residential building decelerated

In 2011, investment in real estate development in all regions slowed down. Annual investment in real estate development of the whole country totaled 6.17 trillion yuan, up 27.9% year-on-year (adjusted by price, the increase was 20.0%), a decrease of 5.3 percentage points compared with the previous year. Residential investment reached 4.4 trillion yuan, accounting for 71.8% of total investment in real estate development. The new floor space of buildings reached 1.90 billion square meters, up 16.2% year-on-year, a drop of 24.4 percentage points compared with the previous year. The growth rate of real estate loans slumped in general. After climbing to the highest of 46.4% in April 2011, the year-on-year growth rate of real estate loan balances kept falling down and recovered slightly in December 2011. At the end of 2011, the outstanding real estate loans of main financial institutions (including foreign institutions) reached 10.73 trillion yuan, up 13.9% year-on-year, a decrease of 13.5 percentage points compared with the end of the previous year, and accounted for 20.1% of all loans. Particularly, outstanding loans to affordable houses development accounted for 12.5% of all outstanding real estate development loans, which reflected that credit support for affordable dwelling program was being strengthened. As far as newly added loans were concerned, real estate loans added 1. 26 trillion yuan in 2011, a decrease of 770. 4 billion yuan compared with the previous year. Newly added loans to the development of affordable housing accounted for 50. 1% of total new real estate loans, a rise of 31. 7 percentage points compared with the beginning of year.

Sales of commercial residential buildings slowed down. In 2011, floor space of commercial buildings sold in the whole country reached 1. 10 billion square meters, up 4. 9% year – on – year, a decrease of 5. 7 percentage points compared with the previous year. The sales revenue of commercial buildings in the whole country reached 5. 9 trillion yuan, up 12. 1% year – on – year, a decrease of 6. 8 percentages points compared with the previous year. Particularly, the floor space and sales revenue of commercial residential buildings accounted for 88. 3% and 82. 2% of commercial buildings respectively. The sales of office building and commercial buildings for business purpose grew much faster than commercial residential building sales. The floor space of commercial buildings waiting for sale reached 271. 94 million square meters, up 26. 1% year – on – year, an increase of 18. 0 percentage points compared with the previous year.

2. 2 Noteworthy issues in the development of regional economies

2. 2. 1 Regulations of regional real estate bore fruit, but the potential risk increased

In 2011, with the implementation of various control policies and measures, the real estate market stabilized and more cities reported a month – on – month decline of house price. In December 2011, among the 70 large and medium – sized cities nationwide, the price of new commercial residential buildings in 52 cities reported month – on – month decline, 49 more compared with January 2011; the price of new commercial residential buildings in 16 cities remained unchanged; and the price in another 2 cities increased 0. 1% month – on – month respectively. The price of second – hand houses in 51 cities went down month – on – month, 48 more compared with January 2011; the price of second – hand houses in 16 cities remained unchanged; and the price in another 3 cities increased month – on – month, but all the price increase was no more than 0. 2%.

The regulation of real estate bore fruit, but the potential risk increased. On one hand, as the regulation of real estate intensified, market sale dropped significantly. Due to the shrinking of real estate transactions, capital flowing back to real estate declined, increasing their financial pressures. On the other hand, bank credits continued to flow to large and medium – sized real estate enterprises, and some small real estate developers had to get finance through private equity, private lending and other channels. Once these debts were due together, the impact on the funding chain should not be overlooked. At the same time, the rising interest rates of banks' loans to real estate development caused a direct increase in operating cost, which might exacerbate their operating difficulties. If real estate enterprises had difficulties in getting external financing, the capital chain might be strained or break down, which would have an impact on the safety of banks' credit and consequently affect the quality of bank assets. In addition, as most loans to local government financing platforms were based on land collateral, the significant fluctuation of land price due to changing real estate market environment would directly affect the value and liquidity of the collateral, and thus increase the risk of banking system.

2.2.2 Fiscal revenue in all regions grew rapidly, but local government faced great pressure in achieving fiscal balance

In 2011, local fiscal revenue in all regions increased substantially. Annual general government revenue of eastern, central, western and northeastern regions reached 287 million, 849.447 billion, 1.224059 trillion yuan and 511.094 billion yuan, an increase of 24.93%, 33.32%, 37.34% and 33.43% respectively (Figure 6).

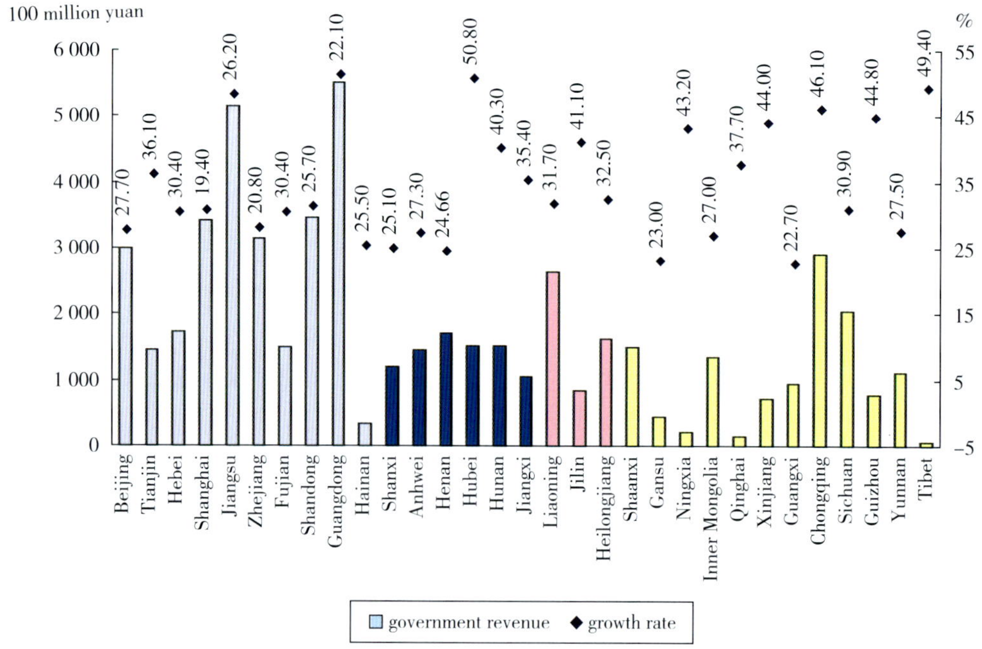

Source: Statistics bureaus of China's provinces, autonomous regions and municipalities directly under the central government.

Figure 6 Fiscal Revenue and Growth Rate of Provinces in 2011

It was noteworthy that, due to the slowdown of domestic economy, the profit growth of statistically large industrial enterprises in eastern, central, western and northeastern regions went down 21.81, 23.99, 18.47 and 17.46 percentage points respectively compared with the previous year. As a result, tax revenues that were closely related with economic indicators such as value – added tax and corporate income tax slowed down quarter by quarter. In addition, due to structural tax cuts and other factors, the growth of quarterly tax revenue in 2011 were 32.4%, 27.2%, 22.6% and 6.8% year – on – year respectively, decreasing quarter by quarter. In 2012, the structural tax cuts would intensify further, including prolonging and expanding the application of favourable policies to small low – profit enterprises, raising the threshold of value – added tax and income tax. All these would reduce fiscal revenue and thus challenge the sustainability of rapidly growing fiscal revenue. Because the fiscal revenue grew rapidly in the previous year, fiscal spending also expanded rapidly. The year – on – year growth of local general budget expenditures in eastern, central, western and northeastern region was 21.99%, 26.97%, 28.23% and 23.83% respectively, fiscal expenditure was rigid. In the next few years, the government would further enlarge financial investment in education, social security, social housing construction and other areas that had close relation with people's livelihood. Therefore, local government would face great pressure in achieving fiscal balance.

2.2.3 Corporate profit in all regions continued to increase, but SMEs faced greater funding pressure

In 2011, statistically large industrial enterprises in eastern, central, western and northeastern regions realized an annual profit of 3.459938 trillion, 981.144 billion, 925.647 billion and 425.375 billion yuan, an increase of 21.57%, 30.12%, 35.79% and 30.75% year – on – year respectively. Among 39 industries, the profit of 36 industries rose year – on – year while the other 3 declined.

It was noteworthy that due to multiple factors some SMEs were suffering growing business pressure, and the funding tension urgently needed to be eased. Firstly, due to weak domestic and foreign consumption growth, the market of some enterprises was shrinking. Due to a lack of effective orders, the significant rising of raw material and labour cost and the fluctuating RMB exchange rate, the operating income and profit of enterprises decreased. Secondly, the liquidity in fund market was tight with prudent monetary policy. Many SMEs that expanded rapidly were having difficulties with their fund recycling. Some SMES might turn to the expensive private lending market, which increased the vulnerability of the capital chain. Thirdly, some private enterprises participated in real estate investment, private lending and other activities with high risk, with an aim to gain high profit in short term. Once there was significant loss, the capital chain would be strained or even break down, which would then affect the production and operation of enterprises that guaranteed for or was associated with the concerned enterprise.

2.2.4 The macroeconomic and financial environment both at home and abroad may bring pressure to regional economic development

Theeconomic and financial situation at home and abroad remained complex in 2012. Internationally, there was the continuous and profound impact of the current international financial crisis. The sovereign debt crisis of developed countries continued to deteriorate, fiscal risk and financial risk rose alternatively, financial market fluctuated greatly, the direction of capital flow changed frequently. Besides, the U. S., Germany, France, Russia and other large countries were going to have government elections. The global economy recovery faced more unstable and uncertain factors, which might also affect regional economic development through trading, capital flow, expectation and other channels. Domestically, regional economic development was unbalanced and unsustainable. The main problems were the economic slowdown, the rising price pressure, the intensifying overcapacity in some industries and the operation difficulty of some enterprises. Besides, as external demand was relatively weak and domestic economy transformed gradually in terms of growth pattern and factor structure, domestic demand was poised to slow down as well, and the potential risks of key areas increased.

Chapter 3 Regional Financial Stability by Sector

In 2011, banking sector in all regions strictly implemented macroeconomic management policies, properly managed the pace of credit provisions, and steadily promoted various reforms. Securities and futures institutions generally realized a sound performance, the business steadily developed. The asset scale of insurance institutions continued to grow, institutional reform kept developing, and the capability of severing society had been enhanced.

3.1 Banking sector

Banking sector in all regions had made important evolution in reform and development. Banking institutions had also made great progress in corporate governance, risk management, operation philosophy, and etc. The risk prevention capability enhanced, the operation effectiveness upgraded, and the ability for servicing society became more prominent.

3.1.1 Overview of banking sector's development in regional economy

3.1.1.1 Asset size of banking sector in all regions continued to enlarge

In 2011, the operating scale of banking sector in all regions continued to expand. The total assets of banking sector in eastern, central, western and northeastern regions reached 59.34 trillion yuan, 15.50 trillion yuan, 18.97 trillion yuan and 7.49 trillion yuan, up 17.44%, 16.69%, 21.76% and 16.07% respectively, accounting for 58.58%, 15.30%, 18.72% and 7.39% of the total in China. The total liabilities of banking sector in eastern, central, western and northeastern regions reached 57.40 trillion yuan, 15.06 trillion yuan, 18.39 trillion yuan and 7.27 trillion yuan, up 17.10%, 15.99%, 21.23% and 15.68%, accounting for 58.50%, 15.35%, 18.74% and 7.41% of the total in China respectively (Figure 7).

In 2011, eastern region's share of banking assets in the whole country dropped continually, but still accounted for 50% of that of the nationwide, including the headquarters of the large commercial banks and operating branches of most foreign - funded banks. The asset size of banking sector in western region grew fastest in the four regions and its share in banking sector

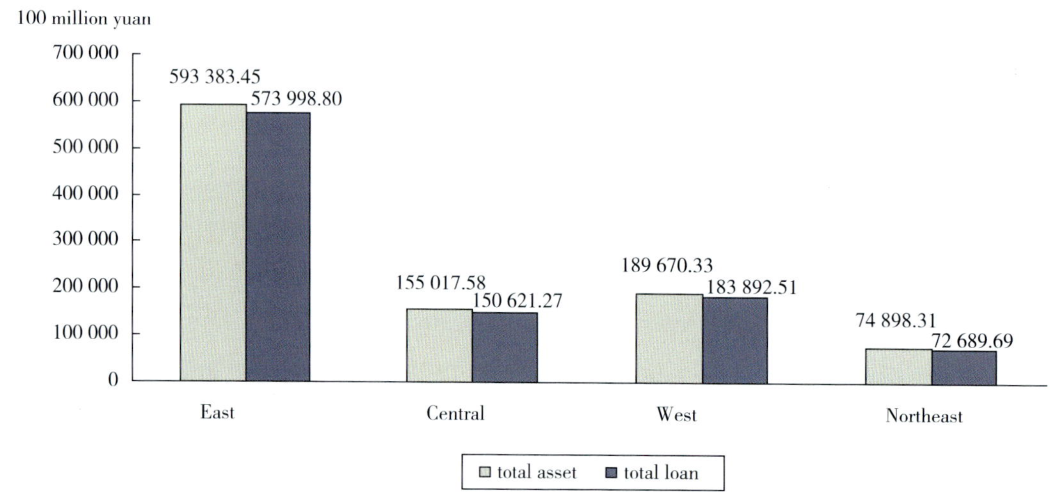

Source: People's Bank of China (PBC).

Figure 7 Assets and Liabilities of Banking Institutions by Region in 2011

nationwide increased by 0.58 percentage points year – on – year. The asset size of banking sector grew more than 20% in 14 provinces, and 10 provinces were located in western region. Tibet, Chongqing and Xinjiang ranked top three, achieving the year – on – year increase of 29.27%, 26.25% and 26.03% respectively in the asset scale (Figure 8).

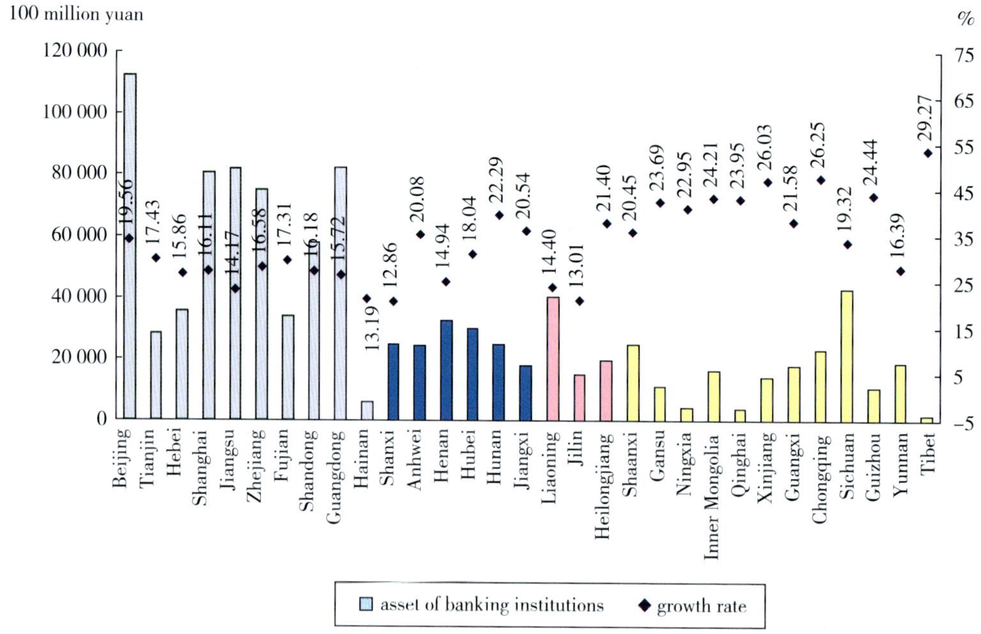

Source: People's Bank of China (PBC).

Figure 8 Assets and Growth Rate of Banking Institution by Province in 2011

3.1.1.2 Risk prevention capability of banking sector in all regions continued to enhance

The asset quality of banking sector in all regions improved, the NPLs and NPL ratio both dropped continually. As of end – 2011, outstanding NPLs of banking sector in eastern, central, western and northeastern area reached 376.94 billion yuan, 248.23 billion yuan, 198.97 billion yuan and 167.96 billion yuan, and NPL ratios were 1.2%, 3.03%, 1.89% and 4.22% respectively. Among all the four regions, the NPLs in western region dropped most by 68.79 billion yuan, and the NPL ratio declined 1.41 percentage points (Table 3). At end – 2011, the capital adequacy ratio of commercial banks stood at 12.7%, up 0.5 percentage points from end – 2010, and the provision coverage ratio rose by 60.4 percentage points from end – 2010 to 278.1%.

Table 3 **Non – performing Loan by Region**

Item	East		Central		West		Northeast	
	2011	2010	2011	2010	2011	2010	2011	2010
Non – performing loan (100 million yuan)	3 769.44	4 236.19	2 482.34	3 170.22	1 989.68	2 354.87	1 679.61	2 099.88
Non – performing loan rate (%)	1.20	1.53	3.03	4.44	1.89	2.66	4.22	6.12

Source: People's Bank of China (PBC).

3.1.1.3 Operation effectiveness of banking sector in all regions was upgraded constantly

In 2011, the profits of banking institutions in all regions grew comparatively fast, and profitability continued to improve. The book profits of banking institutions in eastern, central, western and northeastern regions reached 809.91 billion yuan, 192.98 billion yuan, 269.76 billion yuan and 82.06 billion yuan, up 16.84%, 30.64%, 31.62% and 57.58% year – on – year respectively (Figure 9). At end – 2011, the average ROE of banking institutions stood at 20.4%, up 1.2 percentage points from end – 2010, and the ROA rose by 0.2 percentage points from end – 2010 to 1.3%. In recent years, the intermediary business of banking institutions developed dramatically. The non – interest income of commercial banks was 19.3% of the total income in 2011, up 1.8 percentage points over 2010.

3.1.1.4 The deposit growth of banking institutions in all regions slowed down, and the loan growth of banking institutions moved in the direction of a normal level

The deposit growth slowed down. As of end – 2011, outstanding deposits in domestic and foreign currencies of financial institutions in eastern, central, western and northeastern regions totaled 44.42 trillion yuan, 12.42 trillion yuan, 14.67 trillion yuan and 5.56 trillion yuan, up 11.22%, 14.97%, 16.95% and 9.67% year – on – year respectively, and a deceleration of 7.58, 7.44, 6.10 and 8.55 percentage points over end – 2010. Broken down by type, the growth of household deposits was stable while that of non – financial institutions generally

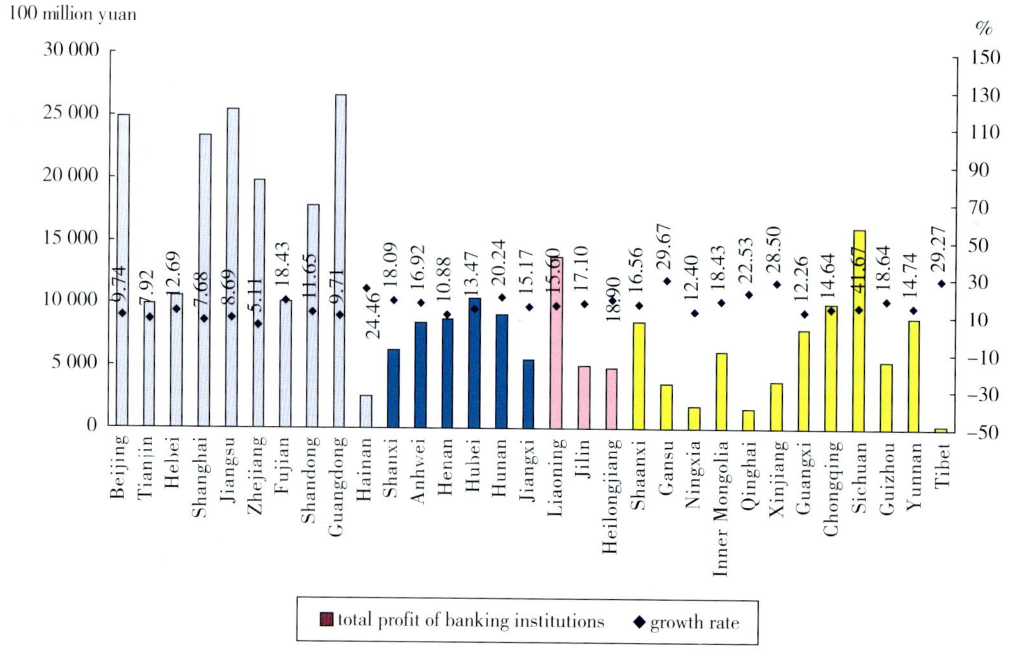

Source: People's Bank of China (PBC).

Figure 9　Total Profits and Growth Rate of Banking Institutions by Province in 2011

slowed down.

The loan growth fell down across the board. As of end - 2011, outstanding loans in domestic and foreign currencies of financial institutions in eastern, central, western and northeastern regions reached 31. 33 trillion yuan, 8. 20 trillion yuan, 10. 54 trillion yuan and 3. 98 trillion yuan, up 12. 93%, 14. 74%, 19. 09% and 16. 04% year - on - year respectively (Figure 10), and a deceleration of 6. 05, 6. 49, 4. 16 and 3. 85 percentage points over end - 2010. Broken down by institutions, loan growth of Chinese - funded large - sized national banks① decelerated significantly, whereas that of national small and medium banks② accelerated by a large margin. The loan structure of both the large banks and the small and medium banks had improved.

The growth rate of medium and long - term loans dropped. As of end - 2011, the outstanding medium and long - term loans of eastern, central, western and northeastern regions reached

① Chinese - funded large - sized national banks refer to banks with assets denominated in foreign and domestic currencies equivalent to no less than 2 trillion yuan (according to the amount of total assets of the financial institutions in both domestic and foreign currencies at end - 2008).

② Chinese - funded small and medium local banks with total assets of less than 2 trillion yuan refer to banks that operate within a single province.

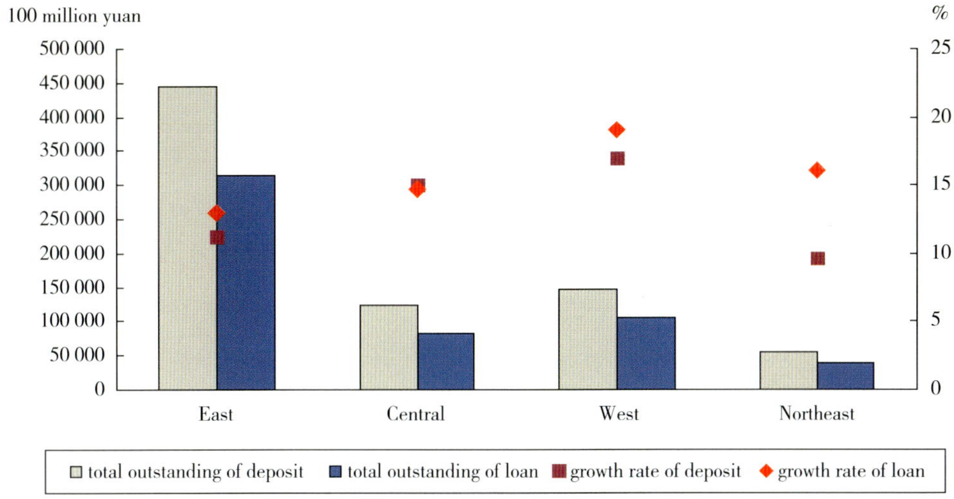

Source: People's Bank of China (PBC).

Figure 10 Deposits and Loans by Region in 2011

17. 11 trillion yuan, 4. 83 trillion yuan, 7. 41 trillion yuan and 2. 37 trillion yuan, an increase of 7. 42%, 15. 15%, 26. 78% and 16. 65% year – on – year respectively (Table 4). Except that the growth rate of medium and long – term loans in western region slightly increased 0. 41 percentage points, the growth rate in eastern, central and northeastern regions decelerated 19. 08, 17. 84 and 17. 74 percentage points over end – 2010 respectively. New medium and long – term loans in eastern, central, western and northeastern regions accounted for 37. 31%, 55. 56%, 57. 93% and 58. 12% of total new lending denominated in domestic and foreign currencies in 2011.

Table 4 Medium and Long Term Loan of Banking Institution by Region

Item	East		Central		West		Northeast	
	2011	2010	2011	2010	2011	2010	2011	2010
Medium and long term loan (100 million yuan)	171 086. 22	159 268. 35	48 308. 77	41 953. 43	74 053. 50	58 412. 38	23 690. 88	20 310. 24
Growth rate (%)	7. 42	26. 50	15. 15	32. 99	26. 78	26. 37	16. 65	34. 38
Medium and long term loan rate (%)	54. 62	57. 42	58. 94	58. 73	70. 26	66. 00	59. 54	59. 23

Source: People' s Bank of China (PBC).

3. 1. 1. 5 The reform of banking sector was further deepened

Reform of large commercial banks and policy financial institutions was promoted in a steady manner. In 2011, the pilot reform program of ARF – related financial divisionalization was expanded to cover 371 Agricultural Bank of China (ABC) county – level sub – branches in

Heilongjiang, Henan, Hebei, and Anhui provinces. To reform the China Agricultural Development Bank, a coordination mechanism was established. Also, priorities and work divisions were clarified after the reform working group was set up.

Concrete progress was made in reforming the rural credit cooperatives (RCCs), as reflected in the remarkably improved asset quality and operational performance. Based on the five - category loan classification, at end - 2011, the NPL ratio for RCCs declined 1. 9 percentage points to 5. 5% from end - 2010. The capital adequacy ratio stood at 10. 7%, up 2 percentage points from end - 2010, and the asset/profit ratio rose by 0. 28 percentage points from end - 2010 to 1%. Moreover, steady progress was made in RCCs property rights reform. As of end - 2011, a total of 1 882 RCCs, 212 rural commercial banks, and 190 rural cooperative banks had been established, all with legal - person status at the county (city) level.

3. 1. 1. 6 Financial support for real economy continued to reinforce

On the whole, lending to agriculture, rural areas, and farmers as well as small and medium - sized enterprises remained robust. As of end - 2011, outstanding agro - linked loans in both RMB and foreign currencies totaled 14. 6 trillion yuan, or 25. 1% of the total lending, including 2. 7 trillion yuan of new lending in 2011, or 34. 1% of the total new lending in the year. Outstanding loans (including bill discounts) to small enterprises increased 25. 8% year - on - year to 10. 8 trillion yuan, surpassing lending to large and medium - sized enterprises by 14. 2 percentage points and 12. 5 percentage points respectively.

Rural financial services continued to be improved. As of end - 2011, a total of 786 new - type rural financial institutions had been established, including 726 village and town banks, 10 loan companies, and 50 rural mutual cooperatives. Among those institutions, 473 new - type rural financial institutions were in central and western regions, accounting for 60%. Outstanding loans of institutions that had opened business totaled 131. 6 billion yuan, 80% of the funds went to ARF and small sized enterprises, outstanding loans of farmers and small sized enterprises reached 43. 55 billion yuan, 63. 15 billion yuan respectively. On the basis that all provinces in China had accomplished the entire coverage of financial services to villages and towns by end - 2010, 17 provinces accomplished the entire coverage of both financial institutions and financial services in 2011.

3. 1. 2 Noteworthy issues in the development of banking sector in regional economy

3. 1. 2. 1 Locally incorporated financial institutions faced more difficulties in liquidity

management

In the first three quarters of 2011, People's Bank of China raised the RRR (reserve requirement ratio) by 3% on six occasions and carried out the dynamic adjustment of differentiated reserve requirement ratio policy. Affected by rising cost of funds, limited financing channels and others factors, the small and medium - sized locally incorporated financial institutions faced more difficulties in liquidity management. Some institutions experienced tight liquidity conditions with liquidity ratio and loan/deposit ratio having significant seasonal fluctuation. At the end of 2011, the loan/deposit ratio of banking institutions in eastern, central, western and northeastern regions reached 70.51%, 66.01%, 71.87% and 71.59%, an increase of 1.07, 1.29 and 3.93 percentage points year - on - year respectively, except a deceleration of 0.65 percentage points in central region. Financial innovation and other factors accelerated diversion of deposits. With intense deposit competition, deposits flew frequently among different banks and deposit stability decreased as a result. Therefore, locally incorporated financial institutions were confronted with more difficulties in liquidity management.

3.1.2.2 Banks in all regions faced increasing pressure of NPLs rebound

In recent years, China's banking institutions have seen rapid credit growth. While entering into 2011, the downside risks to regional economy gradually emerged. Under such circumstances, potential credit risk of loans extended to certain industries and areas was likely to surface.

Firstly, there was lending risk related to local government financing platform companies (FPC). Currently, the debt of local government FPC was approaching centralized payment period, together with economic slowdown and decrease of revenue from selling lands, the short - term solvency of local government may be affected.

Secondly, bank asset quality may take a hit due to adjustment of real estate sector. In 2011, influenced by a series of national macro management policies, more cities witnessed year - on - year housing price drop, and growth rate of real estate sales decelerated. The correlation between real estate and other sectors was strong. Thus, property market adjustment would directly affect the quality of loans extended to real estate sector and its related upstream/downstream industries, and resulted in higher default risk of mortgage loans. Meanwhile, attention should be paid to the rationality of collateral evaluation and liquidity of its disposal.

Thirdly, bank asset quality was affected by more and more enterprises falling into operational difficulties. Affected by rising production costs, slowing demand, overcapacity and other factors, basic industries such as iron and steel sector suffered more losses. Small and medium – sized enterprises faced significantly mounting pressure, and more enterprises were shut down or closed. Consequently, loans to such enterprises faced the risk of turning sour.

3. 1. 2. 3 Banks in all regions faced off – balance sheet risk

Since 2010, off – balance sheet businessof banks in all regions had grown rapidly, with growth rate in some areas even over 40%. In 2011, entrusted loans, interbank payments and other off – balance sheet business grew significantly, but the risk management of such business lagged behind. Some banks violated the prudent principles governing accounting and risk exposure measurement. Some entrusted loans were invested in restricted areas, and others even got involved in disputes over informal financing. Since September 2011, default had occurred on some entrusted loans. Over – development of off – balance sheet business could easily cause liquidity and credit risk as well as risk spread onto balance sheet assets or liabilities.

3. 1. 2. 4 Attention should be paid to the sustainability of some small and medium – sized commercial banks

In recent years, small and medium – sized commercial banks in all regions expanded rapidly as indicated by continuously improved indicators of business size, profitability, and asset quality and risk prevention capacity. Therefore, they had strongly supported local real economy. But there were concerns about the sustainability of some small and medium – sized commercial banks. Some small and medium – sized commercial banks provided homogeneous products and services along with large commercial banks, and began to face emerging credit risk and loan concentration risk. In addition, internal control management of these banks was weak, which gave rise to higher operational risk. Specifically, some city commercial banks expanded too fast in terms of cross – region business, and management radius widened, which caused over – consumption of capital. Besides, the asset/liability structure of branch offices was under – diversified, and operating costs were high, which brought about challenges to their headquarters in risk management, cost control and information support.

3. 1. 2. 5 There existed acute problems of irregular operations with banks in all regions

In recent years, banks in all regions have developed rapidly, and provided strong support for sound and sustainable growth of local economy. However, since 2011, problems of irregular operations in some banks emerged, mainly reflected as attaching unreasonable conditions to the granting of loans and levying unreasonable charges. In particular, those irregular activities included setting up terms and conditions, forcibly or by negotiation, to turn part of loans into deposits; requiring customers to accept unreasonable intermediary business or other financial services in order to levy charges; levying fees as disguised interests so as to raise interest rates indirectly; and etc. Such irregular activities directly harmed banks' reputation, and negatively affected banking services efficiency and financial market order.

3. 2 Securities sector

In 2011, main capital markets of China witnessed more or less price falls, the scale of market financing shrank, and the size and profitability of securities and futures companies in all regions decreased. Meanwhile, participants in markets performed steadily with enhanced risk resistance capability. With the release of the policy governing direct investments of security companies, their businesses were further diversified. In addition, the compliance management measures were taken successively in all regions, and market – based reforms were gradually promoted.

3. 2. 1 Overview of securities sector's development in regional economy

3. 2. 1. 1 The stock and futures market moved down amid fluctuation and bond issuance dropped

In 2011, due to European debt crisis, global stock markets experienced large fluctuation. Shanghai and Shenzhen stock indices both tumbled down tremendously. At end – 2010, Shanghai Composite Index closed at 2199 points, down 21. 68% year – on – year; Shenzhen Component Index closed at 8918 points, down 28. 41% year on year (Figure 11). In terms of share valuation, the average P/E ratios in Shanghai and Shenzhen markets reached 13. 4 times and 23. 11 times respectively, down 37. 99% and 48. 29% year – on – year. As regards market turnover, the annual turnover of Shanghai and Shenzhen stock markets totally reached 42. 16 trillion yuan, down 22. 72% year – on – year; the average daily turnover reached 172. 79 billion yuan, down 23. 37% year – on – year. Specifically, the annual turnover of Shanghai and Shenzhen markets were 23. 76 trillion yuan and 18. 4 trillion yuan, down 21. 94% and 23. 72% year – on – year respectively.

Bond and futures market both witnessed shrinking size to varying degree in 2011. The scale of bond issuance decreased, with annual issuance totaling 7. 68 trillion yuan (including central banks bill and exchange traded bonds), down 11. 84% year – on – year. Trading volume and value of futures both trended down, with annual total trading volume and value registered 1. 05 billion lots and 137. 51 trillion yuan, down 32. 72% and 11. 03% year – on – year respectively. Prices of main commodities futures tumbled down, with annual trading volume and value of commodities futures reached 1. 003 billion lots and 93. 75 trillion yuan, declining

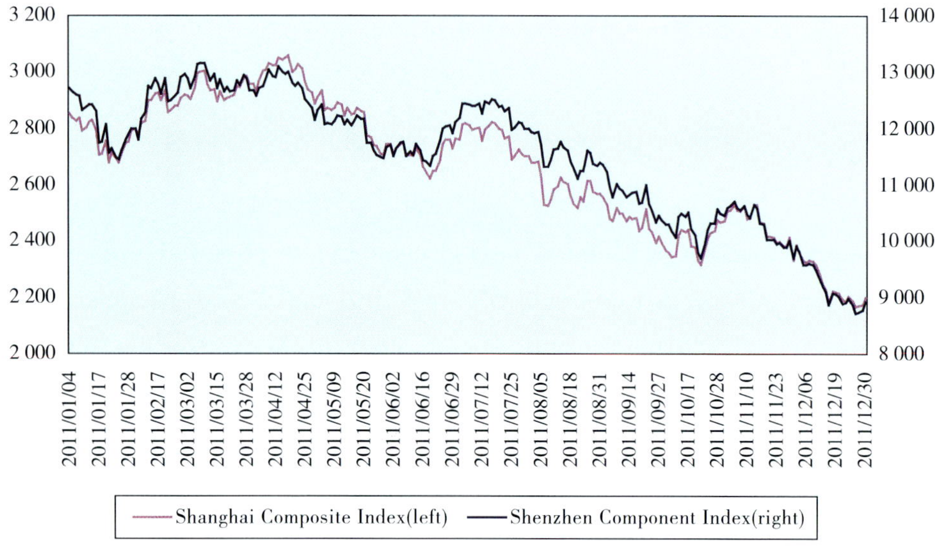

Source: Wind.

Figure 11 Movement of Shanghai Composite Index & Shenzhen Component Index in 2011

34. 01% and 17. 39% year – on – year respectively.

3. 2. 1. 2 Business sizes of securities companies in all regions declined whereas risk resistance capability staying steady

Securities companies are mainly located in eastern China, and few are located in other regions. China's securities companies are featured with small size and imbalanced development among different regions. At the end of 2011, the numbers of securities companies in eastern, central, western and northeastern regions were 58, 12, 18 and 6 respectively; the numbers of futures brokerage companies were 99, 17, 17 and 14 respectively. Among all fund companies, 48 companies lie in eastern region except 2 in western China (Table 5).

Table 5 The number of Securities Institutions by Region

Item	East		Central		West		Northeast	
	2011	2010	2011	2010	2011	2010	2011	2010
Securities company	58	55	12	12	18	18	6	6
Fund management company	48	43	0	0	2	3	0	0
Future brokerage company	99	100	17	19	17	18	14	14

Source: China Securities Regulatory Commission (CSRC).

In 2011, affected by stock markets slump, the asset size and profitability of securities companies in all regions decreased significantly. At the end of 2011, total assets of securities companies in eastern, central, western and northeastern regions reached 909.68 billion yuan, 141.25 billion yuan, 103.53 billion yuan and 30.98 billion yuan, down 20.50%, 15.56%, 31.43% and 31.46% year-on-year respectively; annual revenue reached 75.03 billion yuan, 9.12 billion yuan, 10.69 billion yuan and 1.56 billion yuan, decreasing 28.40%, 38.54%, 12.92% and 50.86% year-on-year respectively (Figure 12). The northeastern region experienced the greatest drop of all regions both in the asset size and the revenues.

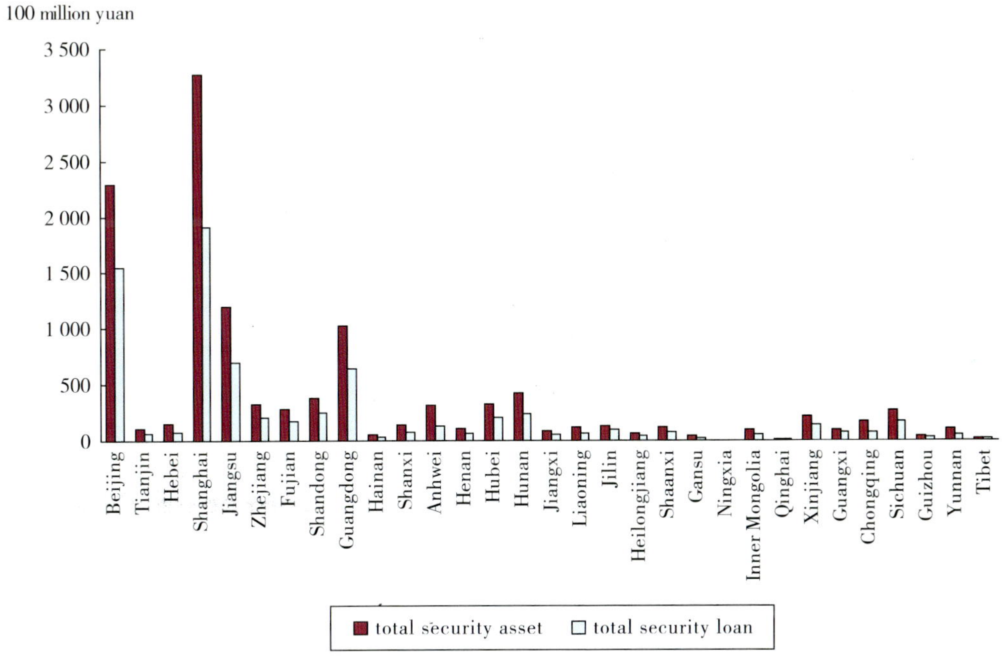

Source: CSRC.

Figure 12 Total Assets and Liabilities of Securities Companies by Province in 2011

Although size and profitability declined to varying degree, net assets of securities companies in most regions kept growing modestly and their risk resistance capacity was further strengthened. At the end of 2011, net assets of securities companies in eastern, central, western regions reached 343.31 billion yuan, 62.92 billion yuan, 40.00 billion yuan, up 12.72%, 12.16% and 35.91% year-on-year respectively, whereas those of securities companies in northeastern region decreased 7.8% to 10.62 billion yuan. In terms of net asset liability ratio, the reading in eastern, central, western and northeastern regions registered 61.09%, 80.32%, 62.96% and 52.18%, all exceeding the regulatory requirement of 20%.

3.2.1.3 Scale of market financing shrank and initial public offering (IPO) at home and aboard faced more difficulties

In 2011, financing scale in securities market in all regions declined. Listed companies totally raised 701. 92 billion yuan annually in A - share market, down 27. 43% year - on - year. Specifically, 272. 00 billion yuan was raised via IPO, dramatically down 44. 29% from the previous year; 387. 72 billion yuan was raised by seasoned issue, significantly increasing 52. 06% year - on - year; 42. 20 billion yuan was raised by rights issue, down 70. 66% year - on - year. Market financing structure changed tremendously, funds raised by IPO and rights issue accounted for 38. 75% and 6. 01% of the total, a year - on - year decrease of 11. 73 and 8. 86 percentage points respectively. Meanwhile, funds raised by seasoned issue rose greatly, accounting for 55. 24% of the total, an increase of 28. 88 percentage points over the previous year.

In 2011, IPO rules were tightened in domestic market, as a result, it was harder for companies to get listed. In 2011, the numbers of newly listed companies in eastern, central, western and northeastern regions were 215, 42, 18 and 7 respectively, and financing by IPO reached 214. 90 billion yuan, 35. 63 billion yuan, 15. 95 billion yuan and 5. 53 billion yuan, down 43. 52%, 6. 71%, 65. 37% and 79. 02% year - on - year respectively. Jiangsu, Beijing, Zhejiang, Guangdong and Shanghai raised 48. 48 billion yuan, 46. 20 billion yuan, 34. 11 billion yuan, 30. 59 billion yuan and 15. 67 billion yuan respectively, ranked top five among all provinces (Figure 13). At the same time, the numbers of overseas IPO in all regions sharply dropped. Only 75 companies got listed abroad, totally financing $ 17. 81 billion, representing

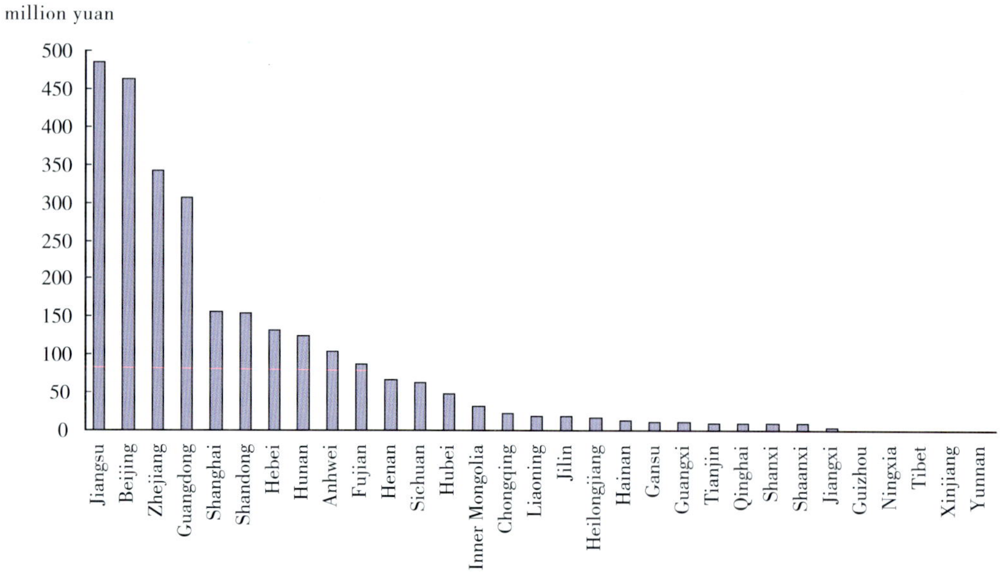

Source: Wind.

Figure 13 Financing Amount of IPO by Province in 2011

a year – on – year drop of 41.9% and 46.5% respectively. Take the case of IPO in American market, since *Tudou.com's* IPO in NASDAQ stock market, few Chinese companies had succeeded in IPO in American stock markets.

3.2.1.4 The policy regarding direct investment business by securities companies was released and business diversification was promoted

On July 8, 2011, CSRC released the *Guide on the Direct Investment Business of Securities Company*, which clearly permits securities companies to conduct direct investment business. Besides, more specific and stricter requirements were put forward to guide pilot securities companies' management in internal control, risk control and information disclosure. This guide allows securities companies to set up direct investment funds to pool and manage customers' money via equity investments. At the end of 2011, 35 securities institutions in the whole country had been qualified to carry out direct investment business, 6 out of which had taken part in setting up 9 direct investment funds, and others had started relevant preparatory work.

As general partner, securities companies used capital to carry out private equity (PE) business, which effectively promoted diversification of companies' profitability structure and enhanced efficiency of capital use. In 2011, 22 companies directly invested by securities companies successfully went public in the A – share market, an increase of 96% over that of the previous year; the average paper return reached 3.98 billion yuan, up 183% year – on – year, and the average return of investment (ROI) reached 4.21 times[①]. Setting up limited partnership funds to carry out direct investment business is good for securities companies to promote marketization operation, increase its investment yield and strengthen its capability of risk resistance.

3.2.1.5 Market – based reform was further promoted and compliance management measures were issued in succession

In 2011, a great variety of market – based reform measures were implemented successively in China's stock market. CSRC issued new dividend policy, urging listed companies to set up clear dividend schemes. Shenzhen Stock Exchange released the *Plan for Consummating Growth Enterprise Market (GEM) Delisting Regulation (Consultative Version)*, and delisting regulation for GEM was basically doped out. IPO reform and stricter delisting regulation are conducive to investor protection. Meanwhile, regulation papers for security basic business were released more frequently (Table 6), particularly in the aspects of expanding self – operated business

① Date source: www.pedaily.cn.

investment field, consummating responsibilities for internal control and sustaining supervision for underwriter institutions, regulation of financial products and classified verifications for funds. Consequently, illegal activities were curbed and investor interests were further protected.

Table 6 Rules and Regulations governing Securities Institutions Released in 2011

Date	Rules and Regulations
Feb 18	Securities Association of China (SAC) released the *Notice on Regulation of Single Custom to Multiple Banks Service in Custom Capital in the Third Party Deposit and Management*, and the transferring mode for security transaction capital between banks and securities would changed from '*single to single*' mode to '*single to multiple*' mode
May 7	CSRC released the *Regulation of Self – operated Business Investment Fields and Related Items*, which reflected the investment field of self – operated business of security company would enlarge since June 1
Jun21	CSRC released the *Guide for Inner Management of Underwriter Business (Consultative Version)*, which cleared the trade standard, led underwriter institutions to consummate inner management regulations, provided basis and standard for on – site examination and taking monitoring measures
Aug 13	CSRC released the *Guide for Fair Deal System of Security Invested Funds Management Company*, which implemented since its issuing on August 12. This guide indicated reverse transaction in the same day in funds trades would be formally forbidden by system, while '*No Difference Principle*' in different combination of syntropic transactions of funds company would be formally implied
Sep 17	CSRC released auditing administrative permission for partly security institution to 12 branches of CSRC
Sep 27	CSRC consulted suggestions for auditing classified funds products. At present only financing mode was classified and limited classified share initial leverage
Oct 18	CSRC drafted the *Regulation on Sustaining Supervision Business of Underwriter Institutions*
Nov 23	The locking duration for stock share of securities institutions by '*Direct Investment + Underwriter*' was extended to 6 months, meanwhile SAC demanded security direct investments with 4 self – disciplines, including strictly isolation, extended locking duration, enlarging information disclosure and strengthening supervision
Dec 2	CSRC specified the supervision requests of IPO prudent verification while released the requests to qualified security institution to some degree. To those whose market competitiveness meet certain standard, good growing capability is unnecessary; to those whose growing capabilities meet certain standard, relatively strong market competitiveness is unnecessary

Source: CSRC, SAC.

3.2.2 Issues of concern in the development of securities sector

3.2.2.1 Attention should be paid to cross – market risk transmission and prevention

With the steady expansion of the financial market and endless financial innovation, different markets became more closely related to each other and cross – market risk transmission intensified. On one hand, financial services offered by different institutions overlapped with each other, and cross – market financial products were introduced continuously. As a result, cross – market risk transmission was on the rise. On the other hand, under current separate operation and regulatory regime, there were no unified regulatory objectives, means and standards for all regulatory bodies, which led to limited supervision on overlapping products. As a result, it was necessary to increase information sharing, coordination and cooperation, as well as to set up the cross – market risk monitoring system. Consequently, monitoring and pre – warning mechanism could be established to identify and manage cross – market risk sources, transmission channels and the possibility of risk occurring, so that all regulatory bodies could work together to guard against cross – market financial risks.

3. 2. 2. 2 Measures should be taken to tackle illegal activities of securities sector

With the strengthening of securities industry supervision and enhanced industry self – regulation, the regulated operation of business by securities companies, fund companies and future companies increased gradually. However, the internal control mechanism of some securities institutions was incomplete, business management was too extensive and illegal operations still existed. First, the risk consciousness of securities institutions was not strong, due – diligence was not deep enough and moral hazard was difficult to eradicate. In 2011, it was reported that Guosen Securities and other securities companies conducted illegal activities such as interest transfer and connected transactions etc during the listing recommendation process. It showed that brokerage investment compliance management should be strengthened. Second, fund companies' investment management model needed to be improved; some fund companies were lack of effective risk prevention and corrective mechanisms. Problems in conflict of interests, insider trading and employee manage were prominent in daily operations. Futures companies needed to perfect accounting management and principal agent business. The weak internal control and management capacity of the securities institutions had become a constraint in the long – term healthy development of the securities industry; compliance management needed to be further strengthened, so as to gradually form an effective risk discipline mechanism.

3. 2. 2. 3 Efforts should be made to optimize the development mode of fund futures companies

Against the lackluster stock market, fund companies and futures companies, as the important intermediaries in the stock market, were mired in difficulties. In 2011, fund companies in all regions saw expanding size while declining net value. By the end of 2011, fund companies in all regions raised funds (including equity, bond, hybrid, etc) totalling 2. 65 trillion yuan with net value of 2. 17 trillion yuan, representing a growth rate of 9. 42% and –13. 20% year on year respectively. Unit fund average net value fell from 1. 03 yuan to 0. 83 yuan, a decrease of 19. 42% year – on – year. Fund industry, as a whole, faced redemption pressure. Due to the shrinking of the initial size, some fund companies had increasing difficulties in sustainable marketing and thus led to poor operating conditions. In addition, fund companies still faced problems of big promotion costs, high turnover of top professionals, and incomplete incentive and discipline mechanism, given that fund companies heavily relied on commercial banks to sell products.

Affected by factors of falling stock market and rectification of futures market activities, turnover of futures companies in all regions declined. Although overseas futures business and customized asset management (CTA) products were launched, problems like under – diversified business and revenue structure, homogeneous competition of futures companies across the country still hindered sound development of the industry.

3.2.2.4 It is imperative that internal compliance management of listed companies be strengthened

With gradual expansion in the number and market capitalization of listed companies, problems emerged in compliance operation and internal management of listed companies in all regions. Regulated operation of some listed companies was not solid, indicated by flaws in information disclosure and financial management. Some executives had weak compliance awareness, conducting illegal activities of reducing shareholding and insider trading. In 2011, it got harder for domestic companies to get listed overseas. Overseas listed companies were hit by shocks of share falling under IPO price, turnover and price both moving down, financial window dressing as well as bad credit profile due to weak internal control and irregular operation.

3.2.2.5 It is noticed that risks accumulate amid rapid expansion of private equity industry

Under the environment of stock market and real estate market going down successively, private capital had entered private equity industry. As the size of the private equity industry rapidly expanded, relevant risk was also gradually accumulating. Some institutions showed obvious shortsighted profit – seeking zest. As a result, irregular operation and lack of risk control gave rise to increasing risk for investors and the industry as a whole. Funds were illegally raised in the name of venture capital and private equity. In some regions, situation became worse. In 2011, cases of illegal fund raising happened in rapidly growing regions like Guangdong Province, Zhejiang Province and Tianjin. In Tianjin only, there were 7 institutions accepted investigation about suspected illegal fund raising in the name of private equity investment. Some institutions also involved in incidents which damaged the interests of investors such as false investment projects, investing less than the regulatory requirements.

3.3 Insurance sector

In 2011, insurance sector started to enter into pivotalclimacteric after had developed fast in past several years. At the end of 2011, assets of insurance sector reached 6.01 trillion yuan, up 19.13% year - on - year. The premium income of insurance business totaled 1.43 trillion yuan. Insurance market kept developing steadily.

3.3.1 Performance of insurance industry in all regions

3.3.1.1 Insurance assets in all regions kept increasing

In 2011, total assets of insurance companies (containing provincial branches and corporation) in eastern, central, western and northeastern regions reached 1 901.95 billion yuan, 594.49 billion yuan, 537.26 billion yuan and 330.41 billion yuan, increasing by 10.04%, 33.24%, 21.39% and 20.85% year - on - year and representing 56.54%, 17.67%, 15.97% and 9.82% of China total insurance assets respectively. Except proportion of eastern region dropped 3.26 percentage points, proportion of central, western and northeastern regions rose 2.24, 0.66 and 0.36 percentage points year - on - year respectively (Table 7). While regional insurance asset grew steadily, insurance sector had been playing a more and more important role in regional economic development.

Table 7 Insurance Assets and Growth Rate by Region

Item	East		Central		West		Northeast	
	2011	2010	2011	2010	2011	2010	2011	2010
Total assets (100 million yuan)	19 019.54	17 284.57	5 944.91	4 461.81	5 372.61	4 425.97	3 304.13	2 733.97
Growth rate (%)	10.04	24.63	33.24	28.56	21.39	43.27	20.85	26.27

Source: CIRC.

In terms of regions, insurance premium income of central and western regions reached 288.23 billion yuan and 268.49 billion yuan, increasing by 3.35% and 3.02%, representing 20.63% and 19.22% of total insurance income, up 0.88 and 0.76 percentage points respectively. Insurance premium income of eastern and northeastern regions reached 733.92 billion yuan and 106.63 billion yuan, down 2.68% and 10.19%. Due to the difference of economic development, insurance income size of western region still existed rather big gap compare to eastern region, but the growth of insurance income in western region was faster.

3.3.1.2 Property insurance in all regions grew fast, and business structure and profits improved

In 2011, the premium of property insurance from eastern, central, western and northeastern regions reached 241. 56 billion yuan, 75. 12 billion yuan, 87. 19 billion yuan and 34. 18 billion yuan, increasing by 17. 32%, 21. 20%, 10. 87% and 13. 97%, representing 32. 91%, 26. 06%, 32. 47% and 32. 06% of regional total insurance income, up 5. 61, 3. 84, 2. 30 and 6. 80 percentage points (Table 8).

Table 8 Premium Income of Insurance Company by Category and Region

Item	East		Central		West		Northeast	
	2011	2010	2011	2010	2011	2010	2011	2010
Life insurance premium (100 million yuan)	4 923. 55	5 418. 18	2 131. 06	2 169. 04	1 676. 55	1 819. 82	724. 46	887. 39
Growth rate (%)	-9. 13	26. 67	-1. 75	29. 45	-7. 87	27. 28	-18. 36	36. 94
Proportion of all premium (%)	67. 09	71. 85	73. 94	77. 77	62. 44	69. 83	67. 94	74. 74
Property insurance premium (100 million yuan)	2 415. 63	2 058. 99	751. 23	619. 84	871. 92	786. 41	341. 82	299. 93
Growth rate (%)	17. 32	35. 00	21. 20	39. 50	10. 87	35. 57	13. 97	29. 59
Proportion of all premium (%)	32. 91	27. 30	26. 06	22. 22	32. 47	30. 17	32. 06	25. 26

Source: CIRC.

In terms of insurance category, the growth of regional auto insurance business slowed down in 2011 due to deceleration of auto sales growth. The premium income of auto insurance from eastern, central, western and northeastern regions reached 168. 97 billion yuan, 59. 17 billion yuan, 73. 78 billion yuan and 25. 22 billion yuan, up 7. 02%, 18. 40%, 18. 96% and 12. 86%, representing 69. 95%, 78. 77%, 84. 16% and 73. 78% of regional property insurance income. Except western region, proportion of auto insurance premium from other regions dropped down, property insurance business structure improved. At the same time, the combined ratio continued to drop down, so the profit of regional property insurance kept increasing. Take a case of Zhejiang, property insurance achieved a profit of 3. 42 billion yuan and ranked No. 1, up 44. 07% year-on-year. The combined ratio, comprehensive loss ratio and comprehensive expense ratio reached 89. 9%, 60. 5% and 29. 5%, down 2. 5, 1. 5 and 0. 9 percentage points respectively.

3. 3. 1. 3 Life insurance growth in all regions decelerated, and business structure continued to improve

In 2011, affected by adjustment of the new accounting standards, sales difficultly of universal lift insurance due to low profits and the new bancassurance policy①, the growth of life insurance

① *On further Strengthening the Sales Compliance and Risk Management of the Bancassurance Business of Commercial Banks* published by CBRC in November 2011.

premium revenue dropped markedly. The surrender rate increased slightly, particularly in regular insurance with maturity of three or five year, the premium income in eastern, central, western and northeastern regions reached 492. 36 billion yuan, 213. 11 billion yuan, 167. 66 billion yuan and 72. 45 billion yuan, down 9. 13% , 1. 75% , 7. 87% and 18. 36% year – on – year respectively.

The structure of life insurance business continued to be optimized. Efforts were made to promote such business as participating life insurance and general life insurance across regions. The participating life insurance business grew steadily. the proportion of participating life insurance premium income in total premium continued to increase. In 2011, the premium income of participating life insurance in eastern, central, western and northeastern regions reached 320. 31 billion yuan, 173. 33 billion yuan, 132. 95 billion yuan and 56. 33 billion yuan, increasing 1. 91% , 4. 07% , 5. 76% and 6. 75% year – on – year, representing 65. 06% , 81. 34% , 79. 30% and 77. 75% of life insurance premium income, up 7. 05, 4. 55, 10. 22 and 18. 29 percentage points respectively. In 2011, due to income of wealth management products issued by banks and deposit were both rose, attraction of universal insurance weakened. At the same time, investment income of universal insurance and investment – linked insurance was negatively affected by poor stock market performance, and sales of those products continued to decrease as a result. The premium income of universal insurance in eastern, central, western and northeastern regions reached 3. 05 billion yuan, 4. 78 billion yuan, 1. 56 billion yuan and 7. 87 billion yuan, decreasing 94. 25% , 66. 38% , 91. 10% and 39. 15% year – on – year, representing 0. 62% , 2. 24% , 0. 93% and 10. 86% , down 9. 17, 4. 31, 8. 71 and 3. 71 percentage points respectively.

3. 3. 1. 4 Payment of claims in all regions grew remarkably, risk safeguard function of insurance sector was gradually given a full play.

In 2011, the payment of claims in eastern, central, western and northeastern regions reached 204. 77 billion yuan, 69. 32 billion yuan, 72. 30 billion yuan and 29. 98 billion yuan, increasing 23. 58% , 21. 56% , 22. 82% and 6. 69% year – on – year. Except slight growth in northeastern region, the payment of claims in all the others grew remarkably, giving further effect to the compensation function of insurance sector, which provided safeguard for regional economic development.

The payment of claims by property insurance business grew steadily, but differing across region. The payment of claims by property insurance in eastern, central, western and northeastern regions reached 114. 81 billion yuan, 36. 19 billion yuan, 42. 44 billion yuan and 15. 85 billion yuan, increasing 24. 26%, 23. 98%, 23. 50% and 14. 03%. Among them, the payment of claims by auto insurance in eastern, central, western and northeastern regions reached 93. 42 billion yuan, 29. 32 billion yuan, 34. 97 billion yuan and 9. 36 billion yuan respectively. Except a drop of 4. 95% in northeastern region, the payment of claims by auto insurance in eastern, central and western regions increasing 26. 69%, 27. 61% and 28. 95% year - on - year respectively. The payment of claims by liability insurance in eastern, central, western and northeastern regions reached 2. 43 billion yuan, 0. 96 billion yuan, 1. 16 billion yuan and 0. 36 billion yuan, up 27. 43%, 30. 96%, 27. 26% and 18. 27% year - on - year respectively. The payment of claims by agricultural insurance in eastern, central, western and northeastern regions reached 1. 53 billion yuan, 2. 27 billion yuan, 3. 15 billion yuan and 1. 00 billion yuan. Except slight growth in eastern region, the payment of claims of agricultural insurance in central, western and northeastern regions decreased 20. 27%, 6. 1% and 43. 96% year - on - year respectively thanks to well agricultural production position.

The payment of claims of life insurance grew remarkably. The payment of claims of life insurance in eastern, central, western and northeastern regions reached 89. 96 billion yuan, 33. 37 billion yuan, 29. 87 billion yuan and 18. 56 billion yuan, increased 29. 00%, 19. 92%, 21. 87% and 30. 42% year - on - year respectively (Table 9).

Table 9 Expenditure on Insurance Claim and Payment by Category and Region

Item	East		Central		West		Northeast	
	2011	2010	2011	2010	2011	2010	2011	2010
Expenditure on claims and payments (100 million yuan)	2 047. 67	1 656. 93	693. 15	570. 23	723. 02	588. 68	299. 76	280. 97
Growth rate (%)	23. 58	1. 41	21. 56	4. 91	22. 82	8. 29	6. 69	7. 12
Proportion of whole country (%)	54. 41	53. 50	18. 42	18. 41	19. 21	19. 01	7. 96	9. 07
Life insurance (100 million yuan)	899. 62	697. 36	333. 74	278. 30	298. 66	245. 07	185. 56	142. 28
Growth rate (%)	29. 00	- 14. 62	19. 92	- 5. 99	21. 87	0. 85	30. 42	5. 85
Proportion of whole Expenditure (%)	43. 93	42. 09	48. 15	48. 80	41. 31	41. 63	61. 90	50. 64
Property insurance (100 million yuan)	1 148. 05	923. 89	361. 94	291. 93	424. 36	343. 61	158. 45	138. 95
Growth rate (%)	24. 26	13. 06	23. 98	17. 96	23. 50	14. 45	14. 03	9. 07
Proportion of whole Expenditure (%)	56. 07	55. 76	52. 22	51. 20	58. 69	58. 37	52. 86	49. 45

Source: CIRC.

3. 3. 1. 5 The balance of utilized insurance funds grew steadily, and proportion of fixed income investment remained stable

By the end of 2011, the balance of utilized insurance funds reached 5. 5 trillion yuan, increased 20. 47% year – on – year. In 2011, global economic growth slowed down, domestic capital market moved down amid fluctuation. The proportion of stock and securities investment continued to decrease while that of bond investment and bank deposit went up slightly. Though the investment channels for insurance funds expanded gradually, thanks to the issuance of *Interim Measures for the Investment of Insurance Funds in Real Estate and Tentative Measures for Equity Investment with Insurance Funds*, the proportion of infrastructure, real estate and equity investment was relatively low.

In 2011, the features of insurance funds utilization were as follows. First, as regards investment strategy, insurance companies adjusted investment in equity assets from time to time, while remaining investment in fixed income products relatively unchanged. Second, as regards investment income, investment income on stock market decreased obviously and affected the profits of insurance companies. The proportion of the investment on stocks and securities investment funds stayed at 11% ~ 13%. Third, as regards investment channel, insurance companies made new breakthrough that try investment on real estate. Some insurance companies tried to invest on affordable housing.

3. 3. 2 issues of concern in the development of insurance sector

3. 3. 2. 1 It is imperative that industry development mode be transformed

In recent years, the foundation and external environment for the development of the insurance industry had been changed profoundly. But insurance companieswere still mainly in pursuit of expansion in premium income and market share. Some insurance companies did not attach importance to strengthening internal management and innovation of products and services, which led to weak competitiveness and lack of growth potential of the industry as a whole. In addition, Property insurance heavily relied on auto insurance, and life insurance was featured with homogenous products. Innovation of insurance products and services was not commensurate with the dynamic needs of consumers. With the economic and social development, disadvantages in the marketing HR management system of insurance industry had gradually appeared. The industry as a whole still remained at low level of competition indicated by fighting for business and market share. Therefore, it is an urgent task to transform the insurance industry development mode.

3.3.2.2 It is necessary to improve external environment for insurance industry development

In recent years, the CPC Central Committee and State Council attached great importance to the development of the insurance industry. In particular, since the State Council issuedpaper No. 23 in 2006, awareness of the whole society on insurance had grown. All levels of government paid more and more attention to the role of the insurance industry. With the rapid development of insurance industry, the lack of enabling external environment became prominent. In the legal environment, legal system in some business areas needed to be improved. For instance, there was no specialized management system governing agricultural insurance, and catastrophic risk reserve system had not been established. In addition, compulsory traffic accident liability insurance suffered great losses, reflecting the requirement of institutional adjustment. In terms of policy environment, it is necessary that fiscal support be given to insurance business closely related to people's livelihood, including commercial health insurance, pension insurance, and etc. Due to lack of catastrophe insurance system, it's difficult to establish natural disaster risk transfer and compensation mechanism. As regards social environment, public awareness on insurance and risk prevention need to be strengthened, thus education and knowledge dissemination in this area remained an arduous task.

3.3.2.3 It is necessary to improve solvency of insurance companies in all regions

In 2011, investment return of utilized insurance funds registered mere 3.6%, down 1.2 percentage points from the previous year. Poor investment return and business slowdown led to weakened solvency of insurance companies. Among listed insurance companies, China Life, Ping An and China Pacific posted a decline of 41.9%, 31.2% and 72.8% in insurance solvency adequacy ratio compared with the previous year. The ability to withstand internal and external shocks was weakened. Insurance companies could improve the solvency through the issuance of subordinated debt, convertible bonds, shareholder capital injection, private placement and open market refinancing and etc. In 2011, there were 66 companies raisin capital up to 90 billion yuan. Among those, 15 companies issued subordinated debt of 60.05 billion yuan, four times that of the previous year. In October 2011, the CIRC issued *Management Measures on Subordinated Term Debt Issued by Insurance Companies*, which tighten market access standards on subordinated debt issuance by insurance companies. In the long run, insurance companies still faced greater financing pressure.

3.3.2.4 Attention should be paid to new challenges in the development of insurance industry

In 2011, since certain restrictions were posed on bancassurance channel, insurance companies in all regions actively made efforts to diversify promotion channels including face – to – face promotion and telemarketing etc. The structure of the insurance business was optimized, ordinary life insurance, accident insurance, health insurance accounted for an increasingly larger share in the life insurance business. Shipping insurance developed rapidly and expedited the process of diversifying out of auto insurance business by property insurance companies. New products such as variable annuities enriched the types of insurance products. However, the implementation of new accounting standards and the New Deal Banking policy exerted marked negative impact on the premium of life insurance companies in short term. The profitability of small and medium - sized insurance companies needs to be improved. Besides, there exists the risk of surrender rate might go even higher. In 2012, these factors will pose challenges to the development of the insurance industry and therefore call for great attention.

Chapter 4 Financial Stability by Region

During recent years, in the context of positive changes of the economic development pattern and less gap among the regions, regional economic development strategy achieved some success, with more coordinated financial development. However, with the difference among natural resources and history effect, various regions presented different characters in the development level, industrial structure, financial institutions' assets quality, financial infrastructure and financial ecological environment.

4.1 Eastern Region

In 2011, eastern region had steadily implemented strategic plans for development, and further promoted the transformation of economic growth pattern and structural adjustment, while the coordination of regional economic development was further increased. With the expansion of banking service system, risk management and business innovation were deepened, the operational efficiency was increased, and thecapability to withstand risk was improved remarkably. At the same time, the operation of the securities sector was steady overall, with reform and innovation promoted orderly. Influenced by continued downturn of domestic securities market, some operational indicators of securities institutions dropped. Meanwhile, the operating management of insurance institutions was enhanced, and the industry order was further improved. The result of quantitative assessment① shows, the comprehensive score of financial stability of eastern region in 2011 was 87.7 points, down 1.8 points from that in 2010, which belongs to the stable interval.

4.1.1 Adjustment in economic structure was promoted orderly

In 2011, with the relationship between the steady development of economy and the adjustment of economic structure being handled properly, the transformation ofregional economic growth pattern was boosted and economic structural adjustment was accelerated. The full-year GDP of eastern region was 26.92 trillion yuan, increasing by 10.49% year-on-year. The growth rate

① With regard to assessment methodology, please refer to *China Regional Financial Stability Report* 2008.

was down 1.82 percentage points than previous year, and was 1.28 percentage points lower than the average economic growth rate nationwide. The proportion of the three major industries turned into 6.27:49.11:44.62 from 6.38:49.76:43.86 in the previous year. Overall, the industrial sector realized steady development, while the growth rate showed some trends of slowing down. In 2011, the value – added of secondary industry in eastern region increased 11.58%, down 3.44 percentage points than previous year. The investment of fixed assets was 12.94 trillion yuan, increasing 21.39% year – on – year, and the growth rate was 0.49 percent points lower than previous year, and was 3.92 percentage points lower than the average growth rate nationwide. The regional total retail sales of social consumer goods was 9.67 trillion yuan, and the growth rate was 3.92 percentage points lower than the average growth rate nationwide. The sales of automobile and domestic appliance slowed down, and their contribution to the regional total retail sales of social consumer goods also dropped. Confronted with many uncertain factors, the growth rate of imports and exports dropped 7.35 percent points, with the growth of exports dropping 12.05 percent points.

In 2011, the enterprises faced profit compressed and operation became more difficult, influenced by the factors such as the commodity price hikes, labor cost and social financing cost. In 2011, the statistically large industrial enterprises realized profit growth of 21.57%, 4.62 percent points lower than average level nationwide. The small and medium – sized enterprises (SMEs) endured obvious management pressure. In some areas, there appeared business failure, and enterprisers' escape. According to a survey launched in a province of the eastern region, there were over 400 enterprises facing this sort of problem in direct relationship with bank credit, such as business – failure or escape of legal representatives. Particularly after September, some small and medium – sized enterprises' capital chain ruptured, contributing to the collapse of more enterprises. It was reported that over 130 SMEs had such kind of problems in the fourth quarter.

4.1.2 With more uncertainty of external environment, the management condition of foreign funded financial institutions deserves attention

In 2011, the recovery of globaleconomy slowed down, and the fiscal risk alternated with financial risk in major developed economies, with the sovereign debt risk upgraded and spread. As a result, the downturn risk of the economy emerged. As the same time, the international financial market endured continued sharp shocks, and the panic was intensified by the deterioration of the debt issues in the U. S. and Europe. With the addition of slowing down of the recovery of global economy, major stock markets of the globe had wide – range concussion, and the commodity price dropped from the peak. In the first half year, the international rating companies downgraded the sovereign rating of euro area countries, with the government debt yield rising high in Greece, Ireland, Italy, etc. , and the risk preference of international capital dropped. Since the middle of September in 2011, the rating companies further adjusted the ratings of sovereign debts and financial institutions of related nations. Except a few banks such as Standard Chartered Bank, most banking institutions were downgraded at least one notch and some were even downgraded by several notches. Because of downgrading of credit ratings, financing cost increased for financial institutions, and more pressures arose in the global financial system.

As an aggregation of foreign financial institutions, the eastern region endured direct impact of uncertainty of external environment. Considering the channel of transmission, the downgrading of foreign financial institutions brought about negative influence to their subsidiary institutions in China. According to the order of severity, these influences include goodwill impairment, pay back to save, demolition & reorganization. Among the former cases, goodwill impairment is the most common influence, and demolition & reorganization appeared in financial crises, but there was no precedent that the subsidiaries in China paid back to save their parent banks. The current downgrading of credit rating has no direct influence on the operation of the parent institutions of foreign banks, and their subsidiaries in China had not been affected obviously. Either the foreign legal institutions or the foreign banks kept fine liquidity condition, steady capital quality and business efficiency, no matter before or after the adjustment. However, with a long – term view, the credit deterioration of the parent banks certainly will create negative influence to the financing and trade business of their subsidiary institutions in China. Particularly, the potential liquidity risks of foreign financial institutions in eastern region merit attention.

4. 1. 3 Financing business of non – financial institutions developed rapidly, with increased risk relevance with banking system

In recent years, the nongovernmental lending and borrowing business developed rapidly, which offered beneficial supplement to fulfill the financing demand for the development of real economy. With fast growth of financing scale, the character of non – financial institutions' participation in the lending business, which used to be spontaneous and promoted with mutual assistance, had developed into profit – push business mode. The expanded main participants included guarantee companies, pawn shops, consignment agents, investment companies, listed companies, private enterprises, common people, etc. The development presented the trend of organization and large – scale. Due to the large number of participants, the mode of financing is relevant with conventional banking system, and enormous capital was invested in the capital market, speculative trading and real economy section. Consequently, the relevance of the financial system was increased, while the potential systemic risk deserves attention.

In 2011, with the background of tightening liquidity in the market, the risk exposure events of non – financial institutions increased in the eastern region. Particularly, in the fourth quarter of the year, the lending market had shrunk, as several enterprises that faced difficulty in financing stopped production or were shut down, and the risk was transmitted to other enterprises through the capital chain or guarantee chain. As a result, the non – performing capital rebounded, and the infectivity of the risk appeared gradually. According to the statistics of a province in the eastern region, among the banking institutions, 30% of the non – performing loans were initiated by lending activities of the non – financial institutions.

4.1.4 Pilot of local government debt issue launched, and the capital market was faced with restrict factors in development

In 2011, to promote the establishment of regulatory local debt financing mechanism, and effectively defuse the debt risk of local government, approved by the State Council, the local government of Shanghai, Zhejiang, Guangdong, Shenzhen launched the pilot debt issue. The debt issued by the four provinces and cities amounted to 22.9 billion yuan. The pilot's issued mode was different from that of the Ministry of Finance. This time, the local governments set up the underwriting syndicates, and adopted a unified way of acting and packing issue by stages. The pilot of local government debt issue is significant to further improve local government debt issue system, increase the transparency and standardization of local governments' financing, and promote the development of capital market. Moreover, in November of 2011, in view of accelerating the development of financing instruments of the SMEs, the first batch of regional SMEs collective notes was issued successfully in Foshan (Guangdong province), Weifang (Shandong province), Changzhou (Jiangsu province). The collective notes issue offered 1.389 billion yuan of direct financing for 25 SMEs and micro enterprises.

However, the constraints are still prominent in the development of capital market. Firstly, the business structure is unbalanced in the securities institutions, with unreasonable structure of income, limited subject range and opponents in margin financing trading, more moral risks in investment banking realm. Secondly, the development and supervision of some securities business is not normative; accordingly it is difficult to develop the function of price discovery for the stock index futures, and the financing function of the securities market could not be brought into full play. Thirdly, the structure of business and income of futures companies is not diversified, thus restrict the developing space of the industry, the function of price discovery and hedging need to be improved in futures industry. Fourthly, in the adjustment situation of securities market, fund companies' defects in their asset management ability exposed gradually, and the mechanism of absorption of social capital to serve the real economy need to be ironed out.

4.1.5 Pilot program of the RMB cross – border trade settlement was promoted continuously, and the business management needs further strengthening

In 2011, the great development of RMB cross – border business was realized in the eastern region, there were more abundant products on the RMB cross – border settlement, with expanded market space for cross – border operation of RMB. With the continuous appearance of positive effect of RMB settlement in cross – border, the merging of RMB cross – border business and micro economic activity became more closely. In 2011, the amount of RMB cross – border settlement reached 1.89 trillion yuan, accounting for 90.6% of China, as export commodity trade settlement reached 275.14 billion yuan, import commodity trade settlement reached 1 113.85 billion yuan, service trade and other current account settlement reached 496.32 billion yuan, accounting for 80.9%、91.3% and 95.4% respectively of the whole nation. The offshore area for the RMB cross – border business expanded further, with manifest increase of subject participants, such as banks, enterprises, etc. For instance, the offshore nations or regions that had RMB cross – border business with Shandong province reached 77, which increased 39 compared with that in 2010. As to the newly increased accounting subjects, there were 280 branches and subsidiaries of banks and 1 192 enterprises increased, which were 1.9 and 3.4 times respectively of that in 2010.

Some structural problems still existed in the development of RMB cross – border business, such as imbalance in the development of RMB cross – border business under the trade and capital item. Moreover, the effect of RMB business had not been brought into full play in the process of enterprises to '*go out*'. At the same time, with the continuous expansion of the trade scale and trade scope of RMB cross – border business, some illegal problems and risks might increase. Consequently, the relative management regime of RMB business needs further improvement.

4.1.6 Quantitative assessment

With the utilization of regional financial stability quantitative model, the financial stability status of eastern region was assessed. Regarding the result of quantitative assessment, the comprehensive score for financial stability of the eastern region in 2011 was 87.7, fitted in the stable interval[①], 1.8 points lower than that of the previous year and 0.2 points lower than the national average. According to the statistics, the eastern region endured more influence from both domestic and foreign macro elements, and had no longer distinctive advantages in various domains. In terms of macro economy, banking sector, securities sector, insurance sector and financial ecological environment, the score of eastern region was mainly consistent with the national average (Figure 14).

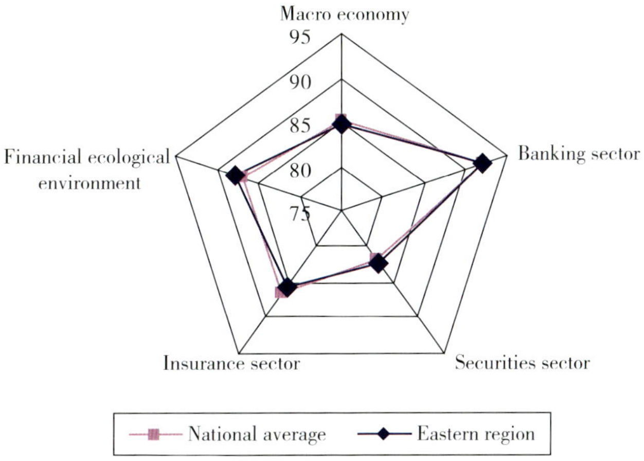

Figure14 Financial Stability of Eastern Region Compared with National Average in 2011

Referring to the changes in specific indicators (Table 10), 5 indicators improved as compared with that of the previous year; 8 indicators were lower than that of the previous year and 12 indicators maintained at the same level of the previous year. In terms of macro economy, thegrowth of investment of fixed assets became more reasonable, the situation of imports & exports and FDI had took a turn for the better, the income of urban residents increased moderately, and the real estate prices dropped back. But the growth of regional general production value slowed down, and the price of commodities maintained at high levels. As a result, the score of macro economy dropped compared with that of the previous year. Affected by the factors such as liquidity ratio, etc., the score of banking sector declined distinctly. Due to the declined profitability of securities sector caused by market volatility, the basis of sound operation was weakened and the score of securities sector dropped slightly. In the

① The quantitative assessment classifies the results into five intervals: very stable (≥95), stable (85~95), relatively stable (75~85), relatively unstable (65~75) and unstable (<60).

context of obvious decline of premium income and distinct improvement of premium receivable rate, the score of insurance sector dropped slightly. In terms of financial ecological environment, its score dropped to a certain extent due to fewer score in legal environmental questionnaire.

Table 10 Assessment Indicators and Changes for Eastern Regions in 2011

Sector		Change	Assessment Indicators	Change		
				Improved	Stable	Worse
Macro economy		↓	Growth rate of GDP			√
			Growth rate of added value of the tertiary industry			√
			Growth rate of social fixed asset investment	√		
			Growth rate of gross retail sales of consumer products		√	
			Growth rate of real utilization of foreign capital	√		
			Growth rate of total amount of exports and imports	√		
			Growth rate of total income of urban households	√		
			Growth rate of per capita net income of rural households		√	
			Consumer price index			√
			Registered unemployment rate in urban areas		√	
			Sales price index of real estate in typical cities	√		
Financial Institutions	Banking	↓	Core capital adequacy ratio		√	
			Non – performing loan ratio		√	
			Profit to assets ratio		√	
			Liquidity ratio			√
	Securities	↓	Net capital adequacy ratio		√	
			Net debt to equity ratio		√	
			Profit to assets ratio			√
	Insurance	↓	Surrender rate in life insurance companies		√	
			Premium receivable rate			√
			Growth rate of premium income			√
Financial Ecological Environment		↓	Comprehensive score of legal environment questionnaire			√
			Local fiscal revenues to GDP ratio		√	
			Intensity of banking services		√	
			Coverage rate of credit reference database		√	

Note: Symbol ‘↑’ in table stands for improving, symbol ‘↓’ stands for worsening, symbol “→” stands for stability.

Referring to historical data of regional financial stability (Figure 15), overall financial stability in eastern region fitted in a stable interval and fluctuated following the macroeconomic circles. Affected by sub – prime lending crisis, the comprehensive score of financial stability declined from its peak in 2007, reached its bottom in 2008 and 2009. In 2010, the score rebounded against the effect of the crisis, and declined again in 2011 considering the effect of the debt crisis and adjustment of domestic market. As it were, the eastern region was most sensitive to the macroeconomic situation, and the score of overall financial stability was showing a reversed W - shaped trend. Judging by items (Figure 16), influenced by the financial crisis, the score of macro economy declined from 2007, touched bottom in 2009, rebounded in 2010 and then declined again in 2011. As the most stable sector, the score of banking sector remained at a comparatively high level and fluctuated in a narrow range. The stability of securities sector was mostly affected by market volatility andfluctuated in a large range, showing a reversed W - shaped trend. Insurance sector had an ascending stability status and scored well in financial stability in 2010, but declined in 2011. The score of financial ecological environment stayed at a steady interval after continuous increase in the past several years.

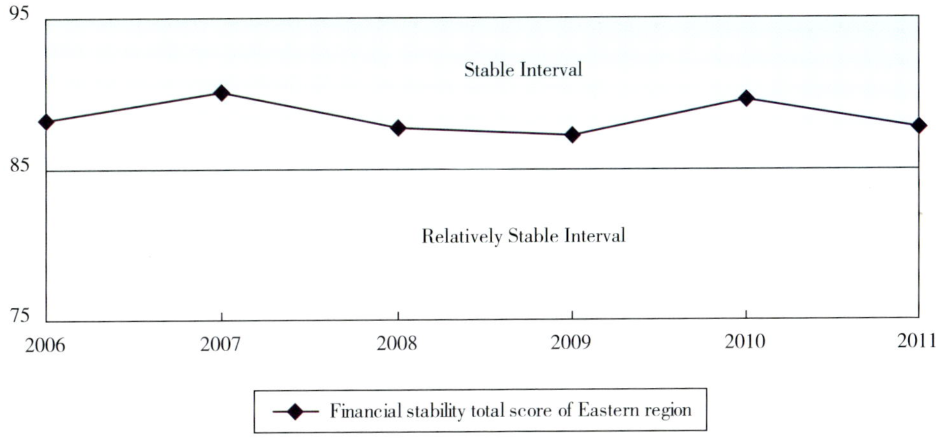

Figure15 Comprehensive Score of Financial stability of the eastern region, 2006—2011

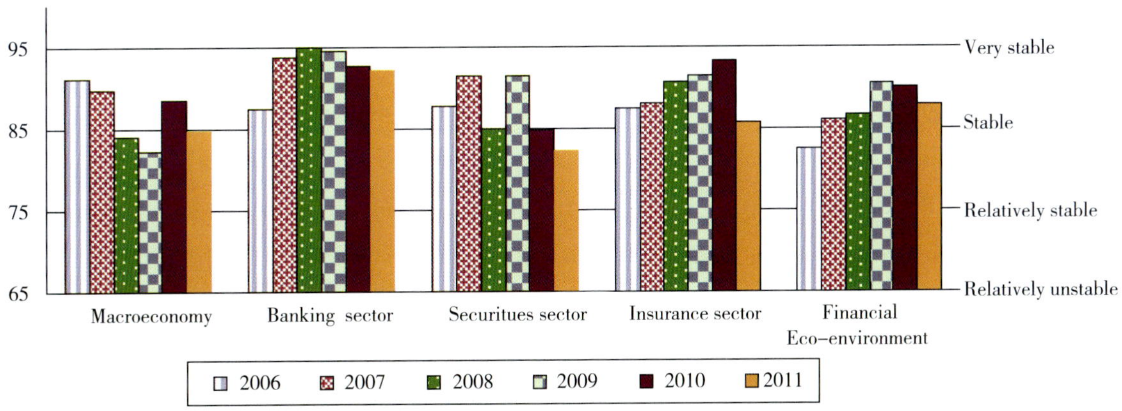

Figure16 Financial Stability of the Eastern Region, 2006—2011

4.2 Central Region

In 2011, central region thoroughly implemented the macroeconomic management policies and emerging of central region strategy. Central region achieved stable and fast economic growth along with gradually optimized economic structure, faster pace of industrial transition mechanism construction and the evident pulling effect of strategic emerging industries. The demand of consumption and investment maintained a fast growth and the export - oriented economy developed rapidly, resulting in increasingly coordinated economic growth in central region. The reform of financial industry deepened along with the improvement of financial system and diversified ways of financing. The asset scale of banking institutions expanded steadily, the profit level was promoted significantly, the asset quality improved and the risk prevention capability was enhanced. Securities sector and futures companies maintained a steady development trend along with improved risk management capacity. Foreign insurance institutions opened their branches in central region with a faster pace. The insurance industry played a more important role in regional economic development as the order in the market continued to be improved. According to the results of quantitative assessment, central region scored 90.0 in terms of financial stability condition, 6.2 points higher than previous year. The score was in a stable range.

4.2.1 The economy of central region sustained a steady and quick development but great efforts should be made to adjust the structure

In 2011, central region steadily pushed forward the construction of regional economic circle, laid a solid foundation to undertake the industrial transfer from Yangtze River Delta and Pearl River Delta Economic Zone and promoted the adjustment of economic structure and transformation of growth pattern. The economic situation in central region was better than the whole country with a faster development, optimized structure and enhanced quality. Central region's GDP has maintained a rapid growth for many years and totaled 10.43 trillion yuan in 2011, up 12.76% year - on - year. In particular, the GDP both in Jiangxi and Shanxi exceeded 1 trillion yuan. The infrastructure of demonstration zones, such as Wuhan metropolis circle, Poyang river economic circle, Changsha, Zhuzhou, Xiangtan economic circle and city - cluster along the Yangtze River in Anhui which undertook industrial transfer from economic circles was further enhanced. Construction of central plains economic zone in Henan upgraded to national strategies. The south of Hunan and Jingzhou of Hubei got the approval to become the demonstration zone which would undertake the industrial transfer. Central region accelerated its pace to undertake the industrial transfer and set up a solid foundation to maintain the stable and rapid development.

Though industrial leading effect in central region was further emphasized, the structural contradiction of industries still existed for following reasons. Firstly, the added value and the employment of the first industry shared a large proportion of the whole industry while the industrialization of agriculture and economic benefit was comparably low. Secondly, output value of the strategic emerging industry increased rapidly but still occupied a low proportion in the industrial enterprises. There still existed surplus production in some industries and the rise of the strategic emerging and modern service industry still had a long way to go. Under the impact of the sharp drop of the polycrystalline silicon and components price, industry chain of domestic PV power suffered the decline of price and reduction, limit and ceasing of production. Thirdly, high energy consuming, highly polluting and resource consuming industries occupied a high proportion in the industry structure and developed slowly which can't be changed during a short term. The transition and upgrade of some traditional competitive industries confronted some difficulties. Large scale industry enterprises such as coal, electricity, paper, chemistry and textile were under the pressure of the increased cost of factors of production and the energy saving and emission reduction. In 2011, Henan saw a bad situation of its chemical industry with lack of production of the methyl hydrate enterprises, loss of electrolytic aluminum enterprises and the severe phenomenon of ceasing and limit of production of steel enterprises. The development of pillar industries such as steel, petroleum, electricity and textile in Hubei was slower than the average of the whole industry of the province. The steel industry suffered tough operation and the loss of the petroleum processing and thermal power industry accounted for 40% of that of the whole industry. 60% of the textile enterprises had seen a limit and reduction of production.

4.2.2 The export - oriented economy developed rapidly and foreign financial institutions entered at a fast pace

In 2011, faced with the adverse impact of the sluggish and weak recovery of economy of developed countries and pressure of increased cost of domestic raw materials and labor force, central region maintained fast growth through constantly adjusting development style of foreign trade and intensifying efforts on market exploitation. The value of export and import in central region totaled $ 162.817 billion yuan in 2011, up 39.28% year - on - year, which was 16.78 percentage points higher than that of the whole country and accounted for 4.5% of the total amount of China. In particular, the total value of export and import in Henan increased by 83. 1% year – on – year with export increasing by 82. 7% and import by 83. 5% respectively. The export structure was further optimized and export of some products with higher added value such as mechanical and electrical and high – tech products accelerated with higher quality. In particular, the export of mechanical and electrical and high – tech products with higher value in Anhui increased by 54. 4% and 43. 4% year – on – year respectively, which was 11. 3 and 9. 1 percentage points higher than that of previous year. The foreign direct investment sped up and was valued at $ 35. 803 billion yuan in 2011, up 32. 18% year – on – year. The foreign direct investment mostly came from the Asia – pacific region and was mainly concentrated in economic circle of central region and manufacturing industry of China.

Under the advantageous circumstance of a fast growing economy, central region had seen accumulation effects of financial industries and a faster entrance of foreign institutions. Huatai Life Insurance Company Ltd. opened its branch in Jiangxi province which was the first foreign insurance institution there. There were two foreign banks and one foreign insurance company setting up their branches in Anhui province. Standard Chartered Wuhan Branch began its operation. Bank of Tokyo – Mitsubishi UFJ Wuhan Branch was approved to be established. Six foreign banks had opened their branches in Hubei province by the end of 2011. There were four new foreign banks in Hunan province and the total assets of foreign banks reached 2. 43 billion yuan by the end of 2011. The entrance of foreign intuitions made a positive contribution to improving the financial service and promoting the moderate competition of financial market in the area.

4. 2. 3 Direct financing developed steadily and sustainable operation capacity of listed companies was faced with challenges

Central region witnessed an accelerating growth of listed companies, steady development of direct financing and fully exertion of function of capital market. By the end of 2011, 358 companies in central region had gone public, an increase of 14. 38% year – on – year and raised 416. 701 billion yuan, up 19. 53% year – on – year. In particular, the direct financing scale of Anhui province was valued at 75. 49 billion yuan, increasing by 50. 9% year – on – year. Financing structure had been improved along with gradually abundant financing tools and rapid development of debt financing tools. Private equity funds maintained fast growth. In 2011, Shanxi province set up the Lantian Private Equity Fund valued at 2 billion yuan which was the first private equity fund in the province. There were 22 private equity funds with the value of 13. 603 billion yuan in Anhui province.

The quality of listed companies was improved but the pressure of sustainable operation soared. The revenues and net profits of 73 listed companies in Hubei province increased by 28.54% and 20.66% year - on - year respectively. The total assets, net assets, revenues and net profits increased by 17.7%, 37.8%, 14.0% and 61.5% of listed companies in Hunan province respectively year - on - year. Listed companies confronted difficulties in sustainable operation for the following reasons. Firstly, listed companies had seen a slow down of its performance and more attention should be paid to liquidity risk. Profitability of listed companies in Hubei province showed a downward trend season by season along with high inventories, remarkable decrease of operating cash flow and soared financial pressure. Secondly, a few listed companies had high risks, lack of core competence and weakening sustained operation capacity. There were 29 ST companies by the end of 2011 in central region and some of which suffered the risk of suspending for listing and delisting. For instance, there were 3 out of 7 ST companies failing to fulfill restructuring for 5 years. Thirdly, the IPO financing and refinancing were restrained by factors such as land, tax, environmental protection, connected transaction and horizontal competition. Some enterprises possessed the condition of refinancing but were lack of supporting projects, the refinancing function of listed companies was weakened.

4.2.4 Financial support to small and medium - sized enterprises was emphasized, while financing guarantee companies grew rapidly

In 2011, the financial services innovations of central region were strengthened. Central region reinforced support to small and medium - sized enterprises (SMEs) through creating platforms for communication between banks and enterprises and setting up special institutions providing loans only to small enterprises, resulting in continued improvement of financing condition for SMEs. The outstanding small enterprise loan in Hubei province totaled 269.5 billion yuan, an increase of 37.7% year - on - year, which was 11.8 percentage points higher than the average of the whole country. New SME loans in Hunan province accounted for 64.6%, which was 29.1 percentage points higher than loans to the large enterprise. The outstanding small and micro enterprise loan in Jiangxi province increased 5.92% faster than the whole.

Meanwhile, central region vigorously pushed forward development of financing guarantee institutions in a normative and orderly way through to solve problems such as lack of pawn and low credit records of SMEs. By the end of 2011, there were 303 financing guarantee institutions in Jiangxi province, 30 of which were newly opened. 221 guarantee institutions in Henan province first got their business license with total registered capital of 24 billion yuan. The number of financing guarantee institutions and paid - up capital was 404 and 39. 191 billion yuan, up 49. 6% and 50. 35% year - on - year. The guarantee capacity of financing guarantee companies was enhanced after cleaning up but still faced the problems of irregular operation over its permitted range, false capital injection, flight of capital, all of which were caused by unsound laws and regulations, lack of supervision and talents and weakening risk recognition and prevention capacity. These problems had caused bad impact to social and financial stability.

4. 2. 5 Insurance sector grew steadily but pressure of potential solvency risk soared

In 2011, central region had witnessed steady advancement in its insurance sector, further improvement of market, enhancing of insurance coverage which could better serve society. Insurance premium income in central region totaled 288. 232 billion yuan in 2011, an increase of 3. 35% year - on - year. In particular, the premium of property insurance reached 75. 123 billion yuan, up 21. 2% year - on - year. Due to new regulations released by the CBRC and CIRC and adjustment of monetary policy and new accounting regulations, the premium income of life insurance totaled 213. 106 billion, decreasing by 1. 75% year - on - year. The life insurance witnessed a slow progress in its structure and general life insurance faced difficulties in its development. Investment products of insurance sector occupied a large proportion with participating life insurance accounting for 81% of the whole sector. Insurance density and penetration in central region amounted to 868. 34 yuan per person and 2. 76%, an increase of 110. 97 yuan per person and 0. 5 percentage points lower than the previous year.

Pressure of potential solvency risk in insurance sector soared for following reasons. First, financing products of banks had remarkable advantages in liquidity and profit than banking and insurance products, resulting in difficulties in selling and decline of premium income of universal insurance and investment linked insurance. In 2011, premium income of universal insurance in central region amounted to 4. 777 billion yuan, decreasing by 66. 38% year - on - year. Second, payment of claims by insurance sector increased more rapidly than premium income due to substantial increase of payment of claims by life and car insurance. The increase of payment of claims in central region was 18. 21% higher than premium income in 2011. In particular, payment of claims by car insurance increased by 27. 61% year - on - year. Third, surrender risk heightened. Market fluctuation in a wide range could induce surrender risk due to the sensitivity of participating life insurance. For instance, surrender value of one of the provinces in central region increased by 107. 03% and the surrender value ratio was 2. 71%, up 1.22% year – on – year.

4.2.6 Quantitative Assessment

According to the results of quantitative assessment, central region scored 90.0 in terms of financial stability condition, a substantial increase of 6.2 points than the previous year, which was 2.2 points higher than the average of the whole country and stayed at a steady range. In particular, central region scored remarkably higher than nationwide average level in terms of macro economy and maintained the same level in terms of banking, securities and insurance sectors, but scored comparably low in terms of financial ecological environment (Figure 17). Data indicated that central region fully carried out regional advantages and financial stability condition improved year by year and already possessed some advantages.

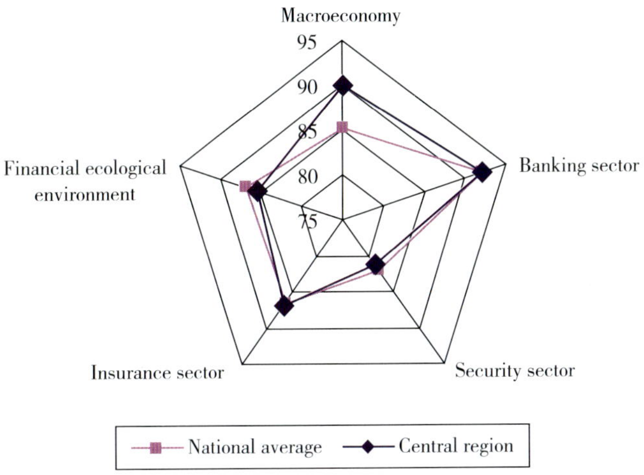

Figure17 Financial Stability Status of Central Region Compared with National Average in 2011

In terms of the changes of specific indicators (Table 11), 9 indicators of central region improved, 4 indicators were lower than the previous year and 12 indicators maintained the same level of the previous year. Driven by positive factors such as rebounded economy, modest growth of investment of fixed assets, better situation of import & export, substantial growth of the income of urban & rural residents, improving employment status and moderate drop of real estate price, central region scored remarkably higher than previous year in terms of macro – economy despite the rise of prices. Confronted with tight liquidity status, banking sector scored lower than the previous year. Influenced by the decline of profitability of securities institutions, securities sector scored slightly lower than the previous year. Due to the slowdown of increase of premium income, the score of insurance sector dropped. Thanks to higher density of banking services and extension of personal credit, the score of financial ecological environment improved moderately than previous year.

Table 11 Assessment Indicators and Changes in Central Regions in 2011

Sector		Change	Assessment Indicators	Change		
				Improved	Stable	Worse
Macro economy		↑	Growth rate of regional GDP	√		
			Growth rate of tertiary industry added Value	√		
			Growth rate of social fixed assets investment	√		
			Growth rate of gross retail sales of consumer products		√	
			Growth rate of real utilization of foreign capital		√	
			Growth rate of total amount of import and export	√		
			Growth rate of total disposable income of urban households	√		
			Growth rate of per capita net income of rural households		√	
			Consumer price index			√
			Registered unemployment rate in urban area	√		
			Sales price index of real estate in typical cities	√		
Financial Institutions	Banking	↓	Core capital adequacy		√	
			Non - performing loan rate		√	
			Profit to assets ratio		√	
			Liquidity ratio			√
	Securities	↓	Net capital adequacy rate		√	
			Net capital loan ratio		√	
			Profit to assets ratio			√
	Insurance	↓	Surrender rate in life insurance companies		√	
			Premiums receivable rate		√	
			Growth rate of premium income			√
Financial Ecological Environment		↑	Comprehensive score of legal environment questionnaire		√	
			Local financial revenue to GDP		√	
			Intensity of banking services	√		
			Coverage rate of credit reference database	√		

Note: Symbol ' ↑ ' in this table stands for improving and symbol ' ↓ ' stands for worsening, symbol "→" stands for stability.

Based on historical data of regional financial stability status (Figure 18), comprehensive financial stability of central region presented a better trend year by year. Comprehensive score of financial stability in central region maintained an ascending trend since 2008 along with stronger stability of economic system. In terms of changes of specific indicators, affected largely by economic cycle the score of macro economies rallied after dropping for 3 years consecutively and showed a U – shape trend. Banking sector maintained an ascending trend since 2008 along with slightly downward trend in 2011. Due to market volatility, the score of securities sectors fluctuated largely and showed a M – shape trend. The score of insurance sector had maintained progress for 3 years since it dropped in 2007 along with slightly downward trend in 2011. The score of financial ecological environment climbed moderately year by year.

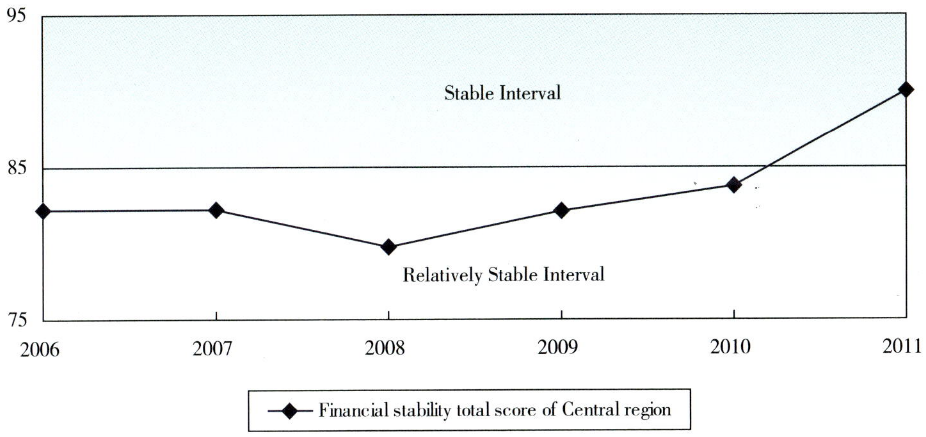

Figure 18 Comprehensive Score of Financial Stability Condition in Central Region, 2006—2011

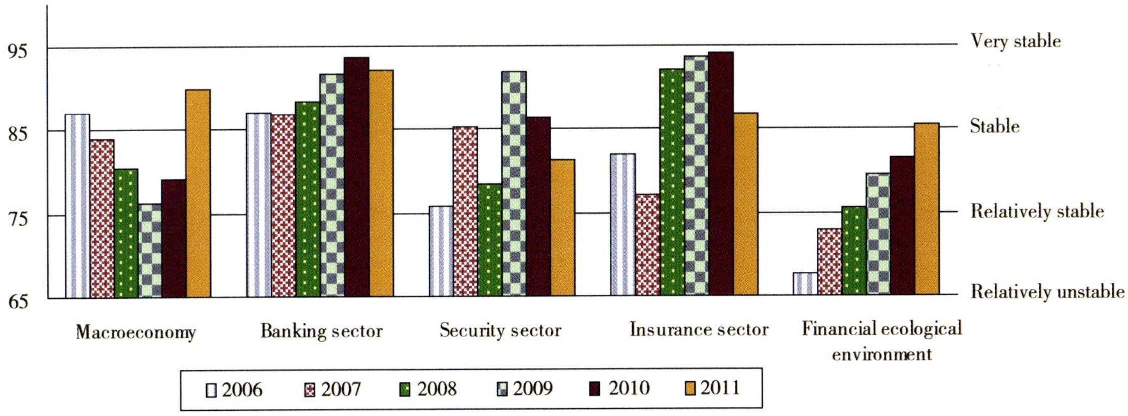

Figure 19 Financial Stability of Central Region, 2006—2011

4.3 Western Region

Faced with complicated and volatile domestic and foreign economic and financial environment, 12 provinces (autonomous regions, municipalities) in western region fully carried out all adjustment policies of the central government. With economic structure adjusted and development mode changed, the economy and society generally maintained a rapid and steady development. The operation of the banking industry expanded step by step with an overall improvement in performance, and the reform of rural financial institutions got positive achievement. The securities business grew steadily with a rapid growth of financing by listing on the stock market. The coverage of insurance business kept expanding and its social service function was further improved. Quantitative assessment showed that the financial stability comprehensive score for western region in 2011 was 86. 5 (0. 5 higher than 2010), which fell into the range of stability.

4. 3. 1 The economy remained rapid and steady growth and foreign demand was significantly improved

The western economy maintained a trend of rapid growth, which was the rapidest among four regions. The western region realized a total GDP of 9. 97 billion yuan, a year – on – year increase of 14. 03%. Specifically, the growth speed of 6 provinces including Chongqing, Sichuan, Inner Mongolia, Shaanxi, Yunnan and Qinghai ranked top ten across the country. In terms ofindustrial structures the growth speed of the second industry slowed down a little and the growth speed of the primary and tertiary industries accelerated significantly whose induced effect to the economy was strengthened. The primary and tertiary industries in western region realized an added value of 1. 28 trillion and 3. 53 trillion yuan (a year – on – year increase of 5. 07% and 11. 33% respectively) and a contribution rate of 10. 92% and 30. 22% (a year – on – year increase of 0. 12% and 2. 81% respectively) to the economy respectively.

In terms of demand structure, investment and consumption grew steadily and foreign trade was in good situation. In 2011, the western region realized fixed assets investment of 7. 85 trillion yuan, a year – on – year increase of 28. 10% and a contribution rate of 73. 68% to the economy. Therefore, investment still maintained the major driving force of the western economy. Fixed assets investment for Inner Mongolia, Sichuan, Guangxi and Shaanxi exceeded 1 trillion yuan. Growth rate of investment for Chongqing, Xinjiang and Guizhou was more than 30%. With regard to consumption, the western region realized a yearly volume of 3. 06 trillion yuan for gross retail sales of consumer products, a year – on – year increase of 18. 28%, a little slower than the previous year. Import and export grew aggressively with a total import and export of $ 183. 976 billion, a year – on – year increase of 43. 52%. Specifically, export realized a volume of $ 108. 349, a year – on – year increase of 49. 88%, which ranked the first among all regions. In terms of introduction of foreign investment, the total FDI in the western region reached $ 30. 302 billion, a year – on – year increase of 47. 62%.

4.3.2 Asset size of the banking industry increased rapidly and attention should be paid to the asset quality

The banking industry in western region developed continuously while supporting regional economy development in 2011. The RMB and foreign currency asset of banking financial institutions reached 18.97 trillion yuan until the end of 2011, a year – on – year increase of 21.76%. The total debt reached 18.39 trillion yuan, a year – on – year increase of 21.23%, where the asset and debt of the banking industry grew the fastest across the country. RMB and foreign currency dominated deposits reached 14.67 trillion yuan, a year – on – year increase of 16.95%. The outstanding of all kinds of loans reached 10.54 trillion yuan, a year – on – year increase of 19.09%. The growth rate of deposits and loans slowed down compared with the previous year, but was still the fastest in all the four regions. The credit structure was further adjusted. New medium and long – term loans accounted 57.93% for the total loans, a 34.06 percentage less than the previous year. The domination of medium and long – term loans was relieved. The profitability kept growing with a yearly book profit of 269.759 billion yuan, a year – on – year increase of 31.64%.

The banking industry in the western region developed rapidly in 2011. However, quality of banks' credit assets still deserves attention. Firstly, affected by industrial structure and the banks' operation mechanism, the trend that loans in the western region focused on key industries and big clients was more obvious, which caused higher risk of excessive credit concentration. Secondly, the cash flow sustainability of some projects was in doubt under the macro control policies, which might bring about more default risks. The imbalance between credit demand and loan supply was outstanding in some regions. The financial condition of some enterprises got worse, which led to a rebound of non – performing loan.

4.3.3 Development of rural financial institutions speeded up, but risk prevention and controlling ability of small and medium – sized institutions still needs improving

Rural cooperative financial institutions in western region speeded up their equity structure reform in 2011. More efforts were made to set up rural commercial banks and rural cooperative banks. Guizhou Province and Qinghai Province established the first rural commercial bank in each province. Sichuan launched pilot reform of property right system named *unified corporative institution in each autonomous prefecture*. Development of new types of rural financial institutions was accelerated with rapid growth of rural banks. Until the end of 2011, there were in total 158 rural banks in western region, an increase of 63 over the previous year. The outstanding of deposits and loans reached 37.736 billion yuan and 27.770 billion yuan, or a substantial year – on – year increase of 119.42% and 105.06% respectively.

The rapid development of rural financial institutions played an important role in perfecting the rural financial service system and supporting the development of Rural Areas, Agriculture and Farmers (ARF). However, the risk prevention and controlling ability of some institutions, especially small and medium – sized financial institutions should be further improved. The property right system and management mode of rural credit cooperatives needed to be completed. Internal incentive and restrictive mechanism were far from formulation, information disclosure needed to be strengthened. Part of small and medium – sized financial institutions had some flaw in internal control due to lack of systemic risk management system.

4.3.4 Off – balance sheet business developed rapidly, while potential risks deserve attention

Against the background of increasing pressure of market liquidity, some banking institutions in the western region pulled the deposit growth by positively developing wealth management business and bill business. Though the measures helped to relieve the pressure of loan to deposit ratio assessment, they also led to rapid growth of off – balance sheet business. In 2011, the banking financial institutions in Shaanxi Province issued wealth management products of 839.23billion yuan, a year – on – year increase of 84.5%. The fund raised by wealth management products was one third more than new loans for Chongqing's banking industry in 2011. The increase volume of commercial bill acceptance and discount reached 68.4% and 59.4% in Ningxia Autonomous Region. The volume of bill discount accounted for 14.33% of loan outstanding in Tibet Autonomous Region.

The rapid development of off – balance sheet business played a positive role in easing the imbalance of fund supply and demand in the region, while its potential risks deserves attention. For example, through the operation of 'fund pool', part of the wealth management fund flowed to areas like real estate and local government financing platform. Once credit risks occurred, the banks might have to undertake the debt, which meant off – balance sheet risks converted to balance sheet risks. The rapid growth of bill business also implied some risks. Enterprises might obtain fund from the banks by means of faking trade, circulating issuance of bills in different banks or issuing bills to related companies within one group, etc. This trend pulled the bill business development off the real economy. Meanwhile, high discount rate activated nongovernmental bill trading and increased possibility of bill fraud.

4.3.5 Coverage of agriculture insurance business kept expanding, while illegal behaviors still existed

The western region is frequently hit by all kinds of agricultural and animal husbandry disasters, which lead to tens of billions of direct economic losses every year. The continuous expansion of agricultural insurance coverage will have positive effect on protection of farmers and shepherds and stable development of agriculture and animal husbandry. Agriculture insurance business in western provinces developed rapidly in 2011. Types of insurances kept enriching and social service function was further enhanced. The yearly insurance premium income reached 6.361 billion yuan (a year-on-year increase of 18.31%), which accounted for 39.85% of total agriculture insurance income across the country, 1.65 percentage points higher than the previous year. The agriculture insurance premium income in Inner Mongolia reached 1.7 billion yuan, and the premium amount ranked the first in China. With a total asset of 24.2 billion yuan under cover, the policy agriculture insurance in Tibet had covered all the 70 counties except 4 counties in Naqu District. Farmer family comprehensive insurances in Xinjiang Autonomous Region had covered five fields like planting and breeding industry, forest and fruit industry, facility agriculture, farmer family property and farmer personal safety. Shaanxi Province launched pilot insurances targeting wheat, corn, rape, potato and so on.

Illegal behaviors still remained an outstanding problem in some districts while the insurance industry in the western region developed fast. Issues like irrational price competitions, sales misleading and difficulty in compensation claims still existed. Delay and reluctance of compensation were commonly seen in fields closely related to people's lives, such as auto insurance, medical and health insurance, accidental injury insurance, etc. In addition, the lack of integrity and legal atmosphere in this industry indicated that the social statue of the insurance industry in the western region still needed to be further improved.

4.3.6 Quantitative assessment

Quantitative assessment showed that the financial stability comprehensive score for western region in 2011 was 86.5 points, 0.5 points higher than the previous year, which was in the stable range, but 1.2 points lower than the national average. Specifically, insurance industry had some advantage compared with the national average level, the scores of banking industry, securities industry and financial ecological environment were close to the national average level, while there was some gap in the score of macro economy.

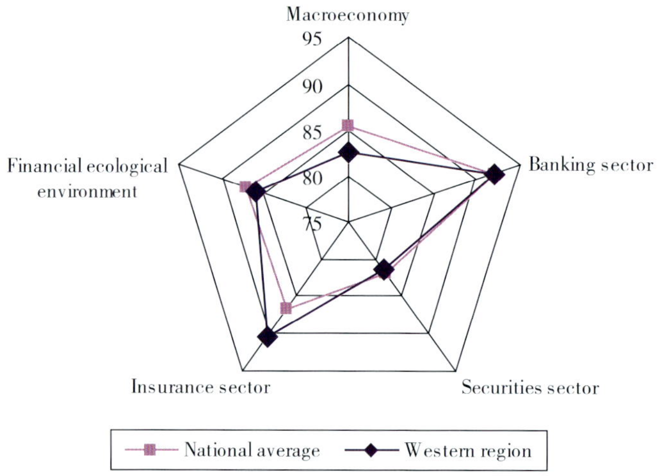

Figure 20 Financial Stability Status of Western Region Compared with National Average in 2011

In terms of changes of specific indicators (Table 12), 6 indicators in the western region improved compared with the previous year, 8 indicators declined from the previous year and 11 indicators roughly kept the same with the previous year. In terms of macro economy, income of urban and rural residents grew rationally with improved employment rate, but with the comprehensive effect of excessive price, over growth of fixed asset investment, imports, exports and utilization of foreign investment, macro economy scored lower points than the previous year. Indicators of the banking industry were roughly flat with the previous year. Scores of the securities industry and insurance industry were deteriorated due to weaker profitability and slower growth rate of insurance premium income. Score of financial ecological environment was better due to improvement in legal environment, banking service density and credit information coverage ratio.

Table 12 Assessment Indicators for the Western Region and Changes in 2011

Category	Change Direction	Evaluation Indicators	Changes		
			Improved	Stable	Worse
Macro Economy	↓	Growth rate of GDP		√	
		Growth rate of added value of the tertiary industry		√	
		Growth rate of social fixed assets investment			√
		Growth rate of total retail sales of consumer goods		√	
		Growth rate of real introduction offoreign investment			√
		Growth rate of total volume of import and export			√
		Growth rate of dispensable income of urban residents	√		
		Growth rate of net per capita income	√		
		Consumer price index			√
		Registered urban unemployment rate	√		
		Sales price index of real estate in typical cities			√

续表

Category		Change Direction	Evaluation Indicators	Changes		
				Improved	Stable	Worse
Financial institutions	Banking	→	Core capital adequacy ratio		√	
			NPL ratio		√	
			Return on assets		√	
			Liquidity ratio		√	
	Securities	↓	Net capital adequacy ratio		√	
			Netcapital ratio		√	
			Return on assets			√
	Insurance	↓	Refund rate of life insurance companies		√	
			Rate of premium receivable		√	
			Growth rate of premium income			√
Financial ecological environment		↑	Comprehensive score of legal environment investigation	√		
			Ratio of local fiscal revenue to GDP			√
			Banking service density	√		
			Coverage ratio of credit information database	√		

Note: '↑' means improved, '↓' means downgraded and '→' means stable in the table.

If we observe the trend of regional financial stability with historical data (Figure 21), we can find the level of financial stability in the western region kept a general steady upward trend. Specifically, the comprehensive score of financial stability in the western region was mostly stable and kept a general upward trend except the tiny downgrade in 2009 affected by sub - prime lending crisis. In terms of different items (Figure 22), score of macro economy generally kept slight fluctuation around 85 points except the significant drop in 2009. Scores of the

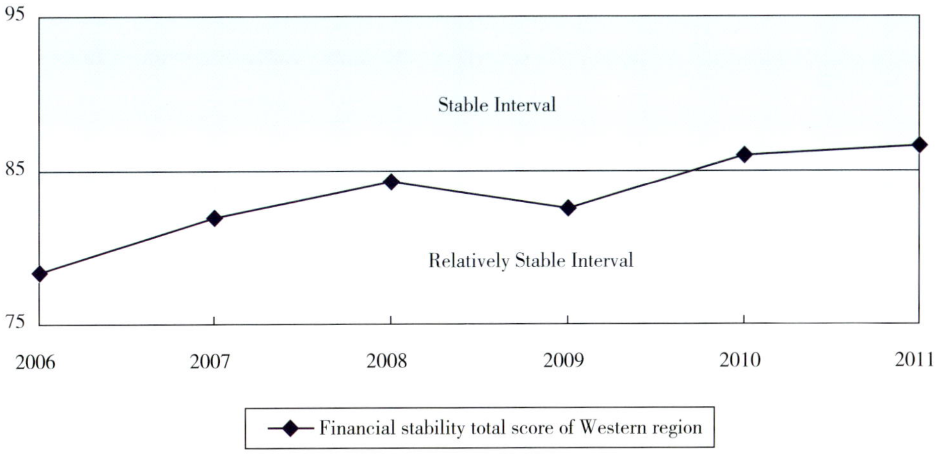

Figure 21 Trend of Financial Stability Comprehensive Score in the Western Region, 2006—2011

banking industry and the insurance industry generally kept an upward trend and moved significantly from range of instability to range of stability. Score of the securities industry kept fluctuating around 85 points from 2007, and fell slightly in 2011. Score of financial ecological environment had recorded growth of various levels over the years since 2008.

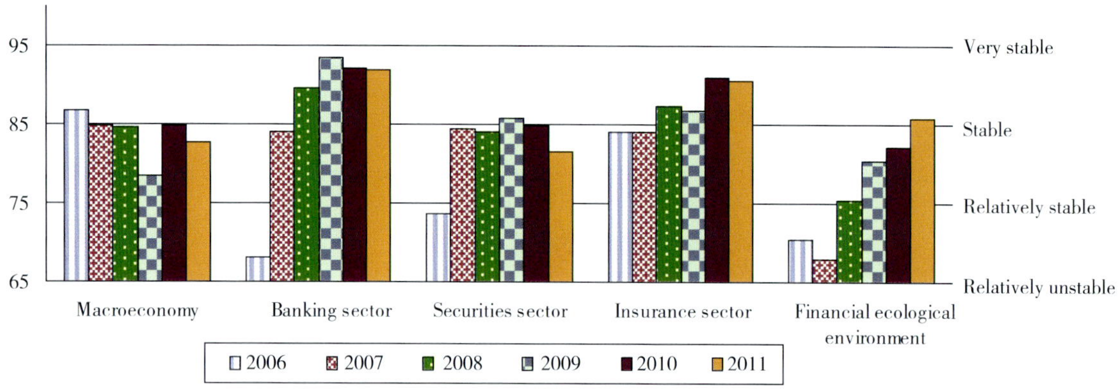

Figure 22 Financial Stability of the Western Region, 2006—2011

4.4 Northeastern Region

The northeastern region positively carried out macro control policies of the state in 2011. The change of development mode was facilitated by adjustment of economic structure with simultaneous improvements of scale, structure and quality of the economy, which realized a good start for the '12*th Five Year*' Plan. The agriculture industry recorded continuous harvest in the region, the transformation and upgrade of the manufacturing industry got distinguished results and energy saving, emission reducing and environment protection received substantial effects. Investment continued to play an import leading role and export - oriented economy developed soundly with the positive pushing effect of the cross - border RMB settlement business. The deepening reform of the banking financial institutions and the reinforcement of risk management had resulted in significantly improved revenue, further increased overall stability and continuously strengthened support to the economy. As shown by the quantitative assessment results, the financial stability comprehensive score for the northeastern region in 2011 was 86.8, 2.1 higher than the previous year. The score fell into the range of stability.

4. 4. 1 The agriculture industry saw another harvest while its industrial structure needed to be optimized

The irrigation and water conservation infrastructure construction was further strengthened in 2011. Key irrigation projects like Hadashan Mountain irrigation pivotal project and project of '*introducing water from Nenjiang River to support the water supply in Baicheng city*' were carried forward smoothly. Rural drinking water safety project, irrigation and water conservation construction was further strengthened. The total grain output in the northeastern region reached 215. 54 billion jin①, an increase of 12% than the previous year and accounted for 18. 9% of the national gross output. The grain harvest in the northeastern region played an important role in ensuring the food safety of the nation. The grain production in Heilongjiang Province reached a historical high level again with both total grain output and commercial grain production ranking the first in China. The grain production in Jilin Province received an extraordinary harvest. The total grain output reached 63. 42 billion jin, which was 11. 6% higher than the previous year and accounted for 13. 33% of the national increment. China's food price showed a trend of upward fluctuation and became a key factor of rising CPI. Prices of some products even fluctuated dramatically in a short time.

In 2011, the proportion of three industries in the northeastern region was adjusted to 10. 87:53. 42:35. 71 from 2010's 10. 74 : 52. 28 : 36. 98. The manufacturing industry kept a strong momentum and its proportion was further elevated. However, affected by worsening external economic situation, signs of economic growth slowing down began showing up. Funds return of enterprises slowed down. Occupation of product capital and net accounts receivables went up obviously. Industries of pollution or emission intensive and over capacity experienced rising costs and squeezing profit margin. So we should pay attention to the risk of losses in some enterprises. The growth of the service industry slowed down and the industrial structure needed optimizing urgently. The added value of the tertiary industry in the region recorded a year-on-year growth rate of 11. 30% in 2011, 0. 32 percentage points slower than 2010. The proportion of the tertiary industry was 1. 27 percentages less than 2010. Structure optimization and quality improvement had become a concentration of the region. Jilin Province worked hard to promote modern service industries like IT, software and culture. Heilongjiang Province kept improving product series of ice-snow, ecological and border tourism and enhancing construction of 71 key modern service projects like modern logistics, trade circulation, information, tourism and finance. Generally, the tertiary industry in the region started late, so

① jin, a unit of weight (=1/2 kilogram) .

proportion of traditional service industry was higher than modern service industry. Productive service didn' t match daily - life service. Labor - intensive industry developed faster than knowledge and technology - intensive industry. Additionally, there were not enough top talents for modern service.

4.4.2 Fixed asset investment kept a relatively high growth rate, while economic growth mode still needed to be changed

Fixed asset investment continued to play an obvious role in pulling the economy in the northeast region in 2011. With a year - on - year growth rate of 30.48%, the growth rate was 1.63percentages slower than the previous year. However, the growth rate of fixed asset investment still remained high. Investment was continuously a major drive for the economic growth in the region. The high - speed growth rate of the fixed asset investment indicated a brilliant future of the economy and a strong will of investment, but it also suggested the high reliance of economic growth on fixed asset investment. Once influencing factors like policy, fund and expectation changed prominently, fixed asset investment would slow down and have great impact on the economy. Meanwhile, compared with developed regions, the quality and revenue of fixed asset investment in this region still needed further improvement. So the investment mode of quantity expansion should be changed and the continuous growth of the economy should be achieved by improving the quality and benefit of the investment.

4.4.3 Export - oriented economy developed soundly and cross - border RMB settlement business proceeded rapidly

Export - oriented economy grew powerfully in the northeast region in 2011. The total value of import and export reached $ 156.514 billion, a year - on - year increase of 27.25%. The net value of import and export turned to a deficit of $ 9.097 billion yuan from a surplus. Foreign actual direct investment reached $ 26.488 billion, a year - on - year increase of 15.4%. The total value of import and export in Heilongjiang Province was $ 38.51 billion, a year - on - year increase of 50.9%, which is 28.4 percentage points higher than the national average. Specifically, import from Russia reached $ 14.64 billion[①], a year - on - year increase of 360%.

The number of operational institutions and volume of business increased rapidly since the introduction of cross - border RMB settlement business in this region. With 619 enterprises and

① Include pipeline crude oil import of $ 12.2 billion.

55 countries and regions involved, there were already 33 banks in Liaoning Province carrying out cross – border RMB settlement business and the total amount of settlement reached 32. 26 billion yuan. 7 banking institutions in Jilin Province had introduced cross – border RMB settlement business, serving 300 import and export enterprises with an amount of 17. 51 billion yuan. With 29 countries and regions involved, 13 banks in Heilongjiang Province introduced cross – border RMB settlement business and the total settlement amount had reached 19. 303 billion yuan.

4. 4. 4 Reform of institutions accelerated while concept of sound operation still needed strengthening

On the basis of consolidating financial system reform, the northeastern region accelerated the reform and innovation ofcorporate institutions. By means of acquisition and transformation, rural cooperative institutions in the region formed 8 rural commercial banks in 2011. The cultivation of new rural financial institutions advanced rapidly with new opening – up of 30 rural banks and one fund mutual cooperative. FAW (First Automobile Works Group Corp.) finance company made arrangement for the setting up of FAW auto finance company with Bank of Jilin. Harbin Bank became the first city commercial bank in China that launched small business bonds. In recent years, local small and medium – sized corporate financial institutions such as Shengjing Bank, Bank of Dalian, Bank of Jinzhou, Bank of Yingkou, Bank of Jilin, Changchun Rural Commercial Bank and Jiutai Rural Commercial Bank set up sub – branches out of the original provinces in succession and positively invested in rural banks. Although development mode of external expansion could help explore new market in the short run, we should notice that it brought higher management requirements for the financial institutions to prevent blind expansion risks.

4. 4. 5 Operational benefits of banking financial institutions improved, but liquidity remained tight

Banking financial institutions in the region realized rapid growth of profits despite the slowing down of deposit and loan growth in 2011. The total assets of banking financial institutions reached 7. 49 trillion yuan until the end of 2011, a year – on – year increase of 16. 07%. Domestic and foreign currency outstanding deposits reached 5. 56 trillion yuan which was a year – on – year increase of 9. 67% , 8. 55 percentage points lower than the previous year. The outstanding of all kinds of loans reached 3. 98 trillion yuan, a year – on – year increase of 16. 04%. The yearly profit was 82. 059 billion yuan, a year – on – year increase of 57. 58% , 43. 68 percentage points higher than the previous year.

Local corporate financial institutions faced heavy liquidity pressure in 2011. For example, out of 15 city commercial banks in Liaoning Province, 7 faced dropping liquidity ratio and 8 faced dropping excessive reserve ratio compared with beginning of the year. Financial institutions were confronted with more difficult liquidity management, higher pressure of fund exploration and fiercer competition for deposits. Big depositors opened up accounts in various banks and transferred funds frequently among the banks, which caused lower fund stability. Though the general liquidity risk of corporate institutions in the region was still under control, the rising fund price in the inter - bank market indicated heavier liquidity pressure the banking institutions were faced with. Local corporate banking institutions were still lack of robust liquidity risk management system. So the quality of liquidity management remained generally low and liquidity indicators of some institutions were even lower than the regulatory standards. We should pay close attention to the effects of deposit fluctuation on liquidity and unfair competition in deposit attraction, and strengthen the management of compliance risks.

4. 4. 6 Quantitative assessment

Quantitative assessment showed that the financial stability comprehensive score for the northeastern region in 2011 was 86. 8, 2. 1 points higher than 2010, which stood in the range of stability, but 0. 9 points lower than the national average. Specifically, scores for macro economy, the banking industry, the securities industry and financial ecological environment kept generally the same with the national average, but there was still a gap in the score of insurance industry (Figure 23).

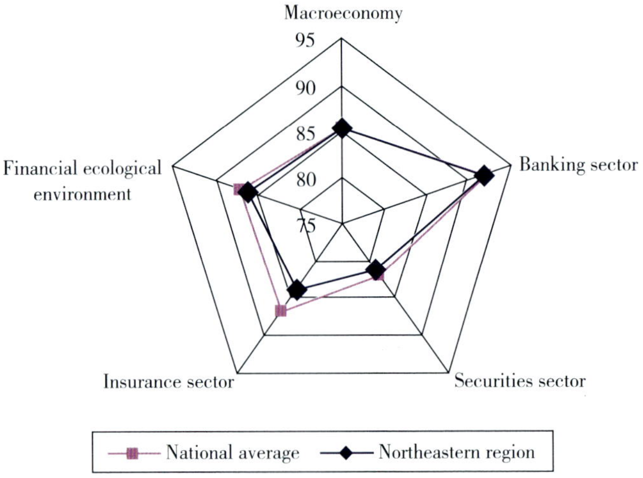

Figure 23 Financial Stability Status of Northeastern Region Compared with National Average in 2011

In terms of changes of specific indicators (Table 13), 8 indicators in the northeastern region were improved compared with the previous year, 5 were worse and 12 kept the same. In terms of macro economy, the rebound of economic growth, the rationalization of fixed asset investment, import and export growth rate and urban residents income increase were partly offset by slowing down of actual utilization of foreign investment, higher price and rising unemployment, so the score of macro economy was a little higher than the previous year. In terms of the banking industry, the capital adequacy, asset quality and profitability of the banking financial institutions were improved with much better scores. The profitability of the securities industry dropped notably, but the largely improved capital adequacies led to higher scores. Affected by much less premium income, score of the insurance industry dropped. All aspects of financial ecological environment remained generally the same as the previous year.

Table 13 Assessment Indicators and Changes in the Northwestern Region in 2011

Category		Change Direction	Evaluation Indicators	Changes		
				Improved	Stable	Worse
Macro Economy		↑	Growth rate of GDP	√		
			Growth rate of added value of the tertiary industry		√	
			Growth rate of social fixed assets investment	√		
			Growth rate of total retail sales of consumer goods		√	
			Growth rate of real introduction offoreign investment			√
			Growth rate of total volume of import and export	√		
			Growth rate of dispensable income of urban residents	√		
			Growth rate of net per capita income of rural residents		√	
			Consumer price index			√
			Registered urban unemployment rate			√
			Sales price index of real estate in typical cities		√	
Financial institutions	Banking	↑	Core capital adequacy ratio		√	
			NPL ratio	√		
			Return on assets	√		
			Liquidity ratio	√		
	Securities	↓	Net capital adequacy ratio	√		
			Netcapital ratio		√	
			Return on assets			√
	Insurance	↓	Refund rate of life insurance companies		√	
			Rate of premium receivable		√	
			Growth rate of premium income			√
Financial ecological environment		→	Comprehensive score of legal environment investigation		√	
			Ratio of local fiscal revenue to GDP		√	
			Banking service density		√	
			Coverage ratio of credit information database		√	

Note: '↑' means improved, '↓' means downgraded and '→' means stable in the tale.

Observed the trend of regional financial stability with historical data (Figure 24), it can be found that the score of financial stability in the northeastern region kept a general steady upward trend. Specifically, the comprehensive financial stability score in the northeastern region remained at around 85 points after three years' steady growth and was elevated a little in 2011. In terms of different items (Figure 25), macro economy was less affected by the financial crisis, and its score generally kept an improving trend. Score of the banking industry remained at a high level after the drop in 2007 and significant rise in 2008. Scores of the securities industry was influenced by the trend of the stock market and showed a trend of fluctuation. Scores of the insurance industry kept a rising trend before 2010 and dropped significantly in 2011. Scores of financial ecological environment remained at around 85 points since 2009 after two years of substantial growth.

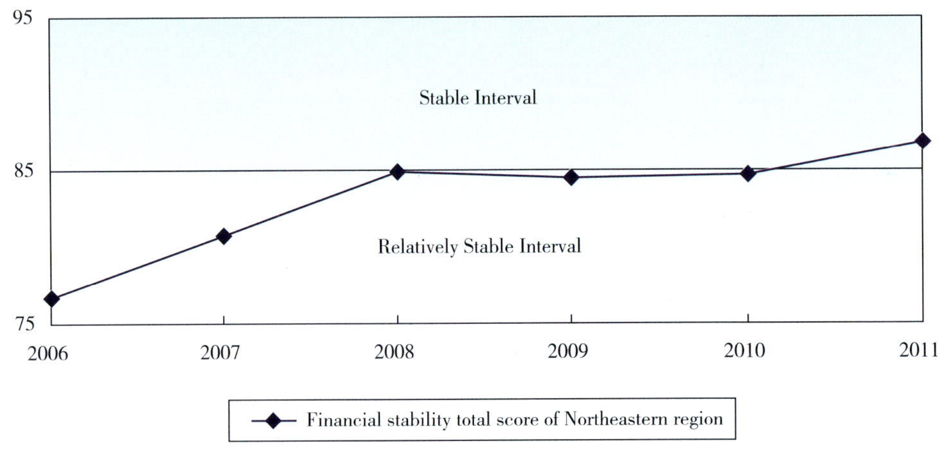

Figure 24 Trend of Financial Stability Comprehensive Score in the Northeastern Region, 2006—2011

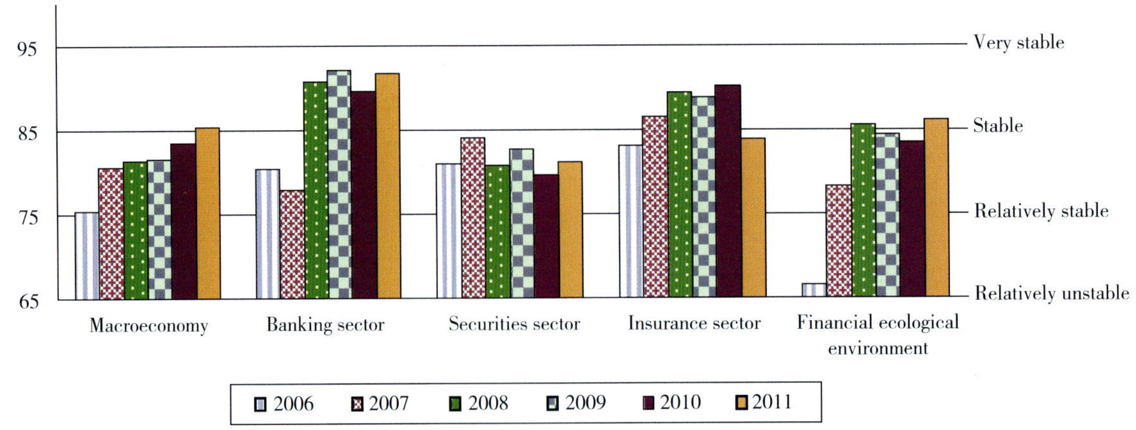

Figure 25 Financial Stability of the Northeastern Region, 2006—2011

Chapter 5 Overall Assessment and Policy Suggestions

5.1 Overall assessment

In 2011, financial stability of eastern, central, western and northeastern regions maintained sound status, and coordination between regions was further strengthened. Primary, secondary and tertiary industries developed in a coordinated way, and the growth of production industry was relatively fast. Fixed asset investment continued to improve in structure, and export and import trade grew continuously. Household income grew steadily, price rises stabilized and slowed down. Property regulation showed initial effect, with property development slowing down. Moreover, regional financial system maintained sound operation, supporting the shift of economic growth pattern and economic restructuring. Besides, regional financial system recorded sound performance, with more efforts devoted to supporting and serving the regional economy. Assets of the banking sector expanded, with asset quality improving, profitability increased and risk prevention capability continued to improve. As for the capital market, innovative measures were introduced more intensively and marketization reform moved ahead. With the development of diversified operations, the capability of securities and futures institutions to resist risks had been strengthened. The insurance market had entered into a transition period, with asset scale continuing to expand, and insurance protection function giving full play.

But it should be noted that economic and financial situations at home and abroad were still complex and that there were still some regional factors affecting financial stability. Overall, the profit of the regional real economy was low and enterprises were short of capital. The fiscal balance issues were noticeable in some areas, with excessive growth of local fiscal revenue. Property market transaction shrank and housing price rises slowed down. Liquidity management in locally incorporated banking financial institutions has become more difficult, with the rebound pressure of non – performing loans (NPLs) increased, and there appeared some risks in the off – balance – sheet business. Meanwhile, securities firms didn't make real breakthroughs in profit making pattern. Their profit was more influenced by the downturn of the capital market. With illegal operations in some institutions, the business mode of fund companies and futures companies need to be optimized. The financing scale of the market decreased, and the inner compliance management of listed companies needed to be strengthened. For the insurance industry, the pattern of development needed be transformed, the ability of solvency needed to be enhanced, and the development of personal insurance became slower. Concerning regional economic performance, the eastern region was confronted with more uncertainties in the environment of economic development, financing risks exposed gradually in non – financial institutions and the development of regional capital market was faced with constraints. Regarding the central region, the structural contradiction was still outstanding, the future management ability of listed companies needed improvement, and the pressure of insurance claim payment increased. As to the western region, the inner drive for economic development was inadequate, and risk prevention and control of small and medium – sized banks needed prompt improvement. Meanwhile, illegal activities still existed in the insurance sector. In the northeastern region, the industrial structure needed optimization, and prudent management needed be strengthened for locally incorporated institutions.

Quantitative assessment indicated that, the comprehensive scores of different regions were all within the stable range, with the gap between regions narrowed from year to year. With more influence of macro regulation and global financial crisis, the eastern region had no more evident advantages. With the guidance of the policy to deepen the regional distribution of industry and gradient transfer of industry, western, northeastern, and central regions actively played the advantage of late – development and continuously deepened the reform. While catching up with the eastern region in regional economic and financial development, financial stability in these regions also improved year after year. In 2011, the comprehensive score of the central region surpassed that of the eastern region for the first time and ranked first among the regions. The eastern region ranked second as its score decreased compared with last year. The northeast region rank third with its score rose, and the western region ranked last with the score slightly rising (Figure 26).

Specifically, the score of macroeconomic soundness, in descending order, was central, northeast, eastern and western regions. Banking sectors of different regions were all scored within the stable range with little regional difference, and eastern, western, central, and northeast regions ranked in descending order. Affected by market performance, the stability ranking of regional securities industries has dropped moderately, with eastern and western regions ranking first and second, the central region third and the northeast region left behind. For the insurance sector, the differences among regional scores were relatively large, and the ranking of their score, in descending order, was western, central, eastern, and northeast

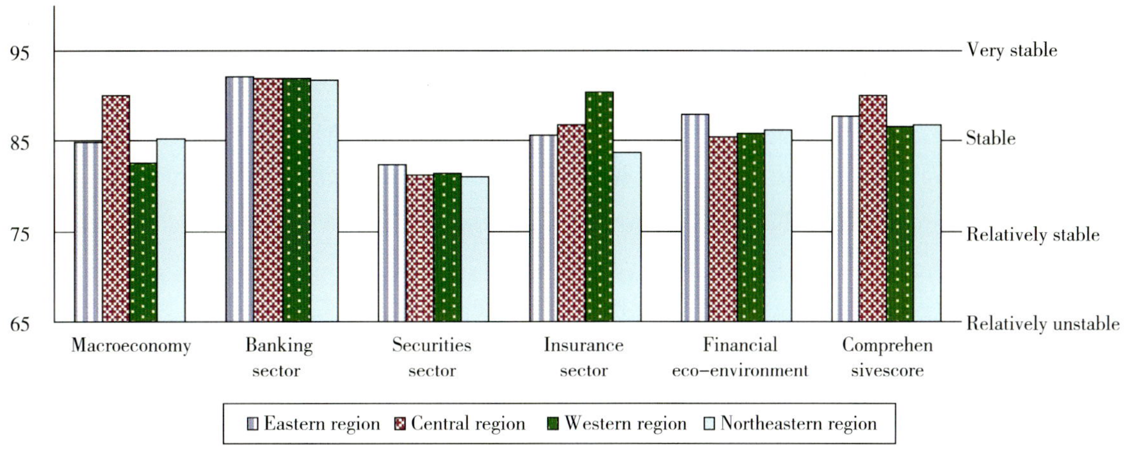

Figure 26 Results of Financial Stability Assessment by Region in 2011

regions. The regional ranking in financial eco - environment was unchanged compared with that of the previous year, with the eastern region ranking first, northeast, western and central regions following behind.

5.2 Policy suggestions

The year 2012 is a significant transitional year inthe ' 12*th Five - Year* ' Plan period. Overall, regional economic and financial development is still in an important period of strategic opportunities. In the long run, there are many advantages in continuing to maintain stable and rapid economic development, but uncertainties in the regional financial and economic operation are both diversified and complex, placing higher requirement for the maintenance of regional financial stability.

5.2.1 Accelerate transformation of economic development pattern and promote the coordinated development of regional economy

It is imperative that the overall strategy of regional development and the scheme of major functional area are implemented, and the optimization and upgrading of regional industrial structure need to be actively promoted. Meanwhile, the coordination of regional development and even distribution of basic public services shall be improved, with abundant exploitation of regional advantages and characters. The transition development of the eastern region and higher level of international cooperation and competition need to be positively supported, and more efforts should also be devoted to the rise of the central region, the conscientious implement of the policy for the development of the western region in the next decade, and the revitalization of old industrial bases in the northeastern region. In addition, work needs to be done to give support to the old revolutionary base areas, ethnic minority areas, remote border areas and poverty – stricken areas. The important role of special economic zones and new areas for economic development shall be played further in pioneering new approaches in reform and opening up. Measures should also be taken to strengthen and optimize the regional cooperation mechanism, eliminate market barriers, promote the flow of economic elements, guide the orderly transfer of industries, and push forward the benign, interactive and harmonious development of regional economy.

5.2.2 Strengthen and improve financial services to provide active support for the development of real economy in the regions

First, the credit support for rural areas, agriculture and farmers need to be strengthened, and the agriculture – related credit policy shall be implemented so as to give full play to the steering role of monetary and credit policy. Besides the fund support for low – income housing, the differentiated property credit policy need to be implemented. Secondly, to positively develop '*green finance*' and '*technology finance*', work needs to be done to strengthen the financial support for strategic emerging industries, energy saving and environmental protection industries and modern service industry. For the development of low – carbon economy, credit extended to industries with high energy consumption, high emission and excess capacity shall be controlled strictly. Thirdly, to enhance the quality of financial services to the real economy, attention should be paid to the launch of financial innovation in line with the need of the real economy, and to the promotion of differentiation, sectionalization and specialization of financial services. Fourthly, measures should be taken to deepen the six mechanisms[①], to increase management and resources allocation efforts to the small and micro – sized enterprises, and to satisfy the credit demand of eligible small and micro – sized enterprises. Fifthly, it is imperative that social responsibility is positively performed, social vulnerable groups are taken care of, and positive role is played in the areas such as education and poverty alleviation.

---

① Includes interest rate risk pricing mechanism, independent accounting mechanism, efficient credit review and approval mechanism, balanced mechanism of incentive and constraint, specialized personnel training mechanism and default information notification mechanism.

5.2.3 Deepen the reform of the financial system and effectively transform the developing mode of financial institutions

Firstly, work needs to be done to promote the reform of large state – owned financial institutions, regulate the development of small financial institutions, and improve the mechanism in support of rural areas, agriculture and farmers, as well as small and micro – sized enterprises. Secondly, efforts should be done to promote the reform, innovation and development of financial institutions continuously and effectively transform the development mode and operating mechanism. Thirdly, measures should be taken to promote the financial institutions' transformation to the intensive mode, lay stress on the balance of risk and profit, quality and benefit, and thus to realize the balance between the short – term profit growth and efficient risk control. Fourthly, attention should be paid to strengthening business management, further enhancing the governance of financial institutions, optimizing the decision – making mechanism. Efforts should be made to implementing the risk control measures, improving the business structure and profit pattern, and exploring the supply of comprehensive financial service with research and development of cross – market, cross – sector financial products.

5.2.4 Optimize financing structure and promote the diversified construction of investment and financing system

To expand direct financing, and optimize the financing structure of various regions, efforts should be made in the aspects listed below. Firstly, efforts should be made to expand the proportion of equity financing, foster the high quality reserved sources for listing, so as to promote various enterprises' financing by listed in domestic and overseas market, and to promote the listed companies to realize financing through additional issuance and allotment of shares. Secondly, work needs to be done to accelerate the construction of the OTC market, in order to provide equity transfer and circulation channels for the unlisted companies in various regions. Thirdly, to expand the bond market, measures should be taken to establish and improve the development and cooperation mechanism for the bond market, promote bond product innovation and increase the scale of bond financing. Additionally, attention should be paid to strengthening efforts to promote the interbank bond market, and further develop bond financing, encourage eligible enterprises to issue medium – term notes, short – term financing bills, super short – term financing bills and SME collective notes.

5.2.5 Strengthen risk prevention and control in key areas and efficiently prevent systematic and regional risks

First, work needs to be done to accelerate the construction of the framework of countercyclical financial macro prudential management system, explore and establish the monitoring and managing system for regional systematic financial risks, and improve the financial emergency management system. Second, efforts should be made to further improve the coordinating mechanism of financial stability, strengthen information sharing among related departments, establish and improve risk pre – warning and monitoring system, and resort to the joint forces of different departments to prevent liquidity risks of locally incorporated financial institutions, real estate risks and local government financing platform risks. Third, close attention should be paid to the influence of the risks of shadow banking system and real economy to financial system, and efforts shall be concentrated on the monitoring of the outstanding problems and potential risks of locally incorporated financial institutions and private financing activities, accordingly to prevent the transferring of risks to the financial system from irregular financing and other related industries. A watchful eye should be kept on the operation of institutions with comprehensive business, to prevent the infection of financial risks across industries, markets and regions. Fourth, work needs be done to formulate feasible financial risk emergency plan, in order to prevent local risks from evolving into systematic and regional financial risks. Fifth, measures should be taken to crack down on the illegal criminal activities, such as illegal fund raising, illegal securities, financial fraud, etc., so as to maintain regional financial stability and hold the bottom line that the occurrence of systematic and regional financial risks shall be avoided.